Estatística

Charles Wheelan

Estatística

O que é, para que serve, como funciona

Tradução:
George Schlesinger

Revisão técnica:
Jairo Nicolau
Professor titular do Departamento de Ciência Política da UFRJ

12ª reimpressão

Para Katrina

Tradução autorizada da primeira edição americana, publicada em 2013
por W.W. Norton & Company, de Nova York, Estados Unidos

Grafia atualizada segundo o Acordo Ortográfico da Língua Portuguesa de 1990, que entrou em vigor no Brasil em 2009.

Título original
Naked Statistics (Stripping the Dread from the Data)

Capa
Estúdio Insólito

Preparação
Rosa L. Peralta

Indexação
Gabriella Russano

Revisão
Carolina Rodrigues
Eduardo Monteiro

CIP-Brasil. Catalogação na publicação
Sindicato Nacional dos Editores de Livros, RJ

W57e

Wheelan, Charles
Estatística: o que é, para que serve, como funciona / Charles Wheelan; tradução George Schlesinger. – 1ª ed. – Rio de Janeiro: Zahar, 2016.
il.

Tradução de: Naked Statistics (Stripping the Dread from the Data).
Apêndice
Inclui bibliografia e índice
ISBN 978-85-378-1512-0

1. Estatística. I. Schlesinger, George. II. Título.

CDD: 519.5
15-26679 CDU: 519.2

EDITORA SCHWARCZ S.A.
Praça Floriano, 19, sala 3001 – Cinelândia
20031-050 – Rio de Janeiro – RJ
Telefone: (21) 3993-7510
www.companhiadasletras.com.br
www.blogdacompanhia.com.br
facebook.com/editorazahar
instagram.com/editorazahar
twitter.com/editorazahar

Sumário

Introdução

Por que eu detestava cálculo, mas adoro estatística

NUNCA TIVE UMA boa relação com a matemática. Não gosto dos números pelos números em si nem me impressiono com fórmulas rebuscadas que não têm aplicação no mundo real. No ensino médio eu desgostava particularmente de cálculo pela simples razão de que ninguém jamais se deu ao trabalho de me dizer por que eu precisava aprender aquilo. Qual é a área sob uma parábola? Quem se importa?

Um dos momentos decisivos da minha vida ocorreu durante meu último ano no colégio, no fim do primeiro semestre do curso de Advanced Placement em cálculo.* Embora estivesse concentrado para o exame final, devo admitir que estava menos preparado do que deveria. (Eu havia sido aceito na minha primeira opção universitária algumas semanas antes, o que drenara a já pouca motivação que eu tinha para o curso.) Quando comecei a fazer o exame, as questões me pareceram completamente estranhas. Não quero dizer que estava tendo dificuldades em resolvê-las. Quero dizer que eu nem mesmo reconhecia o que estava sendo pedido. Para mim, não era nenhuma novidade estar despreparado para as provas, mas, parafraseando Donald Rumsfeld, eu geralmente sabia o que não sabia. Aquele exame parecia ainda mais incompreensível que o normal. Folheei então as páginas por alguns momentos e acabei de certa maneira me rendendo. Fui até a frente da classe, onde a minha professora de cálculo, que

* Advanced Placement (colocação avançada) é um programa instituído pelas autoridades educacionais americanas e canadenses oferecendo currículo e exames de nível universitário para estudantes do ensino médio. As faculdades americanas muitas vezes destinam vagas e créditos para alunos que obtêm as melhores notas nas provas desse programa. (N.T.)

chamarei de Carol Smith, estava supervisionando o exame. "Sra. Smith", eu disse, "não reconheço grande parte do que está sendo pedido no teste."

Basta dizer que a sra. Smith não gostava de mim muito mais do que eu gostava dela. Sim, posso admitir agora que às vezes eu usava meus limitados poderes de presidente da associação de alunos para marcar assembleias de toda a escola justamente para que a aula da sra. Smith fosse cancelada. Sim, meus amigos e eu chegamos a mandar flores de "um admirador secreto" para a sra. Smith durante uma aula só para podermos cair na risada no fundo da sala enquanto ela olhava ao redor envergonhada. E, sim, eu parei de fazer qualquer dever de casa assim que entrei na faculdade.

Logo, quando fui até a sra. Smith no meio do exame e disse que a matéria não me parecia familiar, ela foi, por assim dizer, pouco solidária. "Charles", disse em voz alta, ostensivamente para mim, mas dirigindo-se às filas de carteiras para se certificar de que toda a classe ouvisse, "se você tivesse estudado, a matéria lhe pareceria mais familiar." Era um ponto inquestionável.

Então bati em retirada de volta para minha carteira. Após alguns minutos, Brian Arbetter, um aluno de cálculo muito mais comprometido que eu, foi até a frente da classe e cochichou algo para a sra. Smith. Ela cochichou de volta e então aconteceu uma coisa verdadeiramente extraordinária. "Classe, preciso da atenção de vocês", a sra. Smith anunciou. "Parece que eu lhes dei o exame do segundo semestre por engano." Já estávamos bem adiantados no horário do teste, de modo que o exame inteiro precisou ser cancelado e remarcado.

Não posso descrever a minha euforia. Parti para a vida, casei-me com uma mulher encantadora, tivemos três filhos saudáveis. Publiquei livros e visitei lugares como o Taj Mahal e o Angkor Wat. Ainda assim, o dia em que a minha professora de cálculo levou o troco é um dos cinco momentos mais formidáveis da minha vida. (O fato de eu quase ter sido reprovado no exame final substitutivo não diminuiu em praticamente nada essa maravilhosa experiência.)

O incidente do exame de cálculo conta muito do que você precisa saber sobre a minha relação com a matemática – mas não tudo. Curiosamente, no ensino médio eu adorava física, embora a física se apoie fortemente nesse mesmo cálculo que eu me recusava a fazer na aula da sra. Smith. Por quê? *Porque a física tem um propósito claro.* Lembro-me muito bem do meu professor de física no colégio mostrando-nos, durante o campeonato mundial de beisebol, como podíamos usar a fórmula básica da aceleração para estimar a que distância fora rebatida uma bola de *home run*.* Isso é bacana – e a mesma fórmula tem muitas outras aplicações socialmente significativas.

Na faculdade, eu me interessei especialmente pela probabilidade, mais uma vez porque ela me permitia compreender fascinantes situações da vida real. Hoje reconheço que não era a matemática que me incomodava nas aulas de cálculo, e sim ninguém nunca ter me explicado seu sentido. Se você não é fascinado pela elegância da fórmula em si – o que, sem dúvida, eu não sou –, então o cálculo não passa de fórmulas mecânicas e enfadonhas, pelo menos do jeito que me foi ensinado.

Isto me leva para a estatística (que, para os propósitos deste livro, inclui a probabilidade). Eu adoro estatística. Ela pode ser usada para explicar tudo, desde testes de DNA até a idiotice de jogar na loteria. A estatística pode nos ajudar a descobrir os fatores associados a doenças cardíacas e câncer, bem como identificar fraudes em testes padronizados. A estatística pode até nos ajudar a ganhar jogos de programas de TV. Na minha infância, havia um programa famoso chamado *Let's Make a Deal*, com seu igualmente famoso apresentador, Monty Hall. Todo dia no fim do programa, um jogador bem-sucedido ficava junto com Monty diante de três portas: porta n.1, porta n.2 e porta n.3. Monty Hall explicava ao jogador que havia um prêmio altamente desejável atrás de uma das portas – algo como um carro novo – e uma cabra atrás das outras duas. A ideia era simples e direta: o jogador escolhia uma das portas e ficava com o conteúdo atrás dessa porta.

Quando cada jogador ou jogadora ficava diante das portas com Monty Hall, tinha uma chance em três de escolher a porta que seria aberta para

* *Home run*: rebatida em que a bola não consegue ser reposta em jogo antes que o rebatedor consiga dar a volta inteira até a última base. (N.T.)

revelar o valioso prêmio. Mas *Let's Make a Deal* tinha um truque, que tem deleitado os estatísticos desde então (e deixado todo mundo estarrecido). Depois que o jogador escolhia uma porta, Monty Hall abria uma das duas restantes, sempre revelando uma cabra. Digamos que o jogador tivesse escolhido a porta n.1. Monty abria então a porta n.3; ali estaria parada a cabra em pleno palco. Duas portas ainda estavam fechadas, as portas n.1 e 2. Se o prêmio valioso estivesse atrás da n.1, o competidor ganharia; se estivesse atrás da n.2, perderia. Mas é aí que as coisas ficavam interessantes: Monty virava-se para o jogador e perguntava se ele gostaria de mudar de ideia e trocar de porta (da n.1 para a n.2, neste caso). Lembre-se, ambas as portas ainda estavam fechadas, e a única informação nova que o competidor tinha recebido era que uma cabra havia aparecido atrás de uma das portas que ele não tinha escolhido.

Deveria ele trocar?

A resposta é sim. Por quê? Leia o Capítulo 5½.

O PARADOXO DA ESTATÍSTICA é que ela está em toda parte – desde médias de rebatidas até pesquisas presidenciais –, embora a disciplina em si seja considerada desinteressante e inacessível. Muitos livros e aulas de estatística são excessivamente carregados de matemática e jargão. Acredite, os detalhes técnicos são cruciais (e interessantes), mas é apenas grego se você não entender intuitivamente. E você pode nem dar importância para a intuição se não estiver convencido de que existe um motivo para aprendê-la. Cada capítulo deste livro promete responder à pergunta básica que fiz (em vão) para a minha professora de cálculo no colégio: *qual é o objetivo disto?*

Este livro é sobre a intuição. É breve em matemática, equações e gráficos. Quando eles forem usados, prometo que terão um propósito claro e elucidativo. Por outro lado, o livro é pródigo em exemplos para convencer você de que existem excelentes motivos para aprender essa matéria. *A estatística pode ser realmente interessante, e a maior parte dela nem é tão difícil.*

A ideia para este livro nasceu não muito tempo depois da minha infeliz experiência na aula de cálculo da sra. Smith. Ingressei na faculdade para estudar economia e políticas públicas. Antes mesmo de o programa começar, fui enviado (sem surpresa) para o "campo da matemática", junto com a maioria dos meus colegas, para que nos preparássemos para os rigores que viriam em seguida. Durante três semanas, aprendemos matemática o dia todo numa sala de aula sem janelas, num porão (de verdade).

Num desses dias, tive algo muito próximo de uma epifania de carreira. Nosso instrutor tentava nos ensinar as circunstâncias nas quais a soma de uma série infinita converge para um valor finito. Acompanhe meu raciocínio por um minuto porque esse conceito já vai ficar claro. (Neste instante, você provavelmente está se sentindo como eu me sentia naquela sala sem janelas.) Uma série infinita é um padrão de números que continua indefinidamente, tal como $1 + \frac{1}{2} + \frac{1}{4} + \frac{1}{8}$... As reticências significam que o padrão continua até o infinito.

Essa é a parte que estávamos tendo mais dificuldade de entender. O instrutor tentava nos convencer, usando alguma prova que há muito tempo já esqueci, de que uma série de números pode continuar para sempre e mesmo assim pode redundar (aproximadamente) em um número finito. Um dos meus colegas de classe, Will Warshauer, não aceitava nada daquilo, apesar da impressionante prova matemática. (Para ser honesto, eu mesmo estava um pouco cético.) Como pode a soma de algo infinito resultar em alguma coisa finita?

Aí tive uma inspiração, ou, mais precisamente, a intuição do que o instrutor estava tentando explicar. Virei-me para Will e expliquei-lhe o que eu tinha acabado de elaborar na minha cabeça. Imagine que você tenha se posicionado a dois metros de uma parede.

Agora avance metade da distância até a parede (um metro), de modo que você se encontre a um metro dela.

Dessa distância de um metro, percorra novamente metade da distância ($\frac{1}{2}$ metro). E, a partir desse $\frac{1}{2}$ metro, repita o movimento (aproxime-se $\frac{1}{4}$ de metro, ou 25 centímetros). Depois repita outra vez (mova-se $\frac{1}{8}$ de metro, ou 12,5 centímetros). E assim por diante.

Gradualmente, você vai chegando bem perto da parede. (Por exemplo, quando estiver a $\frac{1}{1024}$ de um centímetro, você andará metade dessa distância, ou mais 1/2048 de um centímetro.) Mas jamais chegará à parede, porque, por definição, cada movimento fará você percorrer apenas a metade da distância restante. Em outras palavras, você chegará infinitamente perto da parede, mas nunca a alcançará. Se medirmos a sua distância em metros, a série poderá ser descrita como 1 + ½ + ¼ + ⅛…

Aí está o insight: mesmo que você continue se aproximando indefinidamente – com cada movimento percorrendo a metade da distância restante até a parede –, a distância total que você irá percorrer jamais poderá ser maior que dois metros, que é a distância do seu ponto de partida até a parede. Para propósitos matemáticos, a distância total que você percorre pode ser aproximada para dois metros, o que acaba sendo muito conveniente para propósitos de cálculo. Um matemático diria que a soma da série infinita 1m + ½m + ¼m + ⅛m… converge para dois metros, que é o que o nosso instrutor estava tentando nos ensinar naquele dia.

O importante é que eu convenci Will. E convenci a mim mesmo. Não consigo me recordar da matemática que prova que a soma de uma série infinita pode convergir para um número finito, mas isso aí eu sempre posso procurar na internet. E quando o fizer, provavelmente fará sentido. Pela minha experiência, a intuição torna a matemática e outros detalhes técnicos mais compreensíveis – mas não necessariamente o contrário.

O objetivo deste livro é tornar mais intuitivos e acessíveis os conceitos estatísticos mais importantes, não só para aqueles de nós obrigados a estudá-los em salas de aula sem janelas, mas para qualquer pessoa interessada no extraordinário poder dos números e dados.

Agora, tendo acabado de demonstrar que as ferramentas centrais da estatística são menos intuitivas e acessíveis do que deveriam ser, vou fazer uma afirmação aparentemente contraditória: a estatística pode ser *extremamente acessível* no sentido de que qualquer um com dados e um computador pode executar procedimentos estatísticos sofisticados usando apenas algumas teclas. O problema é que, se os dados forem pobres, ou se as técnicas estatísticas forem usadas de maneira inadequada, podemos chegar a conclusões bastante enganosas e até mesmo potencialmente perigosas. Considere a seguinte manchete hipotética de uma notícia na internet: *pessoas que fazem pequenas pausas no trabalho estão muito mais propensas a morrer de câncer.* Imagine essa manchete surgindo do nada na sua tela enquanto você está navegando pela web. De acordo com um estudo em tese impressionante com 36 mil funcionários de escritório (um conjunto de dados enorme!), os funcionários que relataram sair do escritório para pausas regulares de dez minutos durante o dia de trabalho eram 41% mais propensos a desenvolver câncer nos cinco anos seguintes do que os funcionários que não saem do escritório durante o dia de trabalho. Obviamente precisamos agir diante de achados como esse – talvez algum tipo de campanha nacional de conscientização para impedir pausas curtas durante o serviço.

Ou talvez precisemos apenas pensar com mais clareza sobre o que muitos funcionários fazem durante o intervalo de dez minutos. Minha experiência profissional sugere que muitos desses funcionários que relatam sair do escritório para pausas curtas se amontoam na frente da entrada do prédio para fumar (criando uma nuvem de fumaça através da qual o resto de nós precisa passar para entrar ou sair). Eu inferiria que são talvez os cigarros, e não os intervalos breves no expediente, a causa do câncer. Inventei esse exemplo apenas para ser particularmente absurdo, mas posso garantir que muitas abominações estatísticas na vida real são quase tão absurdas uma vez que forem desconstruídas.

A estatística é como uma arma de alto calibre: útil quando usada de forma correta e potencialmente desastrosa em mãos erradas. Este livro *não vai* fazer de você um especialista em estatística; ele *vai* lhe ensinar a ter suficiente cuidado e respeito pela área para que você não cometa o equivalente estatístico de explodir a cabeça de alguém com um tiro.

Este não é um livro-texto, o que é libertador em termos dos tópicos que devem ser cobertos e das maneiras como podem ser explicados. *O livro foi planejado para introduzir os conceitos estatísticos de maior relevância para a vida cotidiana.* Como os cientistas concluem que algo provoca câncer? Como funcionam as pesquisas de opinião (e o que pode dar errado)? Quem "mente com estatística", e como se faz isso? Como a sua empresa de cartão de crédito usa os dados sobre o que você anda comprando para prever qual a probabilidade de você deixar de efetuar um pagamento? (É sério, eles podem fazer uma coisa dessas.)

Se você quer entender os números por trás da notícia e apreciar o extraordinário (e crescente) poder dos dados, este é o material de que você precisa. No final, espero ter persuadido você da observação feita pela primeira vez pelo matemático e escritor sueco Andrejs Dunkels: é fácil mentir com estatística, mas é difícil dizer a verdade sem ela.

Mas eu tenho aspirações ainda mais arrojadas que essa. Acho que você poderá realmente vir a gostar de estatística. As ideias subjacentes são fabulosamente interessantes e relevantes. A chave é separar as ideias importantes dos herméticos detalhes técnicos que possam atrapalhar. *Esta é a estatística.*

1. Qual é o objetivo?

Tenho notado um fenômeno curioso. Os alunos se queixam de que a estatística é confusa e irrelevante. Aí os mesmos alunos saem da classe e conversam alegremente durante o almoço sobre médias de rebatidas (durante o verão) ou sensação térmica (no inverno) ou médias de notas (sempre). Reconhecem que o "índice de passes" da Liga Nacional de Futebol Americano (NFL, na sigla em inglês) – uma estatística que condensa o desempenho de um *quarterback* num único número – é uma medida um tanto falha e arbitrária do desempenho do *quarterback* num dia de jogo. Os mesmos dados (índice de passes completos, média de jardas por tentativa de passe, porcentagem de passes para *touchdown* por tentativa de passe e índice de interceptações) poderiam ser combinados de maneira diferente, tal como dar um peso maior ou menor para qualquer uma dessas informações, de modo a gerar uma medida de desempenho diferente, mas igualmente confiável. Todavia, qualquer um que já tenha assistido a uma partida de futebol americano reconhece que é conveniente ter um número único que possa ser usado para abranger a performance do *quarterback*.*

A avaliação do *quarterback* é perfeita? Não. A estatística raramente oferece um único modo "certo" de fazer qualquer coisa. Ela fornece informa-

* Neste parágrafo, são usados alguns termos do futebol americano: *quarterback* é o armador e principal jogador do time, responsável em campo pela escolha e distribuição das jogadas; *touchdown* é o "gol" no futebol americano, que vale seis pontos.

Quanto ao termo "índice de passes", o original *passer rating* significa literalmente "índice do passador". Há em inglês dois outros termos para o mesmo conceito, *quarterback rating* ("índice do *quarterback*") e *pass efficiency* ("eficiência de passe"). O nome mais fiel ao sentido, embora não tão usado, seria "eficiência do *quarterback*", pois o índice é calculado levando-se em conta não apenas os passes, mas o desempenho como um todo: jardas aéreas, jardas corridas, *touchdowns*, passes tentados, passes completos etc. (N.T.)

ção significativa de uma maneira facilmente acessível? Com toda certeza. É uma boa ferramenta para fazer uma comparação rápida entre os desempenhos de dois *quarterbacks* em determinado dia. Eu sou fã dos Chicago Bears. Durante os *playoffs* (jogos eliminatórios, ou mata-mata) de 2011, os Bears jogaram contra os Packers; os Packers ganharam. Há uma porção de recursos que eu poderia usar para descrever o jogo, inclusive páginas e páginas de análise e dados brutos. Mas eis uma análise mais sucinta: Jay Cutler, *quarterback* dos Chicago Bears, teve um índice de passes de 31,8. Em contraste, o *quarterback* dos Green Bay Packers, Aaron Rodgers, teve um índice de passes de 55,4. De forma similar, podemos comparar a atuação de Jay Cutler com a que ele teve num jogo anterior contra os Packers na mesma temporada, quando teve um índice de passes de 85,6. Esses dados revelam muito do que se precisa saber para compreender por que os Bears venceram os Packers mais cedo nessa temporada, mas perderam nas eliminatórias.

Essa é uma sinopse muito útil do que aconteceu em campo. Ela simplifica as coisas? Sim, e esse é ao mesmo tempo o ponto forte e a fragilidade de qualquer descrição estatística. Um número nos diz que Jay Cutler foi superado por Aaron Rodgers na derrota dos Bears no mata-mata. Por outro lado, o número não diz se tudo deu errado para o *quarterback*. Não tem como saber, por exemplo, se ele fez um passe perfeito que não foi agarrado pelo recebedor e que depois foi interceptado, ou se ele "compareceu" em certas jogadas fundamentais (já que todo passe completo tem o mesmo peso, seja numa terceira descida crucial ou numa jogada sem propósito no fim do jogo), ou se a defesa esteve terrível. E assim por diante.

O curioso é que as mesmas pessoas que se sentem perfeitamente à vontade discutindo estatísticas no contexto de esportes, ou do clima, ou de notas escolares, reagem com ansiedade quando um pesquisador começa a explicar algo como o índice de Gini (ou coeficiente de Gini), que é uma ferramenta-padrão em economia para medir a desigualdade de renda. Explicarei o que é o índice de Gini daqui a um instante, mas por enquanto *o mais importante é reconhecer que este índice é exatamente a mesma coisa que o índice de passes*. Trata-se de uma conveniente ferramenta para reduzir informações complexas a um único número. Como tal, ele tem os pontos fortes da maioria das estatísticas descritivas, notadamente ao prover um meio fácil de comparar a distribuição de renda em dois países, ou num só país em diferentes períodos de tempo.

O coeficiente de Gini mede o quanto a riqueza (ou renda) é partilhada equitativamente dentro de um país numa escala de zero a um. A estatística pode ser calculada para a riqueza ou para a renda anual e em nível individual ou familiar. (Todas essas estatísticas serão bastante correlatas, mas não idênticas.) O coeficiente de Gini, assim como o índice de passes, não tem significado intrínseco. Ele é um instrumento de comparação. Um país em que todas as famílias tivessem uma riqueza idêntica teria um índice de Gini de zero. Em contraste, um país em que uma única família detivesse toda a riqueza teria um coeficiente de Gini de um. Como você provavelmente pode imaginar, quanto mais perto o país estiver de um, mais desigual é sua distribuição de riqueza. Os Estados Unidos têm um índice de Gini de 0,45, segundo a Agência de Inteligência Americana (CIA, na sigla em inglês) (aliás, uma grande coletora de estatísticas!).[1] E daí?

Uma vez colocado em contexto, esse número pode nos dizer muita coisa. Por exemplo, a Suécia tem um coeficiente de Gini de 0,23; o Canadá, 0,32; a China, 0,42; o Brasil, 0,54; e a África do Sul, 0,65.* Ao passarmos os olhos por esses números, temos uma noção de onde os Estados Unidos se encontram em relação ao resto do mundo quando se trata de desigualdade de renda. Também podemos comparar momentos diferentes no tempo. O índice de Gini para os Estados Unidos era de 0,41 em 1997 e aumentou para 0,45 durante a década seguinte. (Os dados mais recentes da CIA são de 2007.) Isto nos diz de forma objetiva que, ao mesmo tempo em que os Estados Unidos ficaram mais ricos nesse período, a distribuição da riqueza ficou mais desigual. Mais uma vez, podemos comparar as mudanças no coeficiente de Gini entre países ao longo de praticamente o mesmo intervalo de tempo. A desigualdade no Canadá permaneceu praticamente

---

* O coeficiente de Gini às vezes é multiplicado por cem, para obter um número inteiro. Nesse caso, os Estados Unidos teriam um coeficiente de Gini de 45.

inalterada durante esse mesmo período. A Suécia teve um crescimento econômico significativo ao longo das últimas duas décadas, mas seu coeficiente de Gini na verdade caiu de 0,25 em 1992 para 0,23 em 2005, o que significa que a Suécia ficou mais rica *e* mais igualitária nesse período.

Será que o coeficiente de Gini é o instrumento perfeito para medir a desigualdade? Absolutamente não – exatamente da mesma maneira que o índice de passes não é uma medida perfeita para aferir o desempenho de um *quarterback*. Mas com certeza nos fornece alguma informação valiosa sobre um fenômeno socialmente significativo num formato conveniente.

Ao mesmo tempo, fomos lentamente pavimentando o caminho para responder à pergunta formulada no título do capítulo: qual é o objetivo? O objetivo é mostrar que a estatística nos ajuda a processar dados, que na verdade é apenas um nome pomposo para informação. Às vezes os dados são triviais no grande esquema das coisas, como no caso de estatísticas esportivas. Às vezes servem para revelar algum aspecto da natureza da existência humana, como no caso do coeficiente de Gini.

Mas, como qualquer propaganda de produtos na TV ressaltaria, *Isso não é tudo!* Hal Varian, economista-chefe do Google, disse ao *New York Times* que a carreira de estatístico será considerada "sexy" na próxima década.[2] Sou o primeiro a reconhecer que os economistas às vezes têm uma definição deturpada de "sexy". Ainda assim, considere as seguintes perguntas disparatadas:

Como podemos surpreender escolas que estejam trapaceando em seus testes padronizados?

Como a Netflix sabe o tipo de filme que você gosta?

Como podemos descobrir que substâncias ou comportamentos causam câncer, considerando que não podemos conduzir experimentos cancerígenos em seres humanos?

Rezar por pacientes que passaram por cirurgia melhora sua recuperação?

Existe de fato algum benefício econômico em ter o diploma de uma faculdade ou universidade altamente seletiva?

O que está provocando o aumento do índice de autismo?

A estatística pode ajudar a responder a essas perguntas (ou, esperamos, em breve poderá). O mundo está produzindo mais e mais dados, cada vez mais rápido. Contudo, como observou o *New York Times*, "dados são meramente a matéria-prima do conhecimento".[3]* A estatística é a ferramenta mais poderosa que temos para usar as informações com finalidade significativa, seja para identificar jogadores de beisebol subestimados ou conceder um pagamento mais justo aos professores. Eis uma rápida exposição de como a estatística pode dar significado a dados brutos.

Descrição e comparação

Um placar de boliche é uma estatística descritiva. Uma média de rebatidas também. A maioria dos fãs americanos de esporte com mais de cinco anos já está familiarizada com o campo da estatística descritiva. Usamos números, nos esportes e em qualquer outra área da vida, para resumir informações. Até que ponto um jogador de beisebol como Mickey Mantle foi bom? Seu índice de rebatidas na carreira foi de 0,298. Para um fã de beisebol, essa é uma constatação significativa, o que é notável se você pensar no assunto, pois abrange uma carreira de dezoito temporadas.[4] (Há algo, suponho eu, de deprimente em ter o trabalho de uma vida inteira reduzido a um único número.) É claro que os fãs de beisebol também vieram a reconhecer que estatísticas descritivas diferentes da média de rebatidas podem dar uma visão geral melhor do valor do jogador no campo.

---

* O título da matéria em inglês é "Data is merely the raw material of knowledge". Como o inglês usa a palavra latina "data", o autor comenta nesta nota que "*data*" ["dados"] tem sido historicamente usada no plural. Por exemplo, "*The data are very encouraging*" ("Os dados são muito animadores"). O singular em latim é "datum", que se referiria a um dado único, tal como a resposta de uma pessoa a uma única pergunta numa pesquisa. O uso do plural "data" é um meio rápido de mostrar a qualquer pessoa que faça uma pesquisa séria que você tem familiaridade com estatística. Dito isto, muitas autoridades em gramática inglesa e muitas publicações, como o *New York Times*, aceitam atualmente que "data" pode ser singular ou plural, como na passagem citada. Em português não temos esse problema, pois geralmente usamos o termo "dados", já no plural. No entanto, serve para entendermos expressões utilizadas sem tradução, muitas vezes em nomes próprios, como database etc. (N.T.)

Nós avaliamos o desempenho acadêmico de estudantes do ensino médio e superior por meio de uma pontuação baseada na média de notas, chamada GPA – *grade point average*.* A cada letra que simboliza uma nota é dado um valor numérico; geralmente um A vale quatro pontos, um B vale três, um C vale dois, e assim por diante. Em vias de se formar, por exemplo, quando alunos de ensino médio estão se candidatando à faculdade e alunos de faculdade estão procurando emprego, a GPA é um instrumento prático para avaliar o potencial acadêmico. Um estudante que tem GPA 3,7 é claramente mais forte do que um na mesma escola com GPA 2,5. Isso constitui uma bela estatística descritiva. É fácil de calcular, fácil de entender e fácil de fazer comparações entre estudantes.

Mas não é perfeita. A GPA não reflete a dificuldade dos cursos que diferentes alunos possam ter cursado. Como podemos comparar um estudante com GPA 3,4 em aulas que parecem ser relativamente não desafiadoras com um estudante com GPA 2,9 que cursou cálculo, física e outras matérias difíceis? Eu frequentei um colégio de ensino médio que tentou solucionar esse problema dando um peso extra a aulas difíceis, de modo que um A numa aula "honrosa" valia cinco pontos em vez dos quatro habituais. Isto gerava seus próprios problemas. Minha mãe foi rápida em reconhecer a distorção causada por esse "ajuste" de GPA. Para um aluno que cursasse uma porção de matérias honrosas (eu), qualquer A num curso não honroso, tal como educação física ou ginástica, na realidade puxaria o meu GPA para baixo, mesmo sendo impossível sair-se melhor do que tirar A nessas matérias. Como resultado, meus pais me proibiram de tomar aulas de direção no ensino médio, pois até mesmo um desempenho perfeito diminuiria minhas chances de entrar numa faculdade competitiva e seguir adiante para escrever livros populares. Em vez disso, pagaram uma autoescola para eu cursar à noite durante o verão.

* A explicação do autor é importante em sistemas educacionais cuja avaliação é feita por critérios inicialmente não numéricos, como ocorre nos Estados Unidos, com notas A, B e C, por exemplo. Para um sistema educacional em que a avaliação já é numérica, a média numérica é um conceito mais óbvio, como ocorre no Brasil. (N.T.)

Foi uma maluquice? Foi. Mas um dos temas deste livro é que se basear exageradamente em qualquer estatística descritiva pode levar a conclusões errôneas, ou gerar comportamentos indesejáveis. Meu rascunho original da sentença acima usava a expressão "estatística descritiva ultrassimplificada", mas risquei a palavra "ultrassimplificada" porque é redundante. A estatística descritiva existe para simplificar, o que sempre implica alguma perda de nuance ou detalhe. Qualquer um que trabalhe com números tem que reconhecer isso.

Inferência

Quantas pessoas sem teto vivem nas ruas de Chicago? Com que frequência pessoas casadas fazem sexo? Essas podem parecer perguntas de tipos brutalmente diferentes, mas, na verdade, ambas podem ser respondidas (não perfeitamente) pelo uso de ferramentas estatísticas básicas. Uma função-chave da estatística é usar os dados que temos para fazer conjecturas informadas sobre perguntas mais amplas para as quais não temos informação completa. Em suma, podemos usar dados do "mundo conhecido" para fazer inferências informadas sobre o "mundo desconhecido".

Comecemos com a pergunta sobre os sem-tetos. É custoso e logisticamente difícil contar a população sem-teto numa grande área metropolitana. Todavia, é importante ter uma estimativa numérica dessa população a fim de prover serviços sociais, obter elegibilidade para recursos estaduais e federais e garantir representação no Congresso. Uma importante prática estatística é a amostragem, que é o processo de coletar dados de uma área pequena, digamos, um punhado de setores censitários, e aí usar esses dados para fazer um juízo informado, ou inferência, sobre a população sem-teto da cidade como um todo. A amostragem requer muito menos recursos do que tentar contar uma população inteira; se feita adequadamente, ela pode ser igualmente acurada.

Uma pesquisa de opinião política é uma forma de amostragem. Uma instituição de pesquisa entra em contato com uma amostragem de lares que seja amplamente representativa da população total e pergunta suas opiniões sobre um determinado assunto ou candidato. Obviamente, esse procedimento é muito mais barato e rápido do que tentar contatar cada lar num estado ou no país inteiro. Para a empresa de pesquisa de opinião Gallup, uma pesquisa metodologicamente sólida de mil lares produz aproximadamente os mesmos resultados que uma pesquisa que tente contatar cada lar americano.

Foi assim que calculamos com que frequência os americanos fazem sexo, com quem e de que tipo. Em meados dos anos 1990, o Centro Nacional de Pesquisa de Opinião da Universidade de Chicago realizou um ambicioso estudo sobre o comportamento sexual americano. Os resultados baseavam-se em levantamentos detalhados conduzidos em pessoa com uma amostragem grande e representativa de adultos americanos. Se você avançar neste livro, no Capítulo 10 saberá o que descobriram. *Quantos outros livros de estatística podem lhe prometer isso?*

Avaliação de risco e outros eventos relacionados com probabilidade

Cassinos ganham dinheiro no longo prazo – sempre. Isso não quer dizer que estão ganhando dinheiro em qualquer dado momento. Quando os sinos e apitos disparam, algum apostador de peso acabou de ganhar milhares de dólares. Toda a indústria do jogo é constituída de jogos de azar, o que significa que o resultado de qualquer lance de dados ou virada de carta é incerto. Ao mesmo tempo, as probabilidades subjacentes para fatos relevantes – fazer 21 pontos no *blackjack* ou acertar no vermelho na roleta – são conhecidas. Quando as probabilidades subjacentes favorecem os cassinos (como sempre ocorre), podemos estar cada vez mais certos de que a "casa" vai sair na frente à medida que o número de apostas cresce mais e mais, mesmo que aqueles sinos e apitos continuem disparando.

Acontece que esse é um poderoso fenômeno em áreas da vida muito além dos cassinos. Muitos negócios precisam avaliar os riscos associados a uma variedade de resultados adversos. Não é possível fazer esses riscos desaparecerem inteiramente, da mesma forma que um cassino não pode garantir que você não vá ganhar toda mão de *blackjack* que jogar. No entanto, qualquer negócio sujeito a incertezas pode administrar esses riscos fazendo uso de processos de engenharia, de modo que a probabilidade de um resultado adverso, qualquer coisa desde uma catástrofe ambiental até um produto defeituoso, torne-se aceitavelmente baixa. Empresas de Wall Street avaliam com frequência os riscos apresentados aos seus portfólios em diferentes cenários, sendo que cada um desses cenários é pesado com base na sua probabilidade. A crise financeira de 2008 foi precipitada em parte por uma série de eventos de mercado que haviam sido considerados extremamente improváveis, como se cada jogador do cassino fizesse 21 pontos a noite inteira. Mais adiante no livro argumentarei que esses modelos de Wall Street eram falhos e que os dados utilizados para avaliar os riscos subjacentes eram limitados demais, mas o ponto aqui é que qualquer modelo para lidar com riscos deve ter a probabilidade como alicerce.

Quando indivíduos e empresas não conseguem eliminar riscos inaceitáveis, buscam proteção de outras maneiras. Toda a indústria de seguros se baseia em cobrar clientes para protegê-los contra algum infortúnio, tal como uma batida de carro ou incêndio na casa. A indústria de seguros não ganha dinheiro eliminando esses acontecimentos; carros batem e casas pegam fogo todos os dias. Às vezes carros chegam a colidir contra casas, provocando incêndios. Em vez disso, o ramo de seguros ganha dinheiro cobrando prêmios que são mais que suficientes para pagar pelos prejuízos de batidas de carro e incêndios de casas. (A companhia de seguros pode tentar também reduzir seus prejuízos estimulando práticas de condução segura, a colocação de cercas ao redor de piscinas, a instalação de detectores de fumaça em cada quarto, e assim por diante.)

A probabilidade pode ser usada inclusive para detectar trapaças em algumas situações. A empresa Caveon Test Security é especializada naquilo que ela descreve como "dados forenses" para descobrir padrões que sugiram trapaças.[5] Por exemplo, num colégio ou local de testes, a companhia (que foi fundada por um ex-elaborador do Teste de Raciocínio SAT nas escolas) formula exames em que a quantidade de *respostas erradas* idênticas é bastante improvável, geralmente um padrão que ocorreria por acaso apenas uma vez em 1 milhão. A lógica matemática provém do fato de que não podemos descobrir muita coisa quando um grupo grande de alunos inteiro responde à questão corretamente. É isso que se espera deles; eles podem estar colando, ou podem ser inteligentes. Mas quando esses mesmos alunos que fazem o teste assinalam uma resposta errada, não poderiam todos consistentemente dar *a mesma resposta errada*. Se isso acontecer, é possível que estejam copiando um do outro (ou compartilhando as respostas via mensagem de texto). A companhia também procura identificar exames em que alguém se saia significativamente melhor em questões difíceis do que em questões fáceis (o que sugere que ele ou ela tiveram acesso às respostas com antecedência) e exames nos quais o número de rasuras "errado para certo" seja muito maior que o de rasuras "certo para errado" (sugerindo que o professor ou o administrador alteraram a folha de respostas após o teste).

É claro que você pode ver limitações no uso da probabilidade. Um grupo grande de pessoas fazendo um teste pode dar as mesmas respostas erradas por coincidência; na verdade, quanto mais escolas avaliamos, mais provável é que observemos tais padrões como mero fruto do acaso. Uma anomalia estatística não comprova que houve má-fé. Delma Kinney, um homem de cinquenta anos de Atlanta, ganhou US$1 milhão num jogo lotérico instantâneo em 2008 e depois outro milhão num jogo instantâneo em 2011.[6] A probabilidade de isso acontecer com a mesma pessoa é algo em torno de uma em 25 trilhões. Não podemos prender o sr. Kinney por fraude com base apenas nesse cálculo (embora possamos inquirir se ele tem parentes que trabalham para a loteria estadual). A probabilidade é uma arma num arsenal que requer bom julgamento.

Identificando relações importantes (Trabalho de detetive estatístico)

Fumar cigarros causa câncer? Temos uma resposta para essa pergunta – mas o processo de respondê-la não foi nem um pouco direto como se poderia pensar. O método científico determina que, se estamos testando uma hipótese científica, devemos conduzir um experimento controlado no qual a variável de interesse (por exemplo, o ato de fumar) seja a única coisa diferente entre o grupo experimental e o grupo de controle. Se observarmos uma diferença acentuada em algum resultado entre os dois grupos (por exemplo, câncer de pulmão), podemos inferir com segurança que a variável de interesse é o que causou o resultado. Não podemos fazer esse tipo de experimento com seres humanos. Se nossa hipótese de trabalho é a de que fumar causa câncer, seria antiético dividir recém-formados na faculdade em dois grupos, fumantes e não fumantes, e aí ver quem desenvolveu câncer no encontro de vinte anos de formatura. (Podemos conduzir experimentos controlados em humanos quando a nossa hipótese é que uma nova droga ou tratamento pode melhorar sua saúde; não podemos conscientemente expor sujeitos humanos quando esperamos um resultado adverso.)*

Agora, você poderia retrucar que não precisamos conduzir um experimento eticamente duvidoso para observar os efeitos do fumo. Não poderíamos simplesmente pular toda a rebuscada metodologia e, no encontro de vinte anos, comparar os índices de câncer entre os que fumaram desde a graduação e os que não fumaram?

Não. Fumantes e não fumantes provavelmente serão diferentes em outros aspectos da vida além do seu comportamento em relação ao fumo. Por exemplo, fumantes podem ter propensão a outros hábitos, tais como beber demais ou comer mal, que provocam resultados de saúde adversos. Se os fumantes tiverem uma saúde particularmente ruim no encontro de vinte anos, não saberíamos se devemos atribuir essa condição ao fumo ou a outras práticas não saudáveis que muitos fumantes costumam adotar. Também teríamos um sério problema com os dados nos quais estamos baseando a nossa análise. Fumantes que ficaram gravemente doentes de câncer têm menos probabilidade de comparecer ao encontro de vinte anos. (Os fumantes mortos definitivamente não vão aparecer.) Como resultado,

---

* Essa é uma simplificação grosseira do fascinante e complexo campo da ética médica.

qualquer análise da saúde dos participantes do encontro de vinte anos (relacionada com o fumo ou qualquer outra coisa) terá sérias falhas pelo fato de que os membros mais saudáveis da classe são os mais propensos a comparecer. Quanto mais tempo passar desde a época da formatura, digamos, num encontro de quarenta ou cinquenta anos, mais sério será esse viés.

Não podemos tratar seres humanos como ratos de laboratório. Sendo assim, a estatística se aproxima muito de um bom trabalho de detetive. Os dados geram pistas e padrões que, em última instância, podem levar a conclusões significativas. Você provavelmente já assistiu a alguma dessas impressionantes séries policiais, como *CSI: New York*, na qual detetives muito atraentes e peritos forenses se debruçam sobre pistas mínimas – DNA de uma guimba de cigarro, marcas de dentes numa maçã, uma única fibra do carpete do piso de um carro – e então usam a evidência para capturar um criminoso violento. O apelo da série é que esses peritos não dispõem de evidências convencionais usadas para encontrar um bandido, tal como uma testemunha ocular ou a fita de vídeo de um sistema de vigilância. Então, em vez disso, recorrem à inferência científica. A estatística faz basicamente a mesma coisa. Os dados apresentam pistas desorganizadas – a cena do crime. A análise estatística é o trabalho de detetive que processa os dados brutos para obter uma conclusão significativa.

Após o Capítulo 11, você irá apreciar o programa de TV que eu espero que estoure: *CSI: análise de regressão*, que se afastaria apenas um pouco daqueles outros procedimentos policiais carregados de ação. A análise de regressão é a ferramenta que possibilita aos pesquisadores isolar a relação entre duas variáveis, tais como fumo e câncer, ao mesmo tempo em que mantém constantes (ou "controla") os efeitos de outras variáveis importantes, como dieta, exercício, peso, e assim por diante. Quando você lê no jornal que comer um bolinho de farelo de trigo por dia reduz o risco de se ter câncer de cólon, não precisa temer que algum grupo infeliz de cobaias humanas tenha sido forçado a comer bolinhos de farelo de trigo no porão de algum laboratório federal enquanto o grupo de controle no prédio ao lado comia ovos com bacon. Em vez disso, os pesquisadores coletam informações detalhadas de milhares de pessoas, inclusive sobre a frequência com que comem bolinhos de farelo de trigo, e então usam a análise de regressão para fazer duas coisas cruciais: (1) quantificar a associação observada entre comer bolinho de farelo de trigo e contrair câncer de cólon (por exemplo, um achado hipotético de que pessoas que comem bolinhos de farelo de trigo têm uma incidência de câncer de cólon 9% menor, controlando outros fatores que possam afetar a incidência da doença); e (2) quantificar a probabilidade de que a associação entre bolinhos de farelo de trigo e menor taxa de câncer de cólon observada nesse estudo seja uma mera coincidência – um acaso peculiar nos dados para essa amostragem de pessoas –, e não uma percepção significativa sobre a relação entre dieta e saúde.

É claro que *CSI* será estrelado por atores e atrizes muito mais atraentes que os acadêmicos que tipicamente se debruçam sobre tais dados. Esses charmosos agentes (todos com PhD, apesar de terem apenas 23 anos) estudariam extensos conjuntos de dados e usariam as mais modernas ferramentas estatísticas para responder a importantes questões sociais: quais são as ferramentas mais eficazes para combater o crime violento? Que indivíduos são mais propensos a se tornarem terroristas? Mais adiante no livro, discutiremos o conceito de uma descoberta "estatisticamente significativa", o que quer dizer que a análise revelou uma associação entre duas variáveis sem probabilidade de ser produto do mero acaso. Para pesquisadores acadêmicos, esse tipo de descoberta estatística configura uma "arma fumegante", ou prova irrefutável. Em *CSI: análise de regressão*, posso visualizar uma pesquisadora trabalhando até tarde da noite no laboratório de informática por causa dos seus compromissos diurnos como membro do time olímpico de vôlei de praia. Quando ela pega o relatório impresso da sua análise estatística, vê exatamente o que vinha procurando: uma vasta e estatisticamente significativa relação em seu conjunto de dados entre alguma variável que ela supunha ser importante e os primeiros sintomas de autismo. Ela precisa relatar essa descoberta imediatamente!

Ela pega o relatório e corre pelo corredor, obrigada a andar um pouco mais devagar por estar de salto alto e com uma saia relativamente curta, justa e preta. Ela encontra seu parceiro, inexplicavelmente em boa forma e bronzeado para um sujeito que trabalha catorze horas por dia num laboratório de computadores no porão, e lhe mostra os resultados. Ele corre os dedos pelo cavanhaque cuidadosamente aparado, tira sua pistola Glock 9mm da gaveta da escrivaninha e a coloca no coldre de ombro sob seu terno Hugo Boss de US$5 mil (o que também é inexplicável, dado que seu salário acadêmico inicial não deve passar de US$38 mil por ano). Juntos, os peritos em análise de regressão caminham decididamente para ver seu chefe, um veterano grisalho que superou relacionamentos fracassados e o alcoolismo…

Tudo bem, você não precisa entrar na onda do drama televisivo para apreciar a importância desse tipo de pesquisa estatística. Quase todo desafio social a que damos importância tem sido informado mediante a análise sistemática de grandes conjuntos de dados. (Em muitos casos, a coleta de dados relevantes, que é um procedimento caro e que consome tempo, desempenha um papel crucial nesse processo, como será explicado no Capítulo 7.) Posso ter glamorizado meus personagens em *CSI: análise de regressão*, mas não o tipo de questões significativas que eles poderiam examinar. Há uma literatura acadêmica sobre terroristas e atentados suicidas – um tema que seria difícil de estudar por meio de sujeitos humanos (ou mesmo ratos de laboratório). Um desses livros, *What Makes a Terrorist*, foi escrito por um dos meus professores de estatística da graduação. O livro chega a suas conclusões a partir de dados reunidos sobre ataques terroristas ao redor do mundo. Uma descoberta amostral: terroristas não são desesperadamente pobres, nem têm nível escolar baixo. O autor, o economista de Princeton Alan Krueger, conclui: "Terroristas tendem a vir de famílias com bom nível educacional, de classe média ou alta."[7]

Por quê? Bem, isso expõe uma das limitações da análise de regressão. Podemos isolar uma associação forte entre duas variáveis usando análise estatística, mas não necessariamente podemos explicar por que essa relação existe e, em alguns casos, não podemos saber ao certo se essa relação é causal, significando que uma mudança numa das variáveis esteja realmente causando mudança na outra. No caso do terrorismo, o professor Krueger parte da hipótese de que, uma vez que os terroristas são motivados por metas políticas, aqueles que são mais cultos e abastados têm o incentivo mais forte de mudar a sociedade. Esses indivíduos também podem ser particularmente inflamados pela supressão da liberdade, outro fator associado ao terrorismo. No estudo de Krueger, países com altos níveis de repressão política têm atividade terrorista mais intensa (mantendo outros fatores constantes).

Essa discussão me leva de volta à pergunta apresentada pelo título: qual é o objetivo? O objetivo não é brincar de matemática, nem impressionar amigos e colegas com técnicas estatísticas avançadas. O objetivo é aprender coisas que informam as nossas vidas.

Mentiras, mentiras deslavadas e estatística

Mesmo nas melhores circunstâncias, a análise estatística raramente revela "a verdade". Em geral construímos um caso circunstancial baseado em dados imperfeitos. Como resultado, há numerosas razões para que indivíduos intelectualmente honestos discordem acerca de resultados estatísticos ou suas implicações. No nível mais básico, podemos discordar sobre a questão que está sendo respondida. Fãs de esportes discutirão por toda a eternidade sobre quem é "o melhor jogador de beisebol de todos os tempos" porque não há definição objetiva de "melhor". Estatísticas descritivas rebuscadas podem fornecer informações sobre essa questão, mas jamais a responderão em definitivo. Como será ressaltado no próximo capítulo, questões mais significativas socialmente viram presas do mesmo desafio básico. O que está acontecendo com a saúde econômica da classe média americana? A resposta depende de como se define "classe média" e "saúde financeira".

Há limites sobre os dados que podemos reunir e os tipos de experimentos que podemos realizar. O estudo de Alan Krueger sobre terroristas não acompanhou milhares de jovens ao longo de múltiplas décadas para observar quais deles se tornaram terroristas. Simplesmente isso não é possível. Tampouco podemos criar duas nações idênticas – exceto que uma é altamente repressora e a outra não é – para então comparar o número de homens-bomba que surgem em cada uma. Mesmo quando podemos conduzir experimentos amplos, controlados, com seres humanos, eles não são fáceis nem baratos. Pesquisadores fizeram um estudo em larga escala sobre se preces reduzem ou não complicações pós-cirúrgicas, que foi uma das perguntas levantadas neste capítulo. *Esse estudo custou US$2,4 milhões.* (Quanto aos resultados, você terá de esperar até o Capítulo 13).

O ex-secretário de Defesa dos Estados Unidos Donald Rumsfeld fez uma declaração que ficou famosa: "Você vai à guerra com o exército que tem – não o exército que gostaria ou desejaria ter posteriormente." Qualquer que seja sua opinião sobre Rumsfeld (e a guerra no Iraque que ele estava explicando), esse aforismo aplica-se também à pesquisa. Nós conduzimos análises estatísticas usando os melhores dados, metodologias e recursos à nossa disposição. A abordagem não é como uma soma ou uma longa divisão, na qual a técnica correta produz a resposta "certa" e um computador é sempre mais preciso e menos falível que um humano. A análise estatística é mais como um bom trabalho de detetive (daí o potencial comercial de *CSI: análise de regressão*). Gente inteligente e honesta com frequência discorda sobre o que os dados estão tentando nos dizer.

Mas quem foi que disse que todo mundo que usa estatística é inteligente e honesto? Conforme mencionado, este livro começou como uma homenagem a *Como mentir com a estatística*, publicado pela primeira vez em 1954 e que vendeu mais de 1 milhão de exemplares. A realidade é que você *pode* mentir com estatística. Ou pode cometer erros inadvertidos. Em qualquer um dos casos, a precisão matemática vinculada à análise estatística pode encobrir algum sério absurdo. Este livro percorrerá muitos dos erros e más interpretações estatísticas mais comuns (de modo que você possa reconhecê-los, não para usá-los).

Então, voltando ao título do capítulo, qual é o objetivo de aprender estatística?

Sintetizar enormes quantidades de dados.

Tomar decisões melhores.

Responder a questões sociais importantes.

Reconhecer padrões capazes de refinar o modo como fazemos tudo, desde vender fraldas até capturar criminosos.

Pegar trapaceiros e processar criminosos.

Avaliar a efetividade de políticas, programas, drogas, procedimentos médicos e outras inovações.

E identificar os canalhas que usam essas mesmas ferramentas poderosas para fins nefastos.

Se você puder fazer tudo isso vestindo um terno Hugo Boss ou uma saia preta curtinha, talvez você possa também ser a próxima estrela ou astro de *CSI: análise de regressão.*

2. Estatística descritiva

Quem foi o melhor jogador de beisebol de todos os tempos?

PONDEREMOS POR UM INSTANTE sobre duas perguntas aparentemente não relacionadas: (1) o que está acontecendo com a saúde econômica da classe média americana?; e (2) quem foi o maior jogador de beisebol de todos os tempos?

A primeira pergunta é profundamente importante. Ela tende a estar no cerne de campanhas presidenciais e outros movimentos sociais. A classe média é o coração dos Estados Unidos, então o bem-estar financeiro desse grupo é um indicador fundamental da saúde econômica total da nação. A segunda pergunta é trivial (no sentido literal da palavra), embora os aficionados do beisebol possam discutir interminavelmente sobre ela. O que as duas perguntas têm em comum é que podem ser usadas para ilustrar as forças e limitações da estatística descritiva, que são os números e cálculos que usamos para sintetizar dados brutos.

Se eu quiser demonstrar que Derek Jeter é um grande jogador de beisebol, posso fazer você se sentar e descrever cada rebatida em cada jogo da Major League (a Liga Principal de Beisebol) que ele jogou. Esses seriam dados brutos, e levaria algum tempo para digeri-los, uma vez que Jeter jogou dezessete temporadas no New York Yankees e segurou o taco 9.868 vezes para rebater.

Ou posso simplesmente lhe dizer que ao final da temporada de 2011 Derek Jeter teve uma média de rebatidas na carreira de 0,313. Essa é uma estatística descritiva, ou uma "estatística sumária".

A média de rebatidas é uma simplificação grosseira das dezessete temporadas de Jeter. É fácil de entender, elegante em sua simplicidade – e limitada naquilo que pode nos dizer. Os especialistas em beisebol têm um bando de estatísticas descritivas que consideram mais valiosas do que a média de rebatidas. Liguei para Steve Moyer, presidente da Baseball Info Solutions (uma firma que fornece uma porção de dados brutos como os do filme *Moneyball*), e lhe perguntei: (1) quais são as estatísticas mais importantes para avaliar talento em beisebol? (2) Quem foi o maior jogador de todos os tempos? Contarei a resposta assim que tivermos mais contexto.

Por enquanto, vamos voltar para o tema menos trivial, a saúde econômica da classe média. Idealmente, gostaríamos de achar o equivalente econômico da média de rebatidas, ou algo ainda melhor. Gostaríamos de ter uma medida simples, mas precisa, de como o bem-estar econômico do trabalhador americano típico tem mudado nos últimos anos. Será que as pessoas que definimos como classe média estão ficando mais ricas, mais pobres ou simplesmente correndo sem sair do lugar? Uma resposta razoável – embora de modo algum a resposta "certa" – seria calcular a mudança na renda per capita nos Estados Unidos no decorrer de uma geração, que é aproximadamente trinta anos. A renda per capita é uma média simples: a renda total dividida pelo tamanho da população. Por essa medida, a renda média nos Estados Unidos subiu de US$7.787 em 1980 para US$26.487 em 2010 (o último ano para o qual o governo tem dados).[1] *Voilà!* Parabéns para nós.

Só há um probleminha. Meu cálculo rápido está tecnicamente correto, mas totalmente errado em termos da pergunta que me propus a responder. Para começar, os valores acima não estão corrigidos pela inflação. (Uma renda per capita de US$7.787 em 1980 equivale a cerca de US$19,6 mil quando convertida em dólares de 2010.) Esse é um ajuste relativamente rápido. O problema maior é que a renda média nos Estados Unidos não é igual à renda do americano médio. Vamos deslindar essa frasezinha traiçoeira.

A renda per capita pega meramente toda a renda ganha no país e a divide pelo número de pessoas, o que não nos informa absolutamente nada sobre quem está ganhando quanto dessa renda – seja em 1980 ou em 2010. Conforme ressaltavam os caras do movimento Occupy Wall Street, um crescimento explosivo na renda do 1% que está no topo da pirâmide pode aumentar significativamente a renda per capita sem que nenhum centavo a mais entre no bolso dos outros 99%. Em outras palavras, a renda média pode subir sem ajudar o americano médio.

Da mesma forma que na pergunta sobre estatística de beisebol, busquei uma opinião especializada externa sobre como deveríamos medir a saúde econômica da classe média americana. Perguntei a dois proeminentes economistas do trabalho, incluindo o principal assessor econômico do presidente Obama, que estatística descritiva eles usariam para avaliar o bem-estar econômico de um americano típico. Sim, você também terá essa resposta, uma vez que tenhamos feito uma rápida excursão pela estatística descritiva para dar a ela mais significado.

Do beisebol à renda, a tarefa básica quando se trabalha com dados é sintetizar uma grande dose de informação. Há cerca de 330 milhões de habitantes nos Estados Unidos. Uma planilha com o nome e o histórico de renda de cada americano conteria toda a informação que poderíamos desejar sobre a saúde econômica do país – todavia, seria também tão difícil de manejar que não nos diria absolutamente nada. A ironia é que uma grande quantidade de dados frequentemente pode apresentar menos clareza. Então simplificamos. Realizamos cálculos para reduzir um complexo arranjo de dados a um punhado de números que descrevam esses dados, exatamente da mesma forma que poderíamos sintetizar uma complexa e multifacetada performance de ginástica olímpica com um número: 9,8.

A boa notícia é que essas estatísticas descritivas nos dão um resumo manejável e significativo dos fenômenos subjacentes. É disso que trata este capítulo. A má notícia é que qualquer simplificação convida ao abuso. A estatística descritiva pode ser como perfis de um site de encontros na internet: tecnicamente acurados e, ainda assim, terrivelmente enganosos.

SUPONHA QUE VOCÊ esteja no trabalho navegando despreocupadamente pela internet, quando se depara com um fascinante relato cotidiano do fracassado casamento de 72 dias de Kim Kardashian com o jogador profissional de basquete Kris Humphries. Você acabou de ler sobre o sétimo dia do casamento quando seu chefe aparece com dois enormes arquivos de dados. Um deles tem informações sobre a solicitação de uso de garantia para cada uma das 57.334 impressoras a laser que a sua firma vendeu no ano passado. (Para cada impressora vendida, o arquivo documenta o número de problemas de qualidade reportados durante o período da garantia.) O outro arquivo tem a mesma informação para cada uma das 994.773 impressoras a laser que a sua principal concorrente vendeu no mesmo período. Seu chefe quer saber como as impressoras da sua firma se comparam em termos de qualidade com as da concorrência.

Felizmente, o computador que você estava usando para ler sobre o casamento de Kardashian tem um pacote básico de estatística, mas por onde você começa? Seus instintos provavelmente estão corretos: a primeira tarefa descritiva frequentemente é achar alguma medida do "meio" de um conjunto de dados, ou aquilo que os estatísticos descrevem como sua "tendência central". Qual é a experiência de qualidade típica para as suas impressoras em comparação com as da concorrência? A medida mais básica do "meio" de uma distribuição é a média. Neste caso, queremos saber o número médio de problemas de qualidade por impressora vendida pela sua empresa e pela concorrente. Você simplesmente registraria o número total de problemas de qualidade reportados para todas as impressoras durante o período de garantia e então o dividiria pelo número total de impressoras vendidas. (Lembre-se, a mesma impressora pode ter múltiplos problemas enquanto está na garantia.) Você faria isso para cada firma, criando uma importante estatística descritiva: o número médio de problemas de qualidade por impressora vendida.

Suponha que se revele que as impressoras da concorrente têm uma média de 2,8 de problemas de qualidade por impressora durante o período de garantia, enquanto as da sua firma têm uma média de 9,1 defeitos reportados. Essa foi fácil. Você simplesmente pegou informações sobre 1 milhão de impressoras vendidas por duas empresas diferentes e destilou os dados até a essência do problema: as suas impressoras quebram um bocado. É claro que está na hora de mandar um breve e-mail para o seu chefe quantificando essa diferença de qualidade e, então, voltar ao oitavo dia do casamento de Kim Kardashian.

Ou talvez não. Fui deliberadamente vago antes quando me referi ao "meio" da distribuição. A média acaba revelando ter alguns problemas nesse contexto, especificamente, por ela ser propensa a distorções por "valores atípicos"* (ou "valores extremos"), que são as observações que se situam mais longe do centro. Para sua mente absorver esse conceito, imagine dez sujeitos sentados em banquetas altas de um bar de classe média em Seattle. Cada um deles ganha US$35 mil por ano, o que faz com que a renda média anual do grupo seja de US$35 mil. Bill Gates entra no bar com um papagaio falante empoleirado no ombro. (O papagaio não tem nada a ver com o exemplo, mas meio que dá um tempero à história.) Vamos supor que Bill Gates tenha uma renda anual de US$1 bilhão. Quando Bill se senta no 11º banco do bar, a renda média anual dos frequentadores sobe para cerca de US$91 milhões. Obviamente, nenhum dos dez beberrões originais ficou mais rico (embora fosse razoável esperar que Bill Gates pagasse uma ou duas rodadas). Se eu fosse descrever os frequentadores desse bar como tendo uma renda média anual de US$91 milhões, a afirmação seria ao mesmo tempo estatisticamente correta e grosseiramente enganosa. Esse não é um bar de badalação de multimilionários; é um bar onde um bando de caras com renda relativamente baixa estão por acaso sentados ao lado de Bill Gates e seu papagaio falante. A sensibilidade da média a valores atípicos é o motivo pelo qual não devemos calibrar a saúde econômica da classe média americana observando a renda per capita. Por ter havido crescimento explosivo em rendas no topo da distribuição – CEOs, administradores de fundos hedge e atletas como Derek Jeter –, a renda média nos Estados Unidos poderia ser fortemente

* O termo original para esses "valores atípicos" é "*outlier*" – aquilo que "está fora". Esse termo costuma ser usado também em textos em português. (N.T.)

distorcida pelos megarricos, como no exemplo das banquetas de bar com Bill Gates numa das pontas.

Por essa razão, temos outra estatística que também sinaliza o "meio" de uma distribuição, só que de maneira diferente: a mediana. A mediana é o ponto que divide uma distribuição ao meio, significando que metade das observações jaz acima da mediana e metade jaz abaixo. (Se o número de observações é par, a mediana está no ponto médio entre as duas observações do meio.) Se voltarmos ao exemplo das banquetas no bar, a renda mediana anual para os dez sujeitos ali sentados é de US$35 mil. Quando Bill Gates entra com seu papagaio e se encarrapita num banco, a renda mediana anual para os onze ainda é de US$35 mil. Se você literalmente visualizar os frequentadores do bar alinhados nas banquetas em ordem crescente de suas rendas, a renda do sujeito sentado no sexto banco representa a renda mediana do grupo. Se Warren Buffett entrar e se sentar no 12º banco ao lado de Bill Gates, a mediana ainda não se altera.*

Para distribuições sem valores atípicos sérios, a mediana e a média serão semelhantes. Incluí um sumário hipotético dos dados de qualidade para as impressoras da concorrente. Em particular, apresentei os dados naquilo que é conhecido como distribuição de frequência. A quantidade de problemas de qualidade por impressora está disposta ao longo da base; a altura de cada barra representa a porcentagem de impressoras vendidas com aquela quantidade de problemas. Por exemplo, 36% das impressoras da empresa concorrente tiveram dois defeitos de qualidade durante o período de garantia. Como a distribuição inclui todos os resultados de qualidade possíveis, inclusive zero defeito, as proporções precisam somar 1 (ou 100%).

* Com doze frequentadores do bar, a mediana seria o ponto médio entre a renda do sujeito sentado no sexto banco e a renda do sujeito sentado no sétimo banco. Como ambos ganham US$35 mil, a mediana é US$35 mil. Se um ganhasse US$35 mil e outro US$36 mil, a mediana para o grupo todo seria US$35,5 mil.

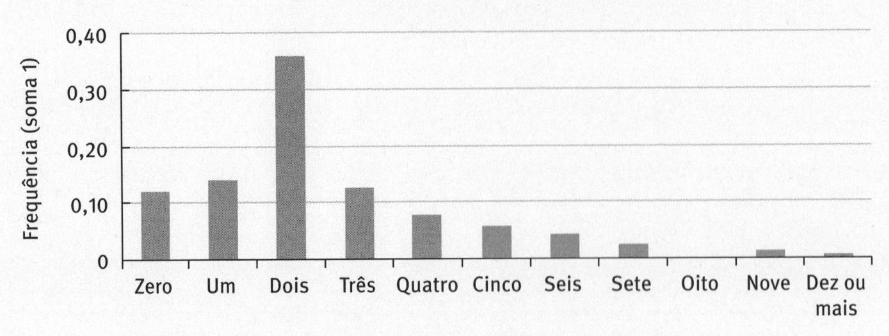

Como a distribuição é quase simétrica, a média e a mediana estão relativamente próximas entre si. A distribuição é ligeiramente puxada para a direita pelo pequeno número de impressoras com muitos defeitos de qualidade reportados. Esses valores atípicos movem a média ligeiramente para a direita, mas não têm impacto na mediana. Suponha que pouco antes de mandar o relatório de qualidade para o seu chefe, você resolve calcular o número *mediano* de problemas de qualidade das impressoras da sua firma e da concorrência. Ao apertar apenas algumas teclas, você obtém o resultado. O número mediano de queixas de qualidade para as impressoras da concorrente é 2; o número mediano de queixas de qualidade para as impressoras da sua companhia é 1.

Hein? O número mediano de reclamações de qualidade por impressora da sua empresa é na verdade *mais baixo* que o da sua concorrente. Como o relato sobre o casamento de Kim Kardashian está ficando monótono, e como está intrigado por essa descoberta, você imprime uma distribuição de frequência para os seus próprios problemas de qualidade.

O que fica claro é que a sua firma não tem um problema de qualidade uniforme; você tem um problema "de limões";* um pequeno número de

* Termo popularizado pelo economista George Akerlof, num estudo de 1970. O termo se refere ao que ocorreu com o mercado de carros usados, que por um tempo ficou en-

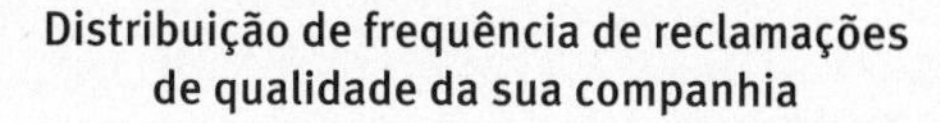

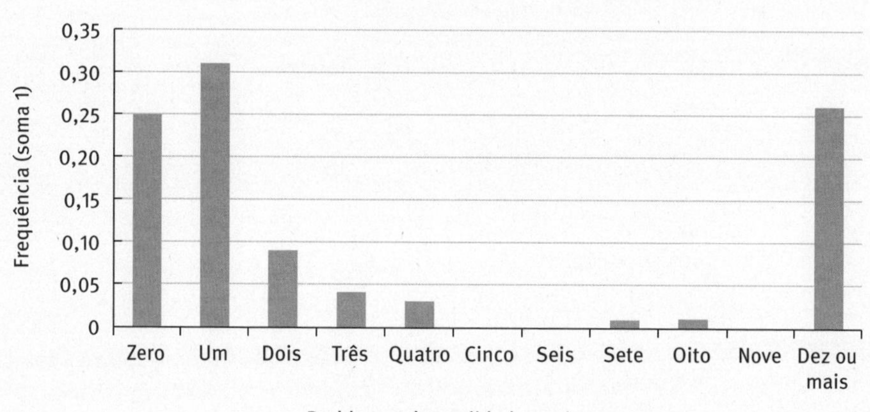

impressoras tem uma quantidade enorme de reclamações de qualidade. Esses valores extremos inflam a média, mas não a mediana. Mais importante do ponto de vista da produção, você não precisa reequipar todo o processo de fabricação; precisa apenas descobrir de onde estão vindo as impressoras de egrégia baixa qualidade e consertar isso.*

Nem a mediana nem a média são difíceis de calcular; a chave é determinar que medida do "meio" é mais acurada numa situação particular (um fenômeno que é explorado com facilidade). Ao mesmo tempo, a mediana tem alguns correspondentes úteis. Como já discutimos, a mediana divide a distribuição pela metade. A distribuição pode ser ainda mais dividida em quartos, ou quartis. O primeiro quartil consiste nos 25% inferiores das ob-

---

tregue a negociantes sem escrúpulos que vendiam apenas carros usados problemáticos, conhecidos como "limões", na gíria local. Esse seria um bom exemplo para ilustrar o conceito de informação assimétrica. (N.T.)

* Informação atualizada da produção: descobriu-se que quase todas as impressoras defeituosas estavam sendo fabricadas numa unidade em Kentucky, onde os operários haviam retirado partes da linha de montagem para construir uma destilaria de bourbon. Pelo visto, a qualidade das impressoras ali produzidas estava sendo comprometida tanto pelo baixo desempenho dos empregados perpetuamente bêbados quanto pelas peças faltantes ao acaso na linha de montagem.

servações; o segundo quartil consiste nos 25% seguintes das observações; e assim por diante. Ou a distribuição pode ser dividida em decis, cada um com 10% das observações. (Se a sua renda está no decil superior da distribuição de renda americana, você estaria ganhando mais que 90% que seus colegas trabalhadores.) Podemos ir ainda além e dividir a distribuição em centésimos, ou percentis. Cada percentil representa 1% da distribuição, de modo que o primeiro percentil representa a base da distribuição e o 99º percentil representa o 1% superior da distribuição.

A vantagem desses tipos de estatística descritiva é que eles descrevem onde uma observação particular se encontra em comparação a todo o restante. Se eu lhe disser que seu filho está no terceiro percentil em compreensão de leitura, você deverá saber imediatamente que a família precisa passar mais tempo na biblioteca. Você não precisa saber nada sobre o teste em si, ou o número de questões que o seu filho acertou. A contagem do percentil fornece o ranking do seu filho em relação a todas as outras crianças que fizeram o teste. Se o teste foi fácil, então a maioria das crianças teve um número alto de respostas corretas, mas seu filho teve menos que a maioria delas. Se foi um teste extremamente difícil, então todas as crianças tiveram um número baixo de respostas corretas, mas a contagem do seu filho ainda será baixa.

Aqui é um bom momento para introduzir alguma terminologia útil. Uma contagem, um resultado, número ou valor "absoluto" possui algum significado intrínseco. Se precisei de 83 tacadas para dezoito buracos no golfe, esse é um placar absoluto. Eu posso ter feito isso num dia com temperatura de 14° C, o que também é um valor absoluto. Valores absolutos geralmente podem ser interpretados sem qualquer contexto ou informação adicional. Quando digo que dei 83 tacadas, você não precisa saber o placar dos outros jogadores naquele dia para avaliar a minha performance. (A exceção poderia ser se as condições forem particularmente adversas, ou o campo especialmente difícil ou fácil.) Se eu fico em nono lugar num torneio de golfe, essa é uma estatística relativa. Um valor ou número "relativo" só tem significado em comparação com alguma outra coisa, ou num contexto mais amplo, tal como a comparação com os oito golfistas que tiveram resultado melhor que o meu. A maioria dos testes padronizados gera resultados que têm significado apenas como estatística relativa. Se eu lhe digo que um aluno do terceiro ano de uma escola fundamental em Illinois acertou 43 questões em sessenta na seção de matemática do Teste Estadual de Aproveitamento Escolar, esse placar absoluto não tem muito significado. Mas quando o converto num percentil – significando que ponho o resultado bruto numa distribuição com os placares de matemática de todos os outros alunos de terceiro ano de Illinois –, então obtenho uma boa dose de significado. Se 43 respostas corretas cai no 83º percentil, então esse aluno está se saindo melhor que a maioria dos seus colegas por todo o estado. Se ele está no oitavo percentil, então está de fato se debatendo com a matemática. Nesse caso, o percentil (placar relativo) é mais significativo do que o número de respostas corretas (placar absoluto).

Outra estatística que pode nos ajudar a descrever o que de outro modo poderia ser apenas um ajuntamento de números é o desvio padrão, que é uma medida de como os dados se dispersam em relação à média. Em outras palavras, o quanto essas observações estão espalhadas? Suponha que eu coletasse dados sobre o peso de 250 pessoas num avião com destino a Boston e também levantasse o peso de uma amostra de 250 qualificados para a Maratona de Boston. Agora, suponha que o peso médio para ambos os grupos seja aproximadamente o mesmo, digamos setenta quilos. Qualquer pessoa que já tenha ficado espremida na fileira do meio num voo lotado, lutando pelo encosto de braço, sabe que muita gente num voo comercial típico pesa mais que 70 quilos. Mas você pode se recordar que nesses mesmos voos desagradáveis, superlotados, havia um monte de bebês chorando e crianças malcomportadas, todos com uma enorme capacidade pulmonar, mas não muita massa. Quando se trata de calcular o peso médio no voo, o bloco de 150 quilos dos jogadores de futebol americano de cada lado da sua poltrona do meio tende a ser compensado pelo minúsculo bebê chorando na outra fila e pelo garoto de seis anos chutando as costas do seu assento na fila de trás.

Com base nas ferramentas descritivas introduzidas até aqui, os pesos dos passageiros do avião e dos maratonistas são quase idênticos. *Mas não são.* Sim, os pesos dos dois grupos têm aproximadamente o mesmo "meio", mas os passageiros do avião têm uma dispersão muito maior em torno do ponto médio, o que quer dizer que seus pesos estão espalhados para mais longe desse ponto médio. Meu filho de oito anos poderia ressaltar que os maratonistas todos parecem pesar a mesma coisa, enquanto que entre os passageiros do voo há algumas pessoas minúsculas e algumas pessoas bizarramente grandes. Os pesos dos passageiros estão "mais espalhados", o que é um atributo importante quando se trata de descrever os pesos dos dois grupos. O desvio padrão é a estatística descritiva que nos permite atribuir um número único a essa dispersão em torno da média. As fórmulas para calcular o desvio padrão e a variância (outra medida comum de dispersão, da qual deriva o desvio padrão) estão incluídas no apêndice ao final do capítulo. Por enquanto, pensemos em por que a medida da dispersão tem importância.

Suponha que você entre no consultório da sua médica. Você tem se sentido fatigado desde a sua promoção a chefe do controle de qualidade de impressoras norte-americanas. Sua médica tira sangue, e alguns dias depois sua assistente deixa um recado na sua secretária eletrônica para informá-lo de que a sua contagem de HCb2 (um componente químico fictício do sangue) é 134. Você corre para a internet e descobre que o HCb2 médio para uma pessoa da sua idade é 122 (e a mediana é mais ou menos a mesma). Caramba! Se você for como eu, finalmente redigiria um testamento. Escreveria cartas chorosas para seus pais, esposa, filhos e amigos próximos. Poderia querer saltar de paraquedas ou tentar escrever um romance depressa. Mandaria ao seu chefe um e-mail composto às pressas comparando-o com certas partes da anatomia humana – TUDO EM MAIÚSCULAS.

Talvez nada disso seja necessário (e o envio daquele e-mail para o seu chefe poderia acabar muito mal). Quando você telefona de volta para o consultório da médica a fim de acertar as providências para seus cuidados hospitalares, a assistente lhe informa que a sua contagem está dentro da faixa normal. Mas como pode ser? "Minha contagem está doze pontos acima da média!", você grita repetidamente ao aparelho.

"O desvio padrão para a contagem de HCb2 é 18", a técnica lhe informa.

Que raios isso quer dizer?

Existe uma variação natural na contagem de HCb2, como ocorre com a maioria dos fenômenos biológicos (por exemplo, altura). Embora o valor médio do fictício componente químico seja 122, há uma profusão de gente saudável cuja contagem é superior ou inferior. O perigo só surge quando a contagem de HCb2 fica excessivamente alta ou baixa. Então, como descobrimos o que quer dizer "excessivamente" nesse contexto? Como já observamos, o desvio padrão é uma medida de dispersão, o que significa que reflete o quanto as observações se aglutinam em torno da média. Para muitas distribuições de dados típicas, uma elevada proporção das observações jaz dentro de um desvio padrão da média (o que significa que estão dentro da faixa que vai de um desvio padrão abaixo da média a um desvio padrão acima da média). Para ilustrar com um exemplo simples, a altura média de um homem americano adulto é de 1,75 metro. O desvio padrão é aproximadamente de oito centímetros. Uma alta proporção de homens adultos tem altura entre 1,67 metro e 1,83 metro.

Ou, colocando de forma ligeiramente distinta, qualquer homem dentro dessa faixa não seria considerado exageradamente baixo ou alto. O que nos traz de volta para os seus preocupantes resultados de HCb2. Sim, sua contagem está doze acima da média, mas isso é menos que um desvio padrão, que é o equivalente químico sanguíneo de ter cerca de 1,80 metro – não particularmente incomum. É claro que muito menos observações se encontram a dois desvios padrões da média, e menos ainda a três ou quatro desvios padrões. (No caso da altura, um homem americano cuja altura esteja a três desvios padrões acima da média teria cerca de dois metros ou mais.)

Algumas distribuições são mais dispersas que outras. Daí, o desvio padrão dos pesos dos 250 passageiros da linha aérea ser mais alto que o desvio padrão dos pesos dos 250 maratonistas. Uma distribuição de frequência com os pesos dos 250 passageiros do voo seria literalmente mais "gorda" (mais espalhada) do que uma distribuição de frequência dos pesos dos maratonistas. Uma vez que conheçamos a média e o desvio padrão para qualquer conjunto de dados, teremos em mãos algum resultado intelectual sério. Por exemplo, suponha que eu diga que o escore médio do Teste de Raciocínio SAT de matemática seja quinhentos com um desvio padrão de cem. Como acontece com a altura, o grosso dos alunos que fazem o teste estará dentro de um desvio padrão da média, isto é, entre quatrocentos e seiscentos. Quantos alunos você acha que fazem 720 ou mais? Provavelmente não muitos, já que esse resultado está a mais de dois desvios padrões acima da média.

Na verdade, podemos fazer ainda melhor do que dizer "não muitos". Este é um bom momento para introduzir uma das mais importantes, úteis e comuns distribuições em estatística: a distribuição normal. Dados distribuídos normalmente são simétricos em torno de sua média, num formato de sino que lhe parecerá familiar.

A distribuição normal descreve muitos fenômenos comuns. Imagine uma distribuição de frequência que descreve pipocas estourando numa panela. Alguns caroços começam a estourar logo, talvez um ou dois por segundo. Depois de dez ou quinze segundos, os caroços estão estourando freneticamente. Aí, aos poucos, a quantidade de caroços estourando por segundo diminui mais ou menos na mesma proporção de quando começaram a estourar. As alturas dos homens americanos têm uma distribuição mais ou menos normal, o que significa que são aproximadamente simétricas em torno da média de 1,75 metro. Cada teste SAT é especificamente projetado para produzir uma distribuição normal de escores com média quinhentos e desvio padrão de cem. Segundo o *Wall Street Journal*, os americanos até tendem a estacionar em shopping centers numa distribuição normal: a maioria dos carros é estacionada diretamente em frente à entrada do shopping – o "pico" da curva normal – com "traseiras" de carros saindo para a direita e a esquerda da entrada.

A beleza da distribuição normal – que remete ao poder, à sutileza e à elegância de Michael Jordan – provém do fato de que conhecemos por definição exatamente que proporção das observações numa distribuição normal cai dentro de um desvio padrão da média (68,2%), dentro de dois desvios padrões da média (95,4%), dentro de três desvios padrões (99,7%), e assim por diante. Isto pode soar trivial. Na verdade, é o alicerce sobre o qual se fundamenta grande parte da estatística. Voltaremos a este ponto com mais profundidade adiante no livro.

A distribuição normal

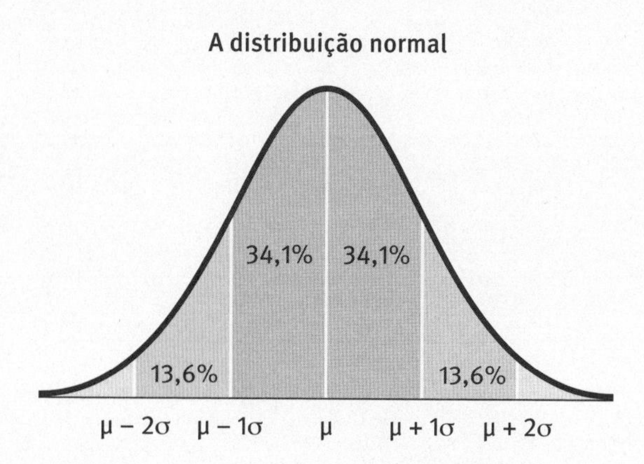

A média é a linha do meio, frequentemente representada pela letra grega μ. O desvio padrão é frequentemente representado pela letra grega σ. Cada faixa representa um desvio padrão.

A ESTATÍSTICA DESCRITIVA é muitas vezes usada para comparar dois valores ou quantidades. Eu sou dois centímetros mais alto que meu irmão; a temperatura de hoje está cinco graus acima da média histórica para esta data; e assim por diante. Essas comparações fazem sentido porque a maioria de nós reconhece a escala de unidades envolvida. Dois centímetros não são muita coisa quando se trata da altura de uma pessoa, então você pode inferir que meu irmão e eu temos aproximadamente a mesma altura. Por outro lado, cinco graus é um desvio de temperatura significativo em qualquer clima em qualquer época do ano, então cinco graus acima da média fazem com que o dia seja muito mais quente do que o habitual. Mas suponha que eu lhe dissesse que a barra de cereal de granola A contém 31 miligramas de sódio a mais que a barra de cereal de granola B. A menos que você seja um superentendido em sódio (e saiba muito sobre as porções de consumo para o cereal de granola), essa afirmação não será particularmente informativa. E se eu lhe dissesse que meu primo Al ganhou US$53 mil menos este ano do que no ano passado? Será que devemos nos preocupar com o Al? Ou será que ele é um gerente de fundos de hedge para quem essa quantia é apenas um erro de arredondamento em seu balanço anual?

Tanto no exemplo do sódio quanto no da renda do Al, nos falta o contexto. O jeito mais fácil de dar sentido a essas comparações relativas é usar porcentagens. *Significaria* algo se eu lhe dissesse que a Barra de Granola A tem 50% mais sódio que a barra de cereal de granola B, ou que a renda do primo Al caiu 47% no ano passado. Medir alterações como porcentagem nos dá algum senso de escala.

Você provavelmente aprendeu a calcular porcentagens no quarto ano e ficará tentado a pular os próximos parágrafos. Muito justo. Mas antes faça um exercício simples. Imagine que uma loja de departamento esteja vendendo um vestido por US$100 e o subgerente remarca toda a mercadoria em 25% menos. Após encher a cara num bar com Bill Gates, ele é despedido* e o novo subgerente sobe todos os preços em 25%. Qual é o preço final do vestido? Se você respondeu (ou pensou) US$100, então é melhor não pular nenhum parágrafo.

O preço final do vestido é na realidade US$93,75. Não se trata de um mero truque, que lhe renderá aplausos e adulação em festas e coquetéis. Porcentagens são úteis – mas também potencialmente capazes de confundir e até de iludir. A fórmula para calcular uma diferença (ou mudança) percentual é a seguinte: (valor novo – valor original)/valor original. O numerador (a parte de cima da fração) nos dá o tamanho da mudança em termos absolutos; o denominador (a parte de baixo da fração) é o que coloca essa mudança em contexto, comparando-a com o ponto de partida. De início, isso parece simples e direto, como quando o subgerente da loja corta o preço de US$100 do vestido em 25%. Vinte e cinco por cento do preço original, US$100, são US$25; esse é o desconto, que reduz o preço para US$75. Você pode colocar os números na fórmula acima e fazer uma manipulação simples para chegar ao mesmo lugar: $(100-75)/100 = 0{,}25$, ou 25%.

* É incrível: esse sujeito era um dos dez com renda anual de US$35 mil que estavam sentados nas banquetas do bar quando Bill Gates entrou com seu papagaio. Vai entender!

O vestido está sendo vendido por US$75 quando o novo subgerente exige que o preço seja aumentado em 25%. É aí que muita gente que está lendo este parágrafo provavelmente cometeu um erro. A remarcação de 25% de aumento é calculada como porcentagem do novo preço reduzido do vestido, que é US$75. O aumento será 0,25 × 75, ou US$18,75, e é assim que o preço final do vestido acaba sendo US$93,75 (e não US$100). O ponto é que uma mudança percentual sempre dá o valor de algo *em relação a outra coisa*. Portanto, é melhor entendermos o que é essa outra coisa.

Certa vez investi algum dinheiro numa empresa que meu colega de quarto criou. Como se tratava de um empreendimento privado, não havia exigências quanto às informações a serem fornecidas aos sócios. Passaram-se alguns anos sem nenhuma informação sobre o destino do meu investimento; meu ex-colega de quarto era bem reticente sobre o assunto. Por fim, recebi uma carta pelo correio informando-me que os lucros da firma estavam 46% mais altos que no ano anterior. Não havia informação sobre o valor desses lucros em termos absolutos, o que significava que eu ainda não tinha absolutamente nenhuma ideia do desempenho do meu investimento. Suponha que no ano anterior a firma tenha ganhado US$0,27 – essencialmente nada. Este ano a firma ganhou US$0,39 – também essencialmente nada. Contudo, os lucros da empresa aumentaram de US$0,27 para US$0,39, que é tecnicamente um aumento de 46%. Obviamente a carta ao sócio teria sido decepcionante se dissesse que os lucros acumulados da firma em dois anos eram menos do que o custo de um copo de café na Starbucks.

Para ser justo com o meu colega de quarto, ele acabou vendendo a companhia por centenas de milhões de dólares, gerando um retorno de 100% sobre o meu investimento. (Como você não tem ideia de quanto eu investi, também não tem ideia de quanto dinheiro eu ganhei – o que vem reforçar lindamente o meu ponto!)

Deixe-me fazer uma distinção adicional. Mudança percentual não deve ser confundida com uma mudança em pontos percentuais. Índices, taxas e alíquotas são geralmente expressos em porcentagens. O índice de imposto sobre vendas em Illinois é 6,75%. Eu pago ao meu agente 15% dos royalties do meu livro. Esses índices são atribuídos a alguma quantidade, tal como a renda no caso da alíquota do imposto de renda. Obviamente os índices podem subir ou descer; menos intuitivamente, as *mudanças* nos índices podem ser descritas de formas amplamente diversificadas. O melhor exemplo disso foi uma mudança recente no imposto de renda pessoal em Illinois, que subiu de 3 para 5%.* Há duas maneiras de exprimir essa mudança de imposto, ambas tecnicamente acuradas. Os democratas, que engendraram esse aumento, assinalavam (corretamente) que a *alíquota* do imposto de renda estadual foi aumentada em *dois pontos percentuais* (de 3 para 5%). Os republicanos ressaltavam (também corretamente) que o imposto de renda estadual fora aumentado em 67%. [Este é um teste adequado para a fórmula de alguns parágrafos atrás: $(5-3)/3 = 2/3$, que, arredondando, dá 0,67, ou 67%.]

Os democratas focalizavam a mudança absoluta na alíquota do imposto. Os republicanos focalizavam a mudança percentual na carta tributária. Conforme observado, ambas as descrições são tecnicamente corretas, embora eu argumentaria que a descrição republicana transmite com mais precisão o impacto da mudança no imposto, já que o que eu vou pagar ao governo – a quantia que me importa, e não a forma como é calculada – realmente subiu 67%.

MUITOS FENÔMENOS desafiam uma descrição perfeita com uma estatística única. Suponha que o *quarterback* Aaron Rodgers lance 365 jardas, mas sem nenhum *touchdown*. Ao mesmo tempo, Peyton Manning lança magras 127 jardas, mas com três *touchdowns*. Manning gerou mais pontos, mas presumivelmente Rodgers preparou *touchdowns* marchando com seu time através do campo e mantendo o ataque da outra equipe fora de campo. Quem jogou melhor? No Capítulo 1, discuti o índice de passes da NFL, que é uma tentativa razoável da liga de lidar com esse desafio estatístico. O índice de passes é um exemplo de índice, que é uma estatística descritiva composta de outras estatísticas descritivas. Uma vez consolidadas essas

* Lembramos que nos Estados Unidos parte da renda pessoal é tributada pelos estados. (N.T.)

diferentes medidas de desempenho num único número, essa estatística pode ser usada para fazer comparações, tais como um ranking de *quarterbacks* num dia específico, ou mesmo ao longo de toda uma carreira. Se o beisebol tivesse um índice semelhante, então a questão do melhor jogador de todos os tempos estaria resolvida. Estaria mesmo?

A vantagem de qualquer índice é que ele consolida um monte de informações complexas num único número. Podemos então ranquear coisas que de outra forma desafiam uma simples comparação – qualquer coisa, desde *quarterbacks* até faculdades e concorrentes em concursos de beleza. No concurso de Miss Estados Unidos, a vencedora geral é uma combinação de cinco competições separadas: entrevista pessoal, traje de banho, traje de noite, talento e pergunta no palco. (Miss Simpatia é votada separadamente pelas próprias competidoras.)

Mas, puxa vida, a desvantagem de qualquer índice é que ele consolida um monte de informações complexas num único número. Há incontáveis maneiras de fazer isso; cada uma tem o potencial de produzir um resultado diferente. Malcolm Gladwell mostra isso de forma brilhante numa matéria da *New Yorker* criticando a nossa compulsiva necessidade de ranquear as coisas.[2] (Ele é particularmente duro com o ranking de faculdades.) Gladwell oferece o exemplo de ranking da revista automobilística *Car and Driver* de três carros esportivos: o Porsche Cayman, o Chevrolet Corvette e o Lotus Evora. Usando uma fórmula que inclui 21 variáveis, a *Car and Driver* ranqueou o Porsche em primeiro lugar. Mas Gladwell ressalta que "o design exterior" conta apenas 4% do escore total na fórmula da *Car and Driver*, o que parece ridiculamente pouco para um carro esportivo. Se o design tivesse um peso maior na contagem geral (25%), então o Lotus ficaria em primeiro.

Mas espere aí. Gladwell também assinala que o preço de tabela do carro tem um peso relativamente pequeno na fórmula da *Car and Driver*. Se o preço tivesse um peso maior (de modo que o ranking se baseasse igualmente no preço, no design exterior e nas características do veículo), o Chevy Corvette ficaria ranqueado como número um.

Qualquer índice é altamente sensível às estatísticas descritivas que são agrupadas para constituí-lo, assim como ao peso dado a cada um desses componentes. Como resultado, os índices variam de ferramentas úteis, mas imperfeitas, até completas charadas. Um exemplo do primeiro caso é o Índice de Desenvolvimento Humano das Nações Unidas, ou IDH. O IDH foi criado como uma medida de bem-estar econômico mais amplo que simplesmente a renda. O IDH utiliza a renda como um de seus componentes, mas também inclui medidas de expectativa de vida e realizações educacionais. Os Estados Unidos estão ranqueados em 11º lugar no mundo em termos de produção econômica per capita (atrás de vários países ricos em petróleo como o Qatar, Brunei e Kuwait), mas em quarto lugar em desenvolvimento humano.[3] É verdade que os rankings de IDH mudariam ligeiramente se as partes componentes do índice fossem reconfiguradas, mas não haveria mudança razoável que fizesse o Zimbábue escalar o ranking de modo a ultrapassar a Noruega. O IDH fornece uma fotografia instantânea conveniente e razoavelmente acurada dos padrões de vida ao redor do globo.

Estatísticas descritivas nos dão a percepção de fenômenos que nos importam. Nesse espírito, podemos retornar às perguntas feitas no começo do capítulo. Quem é o melhor jogador de beisebol de todos os tempos? Mais importante para os propósitos deste capítulo, que estatística descritiva seria mais proveitosa para responder a essa pergunta? Segundo Steve Moyer, presidente da Baseball Info Solutions, as três estatísticas mais valiosas (além da idade) para avaliar qualquer jogador que não seja o arremessador seriam as seguintes:

1. Porcentagem na base (OBP – *on-base percentage*), às vezes chamada média na base (OBA – *on-base average*): mede a proporção do tempo que um jogador tem êxito em alcançar uma base, inclusive *walks* [caminhadas] (que não são contadas na média de rebatidas) – quando o rebatedor "caminha" para a primeira base mesmo não tendo rebatido.
2. *Slugging percentage* (SLG), que pode ser traduzido livremente como "matar a pau": mede o poder de rebater calculando o total de bases alcançadas por rebatida. Uma rebatida simples vale um, uma dupla vale dois, tripla,

três, e um *home run* ["corrida até em casa"– a volta toda] vale quatro. Assim, um rebatedor que faz uma simples e uma tripla em cinco posses do taco tem uma SLG de $^{(1+3)}/_{5} = 0{,}800$.

3. *At bats* (AB) – posses do taco: contextualiza o índice acima. Qualquer palerma pode ter estatísticas impressionantes para um ou dois jogos. Um superastro compila "números" impressionantes em milhares de aparições para rebater.

Na opinião de Moyer (sem hesitações, devo acrescentar), o melhor jogador de beisebol de todos os tempos foi Babe Ruth por causa da sua habilidade especial de rebater e arremessar. Babe Ruth ainda detém o recorde de carreira da Major League para SLG, a porcentagem de "matar a pau", de 0,690.[4]

E quanto à saúde econômica da classe média americana? Mais uma vez, recorro aos especialistas. Mandei um e-mail para Jeff Grogger (um colega meu na Universidade de Chicago) e Alan Krueger (o mesmo economista de Princeton que estudou terroristas e agora é chefe do Conselho de Assessores Econômicos do presidente Obama). Ambos deram variações da mesma resposta básica. Para avaliar a saúde econômica da "classe média" americana, devemos examinar as mudanças no salário mediano (corrigido pela inflação) durante as últimas décadas. Eles também recomendaram examinar mudanças nos salários no 25º e 75º percentis (o que pode ser razoavelmente interpretado como os limites inferior e superior para a classe média).

Mais uma distinção se faz necessária. Ao avaliar a saúde econômica, podemos examinar renda ou salários. Não são a mesma coisa. Um salário é aquilo que nos é pago por uma quantidade fixa de trabalho, tal como um salário por hora ou semanal. Renda é a soma de todos os pagamentos de diferentes fontes. Se um trabalhador pega um segundo emprego ou trabalha mais horas, sua renda pode aumentar sem mudança de salário. (Sob esse aspecto, a renda pode aumentar mesmo com o salário caindo, contanto que o trabalhador fique horas suficientes no emprego.) No entanto, se os indivíduos precisam trabalhar mais para ganhar mais, é difícil avaliar o efeito geral sobre seu bem-estar. O salário é uma medida menos ambígua de como os americanos estão sendo compensados pelo trabalho que fazem; quanto mais alto o salário, mais o trabalhador leva para casa por cada hora de serviço.

Dito isso tudo, eis um gráfico dos salários americanos nas últimas três décadas. Também acrescentei o nonagésimo percentil para ilustrar mudanças nos salários dos trabalhadores de classe média em comparação, nesse intervalo de tempo, com os trabalhadores do topo da distribuição.

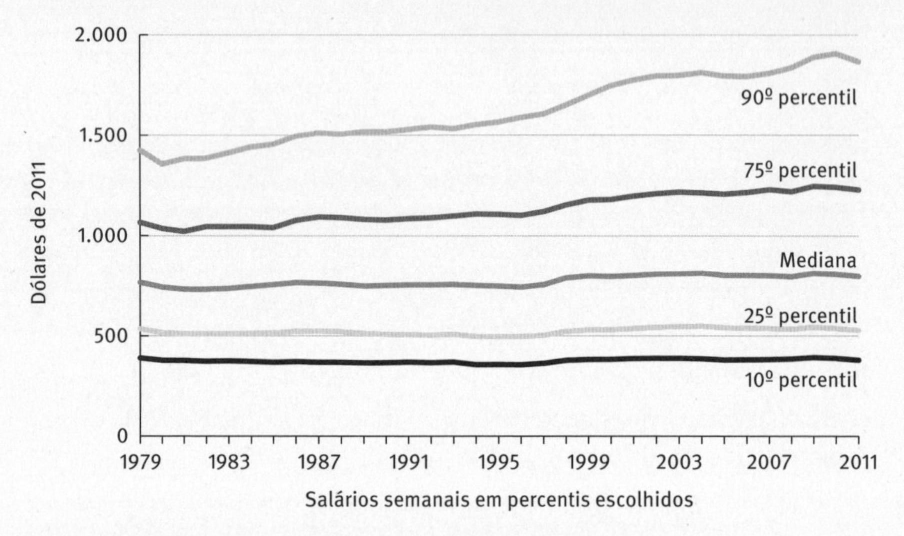

Fonte: "Changes in the Distribution of Workers' Hourly Wages between 1979 and 2009", Congressional Budget Office, 16 de fevereiro de 2011. Os dados do gráfico podem ser encontrados em: http://www.cbo.gov/sites/default/files/cbofiles/ftpdocs/120xx/doc12051/02-16-wagedispersion.pdf.

Uma variedade de conclusões pode ser tirada desses dados. Eles não apresentam uma única resposta "certa" em relação às fortunas econômicas da classe média. Eles nos dizem sim que o trabalhador típico, um trabalhador americano ganhando salário mediano, tem "corrido sem sair do lugar" por quase trinta anos. Trabalhadores no nonagésimo percentil se saíram muito, muito melhor. As estatísticas descritivas nos ajudam a enquadrar a questão. O que fazer em relação a elas, se é que há algo a fazer, é uma questão política e ideológica.

APÊNDICE AO CAPÍTULO 2

Dados para o gráfico de defeitos de impressoras

	Zero	Um	Dois	Três	Quatro	Cinco	Seis	Sete	Oito	Nove	Dez ou mais
Frequência de defeitos da empresa concorrente	12	14	36	13	8	6	5	3	0	2	1

	Zero	Um	Dois	Três	Quatro	Cinco	Seis	Sete	Oito	Nove	Dez ou mais
Frequência dos seus defeitos	25	31	9	4	3	0	0	1	1	0	26

Fórmula para a variância e o desvio padrão

Variância e desvio padrão são os mecanismos estatísticos mais comuns para medir e descrever a dispersão de uma distribuição. A variância, frequentemente representada pelo símbolo σ^2, é calculada determinando-se o quão distante as observações dentro de uma distribuição se encontram da média. No entanto, o detalhe é que a diferença entre cada observação e a média é elevada ao quadrado; a soma de todos esses termos quadrados é então dividida pelo número de observações.

Especificamente:

Para qualquer conjunto de n observações $x_1, x_2, x_3 \ldots x_n$ com média μ,

$$\text{variância} = \sigma^2 = \frac{[(x_1 - \mu)^2 + (x_2 - \mu)^2 + (x_3 - \mu)^2 + \ldots + (x_n - \mu)^2]}{n}$$

Como a diferença entre cada termo e a média é elevada ao quadrado, a fórmula para calcular a variância põe um peso particular em observações que se acham longe da média, ou valores atípicos ou extremos (*"outliers"*), como ilustra a seguinte tabela de alturas de estudantes.

Grupo 1	Altura (μ = 175 cm)	Média = Valor absoluto de ($x_n - \mu$)*	$(x_n - \mu)^2$
Nick	185	10	100
Elana	165	10	100
Dinah	170	5	25
Rebecca	173	2	4
Ben	183	8	64
Charu	175	0	0
		Total = 35	Total = 293
			Variância = $^{293}/_{6}$ = 48,83
			Desvio padrão = $\sqrt{48,83}$ = 6,988 = 7

Grupo 2	Altura (μ = 175 cm)	Média = Valor absoluto de ($x_n - \mu$)*	$(x_n - \mu)^2$
Sahar	163	12	144
Maggie	170,5	4,5	20,25
Faisal	174	1	1
Ted	175	0	0
Jeff	180,5	5,5	30,25
Narciso	187	12	144
		Total = 35	Total = 339,5
			Variância = $^{339,5}/_{6}$ = 56,583
			Desvio padrão = $\sqrt{56,583}$ = 7,522 = 7,5

* Valor absoluto é a distância entre dois valores, independente do sentido, de modo que é sempre positiva. Neste caso, representa o número de centímetros entre a altura do indivíduo e a média.

Ambos os grupos de estudantes têm uma altura média de 175 centímetros. As alturas dos estudantes em ambos os grupos também diferem da média pela mesma quantidade total de centímetros, 35. Segundo essa medida de dispersão, as duas distribuições são idênticas. Todavia, a variância do Grupo 2 é mais elevada devido ao peso dado na fórmula de variância para valores que estão particularmente distantes da média – Sahar e Narciso, neste caso.

A variância é raramente usada como estatística descritiva por si só. Em vez disso, ela é mais útil como passo para calcular o desvio padrão de uma distribuição, que é uma ferramenta mais intuitiva como estatística descritiva.

O desvio padrão para um conjunto de observações é a raiz quadrada da variância:

Para qualquer conjunto de n observações $x_1, x_2, x_3 \ldots x_n$ com média μ, o desvio padrão = σ = raiz quadrada de todo esse valor =

$$\sqrt{\frac{[(x_1 - \mu)^2 + (x_2 - \mu)^2 + (x_3 - \mu)^2 + \ldots + (x_n - \mu)^2]}{n}}$$

3. Descrição enganosa

"Ele tem uma grande personalidade!" e outras afirmações verdadeiras, mas grosseiramente enganosas

PARA QUALQUER UM que já tenha contemplado um encontro romântico, a frase "ele tem uma grande personalidade" normalmente chama atenção não por ela estar necessariamente errada, mas pelo que ela *não* revela, como o sujeito ter cumprido pena de prisão ou seu divórcio "não estar totalmente consumado". Não duvidamos de que esse sujeito tenha uma grande personalidade, estamos apenas receosos de que uma afirmação verdadeira, a grande personalidade, esteja sendo usada para mascarar ou obscurecer outra informação de maneira a ser seriamente enganosa (presumindo que a maioria de nós preferiria não namorar ex-presidiários que ainda sejam casados). A afirmação não é uma mentira em si, o que quer dizer que você não seria condenada por perjúrio, mas ainda assim poderia ser tão imprecisa a ponto de ser uma inverdade.

O mesmo ocorre com a estatística. Embora o campo da estatística esteja enraizado na matemática, e a matemática é exata, o uso da estatística para descrever fenômenos complexos não é exato. Isso deixa uma boa brecha para obscurecer a verdade. Mark Twain fez um comentário famoso afirmando que há três tipos de mentira: mentiras, mentiras deslavadas e estatísticas.* Conforme explicou o capítulo anterior, a maioria dos fenômenos que nos importam pode ser descrita de múltiplas maneiras. Como existem múltiplas maneiras de descrever a mesma coisa (por exemplo, "ele tem uma grande personalidade" *ou* "ele foi condenado por fraude finan-

* Twain atribuía essa frase ao primeiro-ministro britânico Benjamin Disraeli, mas não há registro de Disraeli ter dito ou escrito algo do gênero.

ceira"), a estatística descritiva que escolhemos usar (ou não usar) terá um profundo impacto sobre a impressão que deixamos. Alguém com motivos nefastos pode usar fatos e números perfeitamente bons para sustentar conclusões inteiramente questionáveis ou ilegítimas.

Deveríamos começar com a distinção crucial entre "precisão" e "acurácia". Essas palavras não são intercambiáveis. Precisão reflete o grau de exatidão com que podemos expressar alguma coisa. Numa descrição do seu percurso diário, "63,2 quilômetros", é mais preciso que "cerca de sessenta quilômetros", que é mais preciso que "um p— trajeto longo". Se você me perguntar a que distância fica o próximo posto de gasolina e eu lhe disser que é a 3,215 quilômetros para o leste, esta é uma resposta precisa. E aí está o problema: a resposta pode ser totalmente inacurada se o posto de gasolina por acaso ficar em outra direção. Por outro lado, se eu lhe disser: "Dirija mais ou menos dez minutos até ver uma barraca de cachorro-quente. O posto de gasolina fica uns duzentos metros depois, à direita. Se você vir a Hooter's, é porque já passou do ponto", a minha resposta é menos precisa do que "3,215 quilômetros para o leste", porém significativamente melhor porque estou mandando você na direção do posto de gasolina. Acurácia é a medida da consistência geral de um número com a verdade – daí o perigo de confundir precisão com acurácia. Se uma resposta é acurada, então mais precisão geralmente é melhor. Mas nenhum grau de precisão pode compensar a inacurácia.

Na verdade, a precisão pode mascarar a inacurácia dando-nos um falso senso de certeza, seja inadvertidamente ou de forma bem deliberada. Joseph McCarthy, o senador caça-comunistas de Wisconsin, chegou ao apogeu de suas temerárias acusações na década de 1950, quando alegou não só que o Departamento de Estado Americano estava infiltrado de comunistas, mas que tinha uma lista com seus nomes. Durante um discurso em Wheeling, Virgínia Ocidental, McCarthy agitou no ar uma folha de papel e declarou: "Tenho aqui na minha mão uma lista de 205 – uma lista de nomes que foram informados ao secretário de Estado como sendo membros do Partido Comunista e que mesmo assim ainda estão trabalhando e elaborando políticas no Departamento de Estado."[1] Descobriu-se que o papel não tinha nome nenhum, mas a especificidade da acusação deu-lhe credibilidade, apesar do fato de ser uma mentira descarada.

Aprendi a importante diferença entre precisão e acurácia num contexto menos malicioso. Num Natal, minha esposa me deu de presente um *rangefinder*, um aparelhinho que serve para calcular a distância no campo de golfe da minha bola até o buraco. O instrumento funciona com uma espécie de laser. Eu fico em pé junto à bola no *fairway* [área de grama cortada ao longo do percurso até o buraco] ou então no *rough* [área de grama alta] e aponto o *rangefinder* para a bandeira fincada no *green* [área de grama aparada e lisa em volta do buraco]. O dispositivo então calcula a distância exata que a minha bola deve percorrer com a tacada. Esse é um aperfeiçoamento dos marcadores de metragem tradicionais, que dão distâncias apenas até o centro do *green* (sendo, portanto, acurados, mas menos precisos). Com meu presente de Natal, o *rangefinder*, eu era capaz de saber que estava a 147,2 jardas do buraco. Eu esperava que a precisão dessa estilosa tecnologia melhorasse o meu desempenho no jogo. Em vez disso, piorei consideravelmente.

Havia dois problemas. Primeiro, usei o estúpido aparelho por três meses antes de perceber que ele estava calibrado para metros, e não para jardas; cada cálculo aparentemente preciso (147,2) estava errado. Segundo, às vezes eu apontava inadvertidamente o feixe de laser para as árvores atrás do *green*, em vez de apontar para a bandeira que assinala o buraco, e então minha tacada "perfeita" percorria exatamente a distância que devia percorrer – passando por cima do *green* direto para o meio das árvores. A lição para mim, que se aplica a toda análise estatística, é que mesmo as medidas ou os cálculos mais precisos devem ser verificados em relação ao senso comum.

Para dar um exemplo com implicações mais sérias, muitos dos modelos de gerência de risco de Wall Street antes da crise financeira de 2008 eram bastante precisos. O conceito de "valor em risco" permitia às empresas quantificar com precisão a quantidade do capital da firma que podia ser perdido em diferentes cenários. O problema era que os modelos ultrassofisticados eram o equivalente a calibrar o meu *rangefinder* para metros em vez de jardas. A matemática era complexa e misteriosa.

As respostas produzidas eram tranquilizadoramente precisas. Mas as premissas embutidas nos modelos sobre o que poderia acontecer aos mercados globais estavam simplesmente erradas, tornando as conclusões totalmente inacuradas, a ponto de desestabilizar não só Wall Street, como toda a economia global.

Mesmo a estatística descritiva mais precisa e acurada pode sofrer de um problema mais fundamental: uma falta de clareza sobre o que exatamente está se tentando definir, descrever ou explicar. Argumentos estatísticos têm muito em comum com casamentos ruins; os litigantes muitas vezes falam passando um por cima do outro. Considere uma importante questão econômica: como está a saúde da indústria americana? Com frequência ouve-se que os empregos na indústria americana estão sendo perdidos em quantidades enormes para a China, a Índia e outros países de baixos salários. Ouve-se também que a indústria de alta tecnologia prospera nos Estados Unidos e que o país permanece um dos maiores exportadores do mundo de bens industrializados. Qual das duas? Pareceria um caso no qual uma análise sólida de bons dados poderia conciliar essas narrativas conflitantes. A indústria americana é lucrativa e globalmente competitiva, ou está encolhendo em face da intensa competição estrangeira?

As duas coisas. A revista britânica *Economist* conciliou as duas visões aparentemente contraditórias da indústria americana com o seguinte gráfico:

"A Recuperação do Cinturão de Ferrugem", 10 de março de 2011

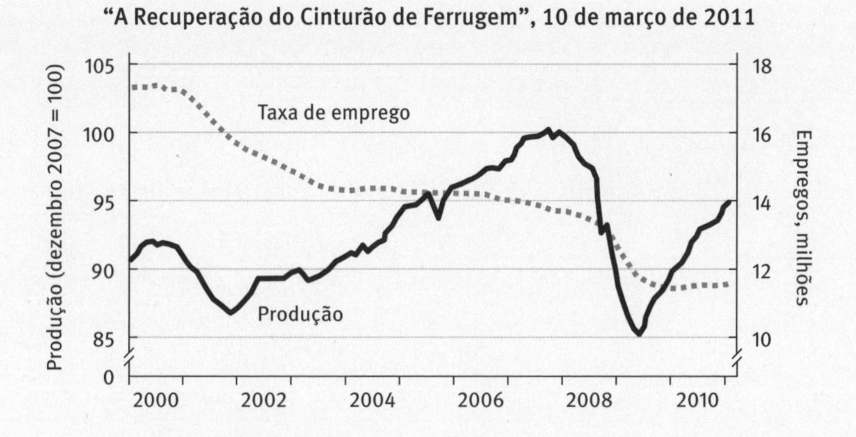

A aparente contradição jaz em como se define a "saúde" da indústria dos Estados Unidos. Em termos de produção – o valor total de bens produzidos e vendidos –, o setor industrial cresceu uniformemente na década de 2000, levou um golpe forte durante a Grande Recessão e desde então reagiu e voltou a crescer robustamente. Esse panorama é consistente com os dados do *World Factbook* da CIA, mostrando que os Estados Unidos são o terceiro maior exportador de manufaturados do mundo, atrás da China e da Alemanha. Os Estados Unidos se mantêm como uma potência industrial.

Mas o gráfico da *Economist* tem uma segunda linha, que é o *nível de emprego* na indústria. O número de empregos na indústria nos Estados Unidos vem caindo constantemente; cerca de 6 milhões de empregos na indústria foram perdidos na última década. Juntas, essas duas histórias – aumento da produção industrial e queda no nível de emprego – contam a história completa. A indústria nos Estados Unidos tem ficado regularmente mais produtiva, o que significa que as fábricas estão aumentando a produção com menos trabalhadores. Isso é bom do ponto de vista da competitividade global, pois torna os produtos americanos mais competitivos em relação aos bens manufaturados dos países de baixos salários. (Um modo de competir com uma firma que paga ao trabalhador US$2 por hora é criar um processo de fabricação tão eficiente que um trabalhador ganhando US$40 possa fazer vinte vezes mais que o primeiro.) *Mas há muito menos empregos na indústria*, o que é terrível para os trabalhadores demitidos que dependiam daqueles salários.

Considerando que este é um livro sobre estatística e não sobre indústria, voltemos ao ponto principal, isto é, a "saúde" da indústria americana – algo aparentemente fácil de quantificar – depende de como se opta por definir saúde: produção ou nível de emprego? Neste caso (e em muitos outros), a história completa é formada por ambos os números, como a *Economist* sabiamente optou por fazer em seu gráfico.

Mesmo quando estamos de acordo sobre uma única medida de sucesso, digamos, resultados de testes de alunos, há bastante espaço para oscilação estatística. Veja se consegue conciliar as seguintes afirmações hipotéticas, ambas podendo ser verdadeiras:

Político A (o desafiante): "Nossas escolas estão ficando piores! Sessenta por cento das nossas escolas tiveram resultados de testes inferiores aos do ano passado."

Político B (o incumbente): "Nossas escolas estão ficando melhores! Oitenta por cento dos nossos alunos tiveram resultados de testes mais altos que no ano passado."

Aí vai uma dica: as escolas não têm necessariamente o mesmo número de alunos. Se você der outra olhada nas afirmações aparentemente contraditórias, verá que um dos políticos está usando escolas como *unidade de análise* ("Sessenta por cento das nossas escolas..."), enquanto o outro está usando os alunos como unidade de análise ("Oitenta por cento dos nossos alunos..."). A unidade de análise é a entidade que está sendo comparada ou descrita pela estatística – desempenho da escola por um deles e desempenho dos alunos pelo outro. É inteiramente possível a maioria dos alunos estar melhorando e a maioria das escolas estar piorando – se os alunos que estão mostrando melhora por acaso estiverem em escolas muito grandes. Para deixar este exemplo mais intuitivo, façamos o mesmo exercício usando estados americanos:

Político A (um populista): "A nossa economia está um caos! A renda de trinta estados caiu no ano passado."

Político B (mais para elitista): "A nossa economia está mostrando ganhos consideráveis: a renda de 70% dos americanos aumentou no ano passado."

O que eu inferiria dessas afirmações é que os estados maiores têm as economias mais saudáveis: Nova York, Califórnia, Texas, Illinois, e assim por diante. Os trinta estados com renda média em queda são provavelmente muito menores: Vermont, Dakota do Norte, Rhode Island, e assim por diante. Dada a disparidade no tamanho dos estados, é inteiramente possível que a maioria dos estados esteja se saindo pior, enquanto a maioria dos americanos esteja melhor. A lição fundamental é prestar atenção à unidade de análise "quem" ou "o que" está sendo descrito, e é diferente do "quem" ou do "o que" está sendo descrito por alguma outra pessoa?

Embora os exemplos anteriores sejam hipotéticos, eis uma questão estatística crucial que não é: a globalização está fazendo a desigualdade de renda ao redor do globo aumentar ou diminuir? Segundo uma interpretação, a globalização tem meramente exacerbado as desigualdades de renda existentes: países mais ricos em 1980 (medidos pelo PIB per capita) tendiam a crescer mais depressa entre 1980 e 2000 do que países mais pobres.[2] Os países ricos simplesmente ficaram mais ricos, sugerindo que comércio internacional, terceirização, investimento estrangeiro e outros componentes da "globalização" são meras ferramentas para o mundo desenvolvido estender sua hegemonia econômica. Abaixo a globalização! Abaixo a globalização!

Mas espere aí. Os mesmos dados podem (e devem) ser interpretados de forma totalmente diferente se mudarmos a unidade de análise. Nós não nos importamos com países pobres; *nós nos importamos com gente pobre.* E uma alta proporção das pessoas pobres no mundo por acaso vive na China e na Índia. Ambos os países são imensos (com população acima de 1 bilhão); cada um era relativamente pobre em 1980. A China e a Índia não só cresceram rapidamente nas últimas décadas, mas o fizeram em grande parte por causa de sua ampliada integração econômica com o resto do mundo. Eles são "globalizadores rápidos", como os descreveu a *Economist*. Considerando que a nossa meta é atenuar o sofrimento humano, não faz sentido dar à China (população de 1,3 bilhão) o mesmo peso que às Ilhas Maurício (população de 1,3 milhão) quando examinamos os efeitos da globalização sobre os pobres.

A unidade de análise deveria ser pessoas, não países. O que realmente aconteceu entre 1980 e 2000 é como o exemplo escolar fictício que apresentei anteriormente. A maioria dos pobres no mundo por acaso vive em dois países gigantes que cresceram extremamente depressa à medida que foram se integrando na economia global. A análise apropriada produz uma conclusão totalmente diferente acerca dos benefícios da globalização para os pobres do mundo. Conforme ressalta a *Economist*: "Se você considerar pessoas, não países, a desigualdade global está caindo rapidamente."

As empresas de telecomunicações AT&T e Verizon há pouco tempo se envolveram numa batalha de propaganda que explora esse tipo de ambiguidade sobre o que está sendo descrito. Uma das principais preocupações da maioria dos usuários de telefone celular é a qualidade do serviço em locais onde eles costumam fazer ou receber ligações telefônicas. Logo, um ponto lógico de comparação entre essas duas empresas é o tamanho e a qualidade de suas redes. Enquanto consumidores simplesmente querem um serviço de telefonia móvel decente em diversos lugares, tanto a AT&T quanto a Verizon apareceram com diferentes critérios para medir a demanda um tanto amorfa de "serviço de telefonia móvel decente em diversos lugares". A Verizon lançou uma campanha de publicidade agressiva apregoando a cobertura geográfica de sua rede – mapas dos Estados Unidos mostravam a alta porcentagem do país coberta pela rede da Verizon comparada com a cobertura relativamente insignificante da rede AT&T. A unidade de análise escolhida pela Verizon é a área geográfica coberta – porque a companhia tem uma área maior.

A AT&T contra-atacou lançando uma campanha que mudava a unidade de análise. Sua propaganda anunciava que "a AT&T cobre 97% dos americanos". Repare no uso da palavra "americanos" em vez de "Estados Unidos". A AT&T focou no fato de que a maioria das pessoas não mora na região rural de Montana nem no deserto do Arizona. Já que a população não está uniformemente distribuída pela geografia física dos Estados Unidos, a chave para um bom serviço de telefonia móvel (argumentava a campanha implicitamente) é ter uma rede em lugares onde os usuários efetivamente vivem e trabalham, não necessariamente onde vão acampar. Porém, como alguém que passa boa parte do tempo na área rural de New Hampshire, tendo a nutrir maior simpatia pela Verizon neste caso.

NOSSAS VELHAS AMIGAS MÉDIA e mediana também podem ser usadas com finalidades nefastas. Como você deve se lembrar do capítulo anterior, tanto a mediana como a média são medidas do "meio" de uma distribuição, ou sua "tendência central". A média tem um cálculo familiar: a soma das observações dividida pelo número de observações. (A média de 3, 4, 5, 6 e 102 é 24.) A mediana é o ponto médio da distribuição; metade das observações fica acima da mediana e a outra metade abaixo. (A mediana de 3, 4, 5, 6 e 102 é 5.) Agora, o leitor sagaz verá que há uma diferença significativa entre 24 e 5. Se, por alguma razão, eu quisesse descrever esse grupo de números de uma forma que o faça parecer grande, focalizo a média. Se eu quiser que ele pareça menor, cito a mediana.

Agora, vamos dar uma olhada em como isso se manifesta na vida real. Considere os cortes de impostos de George W. Bush, que foram apregoados pela administração Bush como algo bom para a maioria das famílias americanas. Enquanto forçava o plano, a administração ressaltava que 92 milhões de americanos receberiam uma redução tributária média de mais de US$1 mil (US$1.083, para ser preciso). Mas será que essa síntese do corte de impostos era acurada? Segundo o *New York Times*, "Os dados não mentem, mas alguns deles são mudos".

Será que 92 milhões de americanos teriam corte de impostos? Sim.

Será que a maioria dessa gente teria um corte de impostos de cerca de US$1 mil? Não. O corte tributário mediano era de menos de US$100.

Um número relativamente pequeno de indivíduos extremamente ricos era elegível para cortes de impostos muito grandes; esses números grandes distorciam a média, fazendo a redução média parecer maior do que provavelmente a maioria dos americanos teria. A mediana não é sensível a valores extremos, aberrantes, e neste caso provavelmente seria uma descrição mais acurada de como os cortes de impostos afetaram a família americana típica.

É claro que a mediana também pode fazer sua parte de dissimulação justamente *porque não é sensível a valores extremos*. Suponha que você tenha uma doença potencialmente fatal. A boa notícia é que foi desenvolvida uma droga nova que poderia ser efetiva. A má notícia é que ela é extremamente cara e tem muitos efeitos colaterais desagradáveis. "Mas ela funciona?", você pergunta. O médico lhe informa que a nova droga aumenta a expectativa de vida mediana entre pacientes com a sua doença por duas semanas. Essa é uma notícia bem pouco animadora; a droga talvez não valha a pena o custo e os efeitos desagradáveis. A sua companhia de seguros se recusa a pagar o tratamento; ela tem um caso muito forte com base nos números de expectativa de vida mediana.

Contudo, neste caso, a mediana pode desempenhar um papel terrivelmente enganador. Suponha que muitos pacientes não reajam ao novo tratamento, mas que um grande número de pacientes, digamos 30 ou 40%, fica inteiramente curado. Esse bom desempenho não ficaria visível na mediana (embora a expectativa de vida média daqueles que tomam o medicamento passasse a ser impressionante). Nesse caso, os pacientes atípicos – aqueles que tomam a droga e vivem por muito tempo – seriam altamente relevantes para a sua decisão. E não se trata de um caso hipotético. O biólogo evolucionário Stephen Jay Gould foi diagnosticado com uma forma de câncer que tinha uma sobrevida mediana de oito meses; ele morreu de um tipo de câncer diferente, sem qualquer relação, vinte anos depois.[3] Posteriormente Gould escreveu um famoso artigo chamado "The median isn't the message" [A mediana não é a mensagem],* no qual argumenta que seu conhecimento científico de estatística o salvou de uma conclusão errônea de que necessariamente estaria morto em oito meses. A definição da mediana nos diz que metade dos pacientes viverá ao menos oito meses – e possivelmente muito, muito mais tempo que isso. A distribuição da mortalidade está "distorcida para a direita", que representa mais do que um detalhe técnico se por acaso você tiver a doença.[4]

Nesse exemplo, a característica definidora da mediana – que ela não pesa observações com base *na distância* que elas se situam do ponto médio, apenas se estão acima ou abaixo – acaba revelando-se seu ponto fraco. Em contraste, a média *é* afetada pela dispersão. Do ponto de vista da acurácia, a questão mediana versus média gira em torno de se os valores extremos numa distribuição distorcem o que está sendo descrito ou são, ao contrário, parte importante da mensagem. (Mais uma vez, o julgamento triunfa sobre a matemática.) É claro que nada indica se você deve escolher a mediana ou a média. Qualquer análise estatística abrangente provavelmente apresentaria as duas. Quando aparece apenas a média ou a mediana, pode ser apenas por uma questão de brevidade – ou pode ser porque alguém está tentando "persuadir" com estatística.

---

* Um trocadilho com o título da famosa obra de Marshall McLuhan *O meio é a mensagem* [The medium is the message]. Obviamente em inglês o trocadilho fica mais aparente. (N.T.)

Aqueles com certa idade possivelmente se lembram do seguinte papo (segundo eu me lembro dele) entre os personagens interpretados por Chevy Chase e Ted Knight no filme *Caddyshack*. Os dois se encontram num vestiário depois de acabarem de ter saído do campo de golfe:

TED KNIGHT: Quantas tacadas você deu?
CHEVY CHASE: Ah, eu não faço a contagem do placar.
TED KNIGHT: Então como você se compara com os outros golfistas?
CHEVY CHASE: Pela altura.

Não vou nem tentar explicar por que isso é engraçado. Direi apenas que muitas tapeações estatísticas surgem de comparações entre "maçãs e laranjas". Suponha que você esteja tentando comparar o preço de um quarto de hotel em Londres com o preço de um quarto de hotel em Paris. Você manda sua filhinha de seis anos para o computador para fazer alguma pesquisa na internet, já que ela é muito mais rápida e melhor que você. Sua filha informa que os quartos de hotel em Paris são mais caros, cerca de 180 por noite; um quarto comparável em Londres sai por 150 por noite.

Você provavelmente explicaria à sua filha a diferença entre libras e euros, e aí a mandaria de volta ao computador para achar a taxa de câmbio entre as duas moedas de modo que você pudesse fazer uma comparação consistente. (Este exemplo é ligeiramente baseado na realidade; depois que eu paguei cem rupias por uma caneca de chá na Índia, minha filha quis saber por que tudo era tão caro lá.) Obviamente os números em moedas de diferentes países nada significam até que sejam convertidos para unidades comparáveis. Qual é a taxa de câmbio entre a libra e o euro, ou, no caso da Índia, entre o dólar e a rupia?

Essa parece ser uma lição dolorosamente óbvia – que, porém, é com frequência ignorada, sobretudo por políticos e estúdios de Hollywood. Esse pessoal reconhece claramente a diferença entre euros e libras, mas desconsidera um exemplo mais sutil de maçãs e laranjas: a inflação. Um dólar de hoje não é o mesmo de sessenta anos atrás; ele compra muito menos. Por causa da inflação, algo que custava US$1 em 1950 custaria US$9,37 em 2011. Como resultado, qualquer comparação monetária entre 1950 e 2011 sem corrigir as mudanças de valor do dólar seria menos acurada do que comparar números em euros e libras – *pois o euro e a libra estão mais próximos entre si em valor do que um dólar de 1950 está para um dólar de 2011.*

Esse é um fenômeno tão importante que os economistas têm termos para indicar se os valores foram corrigidos ou não pela inflação. Valores *nominais* não são corrigidos pela inflação. Uma comparação do custo nominal de um programa de governo em 1970 com o custo nominal do mesmo programa de governo em 2011 meramente compara o número escrito nos cheques que o Tesouro emitiu nessas duas datas – sem tomar qualquer conhecimento de que um dólar em 1970 comprava mais coisas do que um dólar em 2011. Se gastamos US$10 milhões num programa em 1970 para dar aos veteranos de guerra assistência em moradia e US$40 milhões no mesmo programa em 2011, *o compromisso federal com esse programa na realidade diminuiu.* Sim, o gasto aumentou em termos nominais, mas isso não reflete a mudança de valor dos dólares sendo gastos. Um dólar de 1970 equivale a US$5,83 em 2011; o governo precisaria gastar US$58,3 milhões em benefícios de moradia para veteranos em 2011 para prover apoio comparável aos US$10 milhões que gastava em 1970.

Valores *reais*, por outro lado, são corrigidos pela inflação. A metodologia mais comumente aceita é converter todos os valores numa única unidade, tais como dólares de 2011, para fazer uma comparação de "maçãs e maçãs". Muitos websites, inclusive o do Bureau de Estatística do Trabalho dos Estados Unidos, têm calculadores de inflação simples que comparam o valor de um dólar em diferentes épocas.* Para usar um exemplo real (é, sim, uma piadinha) de como a estatística pode parecer diferente quando corrigida pela inflação, verifique o seguinte gráfico do salário mínimo americano, que mostra tanto seu valor nominal como seu poder real de compra em dólares de 2010.

---

* Disponível em http://www.bls.gov/data/inflation_calculator.htm.

Fonte: http://oregonstate.edu/instruct/anth484/minwage.html.

O salário mínimo federal – número afixado no quadro de avisos em algum canto remoto no seu escritório – é determinado pelo Congresso. Esse salário, atualmente US$7,25 por hora, é um valor nominal. O seu chefe não precisa garantir que US$7,25 comprem a mesma coisa que compravam dois anos atrás; para ele basta garantir que você receba um mínimo de US$7,25 por cada hora de trabalho que você faça. Tudo tem a ver com o valor do cheque, não com o que esse valor pode comprar.

Todavia, a inflação corrói o poder de compra do salário mínimo com o tempo (e qualquer outro salário nominal, sendo por isso que os sindicatos costumam negociar "correções pelo custo de vida"). Se os preços sobem mais depressa do que o Congresso aumenta o salário mínimo, o valor real desse pagamento mínimo por hora diminui. Aqueles que apoiam um salário mínimo deveriam se preocupar com o valor real desse salário, já que todo o objetivo da lei é garantir aos trabalhadores de baixo salário algum nível mínimo de consumo por hora de trabalho, e não lhe dar um cheque com um número enorme que compra menos do que costumava comprar. (Se esse fosse o caso, então poderíamos pagar os trabalhadores de baixos salários em rupias.)

Os estúdios de Hollywood podem ser os mais acintosamente alheios às distorções causadas pela inflação quando comparam valores em diferentes momentos – e o fazem deliberadamente. Quais foram os cinco filmes de maior bilheteria (doméstica) de todos os tempos até 2011?[5]

1. *Avatar* (2009)
2. *Titanic* (1997)
3. *O cavaleiro das trevas* (2008)
4. *Guerra nas estrelas Episódio IV* (1977)
5. *Shrek 2* (2004)

Bem, você pode achar que essa lista parece um pouco suspeita. Foram todos filmes de sucesso – mas *Shrek 2*? Será que foi mesmo um sucesso comercial maior que *...E o vento levou*? *O poderoso chefão*? *Tubarão*? Não, não e não. Hollywood gosta de fazer cada estouro de bilheteria parecer um sucesso maior que o anterior. Um jeito de fazer isso seria citar a receita de bilheteria em rupias indianas, que inspiraria manchetes do tipo: "Harry Potter bate recorde de bilheteria com receita de 1,3 trilhão no primeiro fim de semana!" Mas até mesmo os fãs de cinema mais desligados desconfiariam de números que só têm esse tamanho por serem citados numa moeda com poder aquisitivo relativamente baixo. Em vez disso, os estúdios de Hollywood (e os jornalistas que fazem reportagens sobre eles) meramente usam valores nominais, o que faz com que filmes recentes pareçam ter grande sucesso, muito porque os preços dos ingressos agora são mais altos do que eram dez, vinte ou cinquenta anos atrás. (Quando *...E o vento levou* foi lançado em 1939, um ingresso custava algo em torno de US$0,50.) A forma mais acurada de comparar o sucesso comercial ao longo do tempo seria corrigir as receitas de bilheteria pela inflação. Faturar US$100 milhões em 1939 é muito mais impressionante do que faturar US$500 milhões em 2011. Então, quais são os cinco filmes de maior bilheteria de todos os tempos nos Estados Unidos, *corrigida pela inflação*?[6]

1. ...*E o ventou levou* (1939)
2. *Guerra nas Estrelas Episódio IV* (1977)
3. *A noviça rebelde* (1965)
4. *E.T.* (1982)
5. *Os dez mandamentos* (1956)

Em termos reais, *Avatar* cai para número 14; *Shrek 2* despenca para 31º.

Mesmo comparar maçãs e maçãs deixa espaço de sobra para tapeações. Como analisamos no capítulo anterior, um papel importante da estatística é descrever mudanças quantitativas ao longo do tempo. Os impostos estão subindo? Quantos cheesebúrgueres estamos vendendo em comparação com o ano passado? Em quanto reduzimos o arsênico na nossa água potável? Com frequência usamos porcentagens para expressar essas mudanças porque elas nos dão um senso de escala e contexto. Nós entendemos o que significa reduzir a quantidade de arsênico na água potável em 22%, ao passo que poucos de nós saberíamos se reduzir o arsênico em um micrograma (a redução absoluta) seria uma mudança significativa ou não. Porcentagens não mentem – mas podem exagerar. Uma maneira de fazer o crescimento parecer explosivo é usar alteração percentual para descrever alguma mudança relativa a um ponto de partida muito baixo. Eu moro no Condado de Cook, Illinois. Um dia fiquei chocado ao descobrir que fora estipulado que a porção dos meus impostos que sustenta o Sanatório Distrital de Tuberculose do Condado suburbano de Cook subiria 527%! Contudo, desisti de convocar uma grande manifestação anti-imposto (que na realidade ainda estava na fase de planejamento) quando fiquei sabendo que essa mudança me custaria menos do que um bom sanduíche de peru. O Sanatório Distrital de Tuberculose trata de aproximadamente uma centena de casos por ano; não é uma organização grande nem cara. O *Chicago Sun-Times* ressaltou que para um chefe de família típico a conta do imposto subiria de US$1,15 para US$6.[7] Às vezes os pesquisadores qualificam um valor de aumento ressaltando que ele é "a partir de uma base baixa", o que significa que qualquer aumento vai parecer grande em comparação.

Obviamente o reverso da moeda também é verdade. Uma pequena porcentagem de uma quantia enorme pode ser um número grande. Suponha que o secretário da Defesa informe que os gastos com defesa subirão apenas 4% este ano. Grande notícia! Na verdade, não, dado que o orçamento do Departamento de Defesa é de aproximadamente US$700 bilhões. Quatro por cento desse valor são US$28 bilhões, que podem comprar um montão de sanduíches de peru. Na verdade, a aparente ninharia de 4% de aumento no orçamento da Defesa é *mais que o orçamento inteiro da Nasa e mais ou menos igual aos orçamentos dos Departamentos do Trabalho e do Tesouro combinados.*

Num veio similar, o seu bondoso chefe poderia ressaltar que, por uma questão de justiça, todo empregado receberá o mesmo aumento este ano, 10%. Que gesto magnânimo – exceto que se o seu chefe ganha US$1 milhão e você ganha US$50 mil, o aumento dele será de US$100 mil e o seu será de US$5 mil. Acontece que a afirmação "todo mundo vai ganhar o mesmo aumento de 10% este ano" soa tão melhor que "meu aumento será vinte vezes maior que o seu". Neste caso, ambas são verdadeiras.

Qualquer comparação de uma mudança quantitativa ao longo do tempo precisa ter um ponto de partida e um ponto final. Às vezes, podem-se manipular esses pontos de maneira a distorcer a mensagem. Uma vez tive um professor que gostava de falar sobre seus "slides republicanos" e seus "slides democratas". Ele se referia a dados sobre os gastos de defesa e queria dizer que podia organizar os mesmos dados de formas diferentes para agradar a plateias democratas ou republicanas. Para suas plateias republicanas, ele mostrava o slide a seguir, com dados sobre aumentos nos gastos de defesa sob Ronald Reagan. Claramente Reagan ajudou a restaurar nosso compromisso com defesa e segurança, o que por sua vez ajudou a ganhar a Guerra Fria. Ninguém pode olhar esses números e não apreciar a férrea determinação de Ronald Reagan em enfrentar os soviéticos.

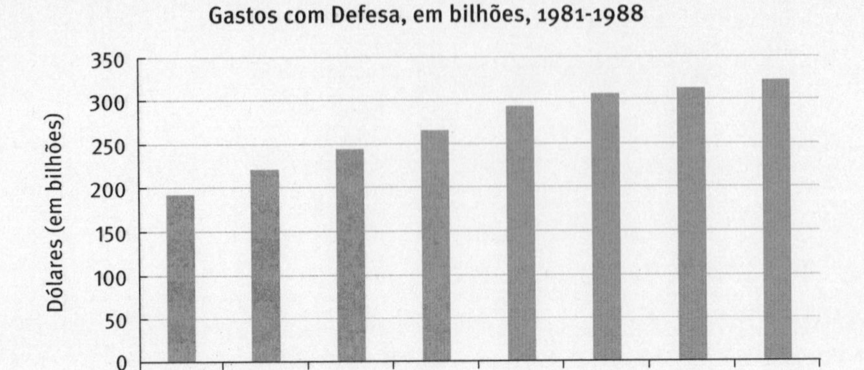

Para os democratas, meu ex-professor meramente usava os mesmos dados (nominais), mas um intervalo de tempo maior. Para esse grupo, ele ressaltava que Jimmy Carter merece crédito por iniciar o desenvolvimento da defesa. Como mostra o seguinte slide "democrata", os aumentos nos gastos com defesa de 1977 a 1980 mostram a mesma tendência básica que os aumentos no governo Reagan. Graças aos céus que Jimmy Carter – graduado de Annapolis e ex-oficial da Marinha – começou o processo de fortalecer novamente os Estados Unidos!

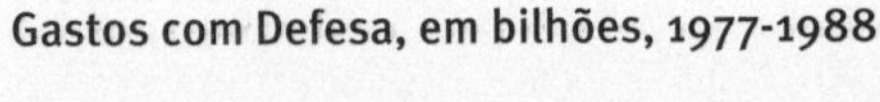

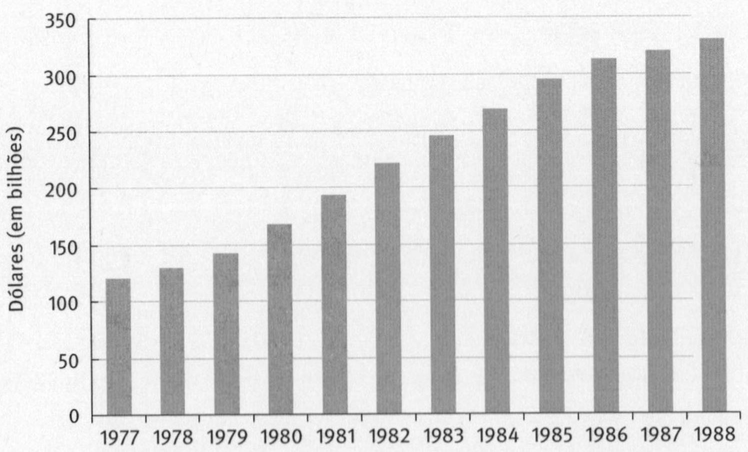

Fonte: http://www.usgovernmentspending.com/spend.php?span=usgs302&year=1988 &view=1&expand=30& expandC=&units=b&fy=fy12&local=s&state=US&pie=#usgs302.

Enquanto o ponto principal da estatística é apresentar um quadro significativo das coisas com que nos importamos, em muitos casos também temos esperança de atuar sobre esses números. Os times da Liga Nacional de Futebol Americano querem uma medida simples da qualidade de um *quarterback* de modo que possam achar e recrutar jogadores talentosos saindo da faculdade. As empresas medem o desempenho de seus funcionários de modo que possam promover aqueles que são valiosos e despedir os que não são. Há um aforismo comum no mundo dos negócios: "Não se pode gerir aquilo que não se pode medir." Verdade. *Mas é bom ter muita certeza de que aquilo que está medindo é realmente o que você está querendo gerenciar.*

Consideremos a qualidade escolar. Trata-se de algo crucial de se medir, já que gostaríamos de recompensar e emular escolas "boas" e ao mesmo tempo determinar sanções ou corrigir escolas "ruins". (E, dentro de cada escola, temos um desafio semelhante para medir a qualidade dos professores, pelo mesmo motivo básico.) A medida mais comum de qualidade tanto para escolas como para professores são os resultados de testes. Se os alunos têm resultados expressivos num teste padronizado bem concebido, então presume-se que professor e escola estejam fazendo um bom trabalho. E, ao contrário, resultados de testes ruins são um sinal claro de que muita gente deveria ser despedida, quanto mais cedo melhor. Essas estatísticas podem nos permitir ter um longo alcance no sentido de consertar nosso sistema público de educação, certo?

Errado. Qualquer avaliação de professores ou escolas que se baseie somente em resultados de testes apresentará um quadro perigosamente inacurado. Alunos que passam pela porta de entrada em diferentes escolas têm capacidades e histórias de vida imensamente diferentes. Sabemos, por exemplo, que a educação e a renda dos pais de um aluno ou aluna têm um impacto significativo no seu desempenho, independentemente da escola que frequente. Acontece que a estatística que está faltando nesse caso é a única que importa para os nossos propósitos: quanto do desempenho do aluno, bom ou ruim, pode ser atribuído ao que ocorre dentro da escola (ou dentro de uma sala de aula específica)?

Alunos que vivem em comunidades abastadas, altamente educadas, vão se sair bem nos testes desde o momento que seus pais os deixam na escola no primeiro dia do jardim de infância. O inverso também é verdade. Há escolas com populações extremamente carentes nas quais os professores podem estar fazendo um trabalho admirável, mas onde ainda assim os testes dos alunos apresentam resultados baixos – embora nem de perto tão baixos quanto seriam se os professores não estivessem fazendo um bom trabalho. O que precisamos é de alguma medida de "valor agregado" no âmbito da escola, ou mesmo no âmbito da sala de aula. Não queremos saber o nível absoluto de desempenho estudantil; queremos saber quanto o desempenho daquele aluno foi afetado pelos fatores educacionais que estamos tentando avaliar.

À primeira vista, parece uma tarefa fácil, pois podemos simplesmente aplicar nos alunos um pré-teste e um pós-teste. Se conhecemos os resultados do teste quando os alunos entram numa escola ou sala de aula particular, então podemos medir seu desempenho no final e atribuir a diferença ao que quer que tenha acontecido nessa escola ou sala de aula.

Mais uma vez errado. Estudantes com diferentes capacidades ou histórias de vida também aprendem *em ritmos diferentes*. Alguns alunos captam a matéria mais depressa que outros por razões que nada têm a ver com a qualidade do ensino. Assim, se alunos da Escola Rica A e da Escola Pobre B começam álgebra ao mesmo tempo e no mesmo nível e um ano depois os alunos da Escola Rica A se saem melhor nos testes de álgebra, a explicação pode ser que os professores sejam melhores, ou pode ser que os alunos tenham sido capazes de aprender mais depressa – ou ambas as coisas. Pesquisadores estão trabalhando para desenvolver técnicas estatísticas que meçam a qualidade educacional de maneira que levem em conta adequadamente as diferentes capacidades e histórias de vida dos alunos. Entrementes, nossas tentativas de identificar as "melhores" escolas podem ser ridiculamente enganosas.

Todo outono, vários jornais e revistas de Chicago publicam um ranking dos "melhores" colégios de ensino médio da região, em geral com base em dados de resultados de testes. Eis a parte que é ridiculamente engraçada do ponto de vista estatístico: vários colégios que consistentemente estão no topo da lista são colégios de matrícula seletiva, o que quer dizer que os alunos precisam se candidatar para entrar, e apenas uma pequena proporção desses alunos é aceita. Um dos mais importantes critérios de admissão são os testes padronizados. Então, resumindo: (1) esses colégios estão sendo reconhecidos como "excelentes" por ter alunos com resultados elevados nos testes; (2) para entrar num colégio desses, você precisa ter uma elevada pontuação nos testes. Esse é o equivalente lógico de dar um prêmio a um time de basquete por realizar um excelente trabalho de produzir jogadores altos.

MESMO QUE SE TENHA um indicador sólido do que se está tentando medir e administrar, os desafios não terminam aí. A boa notícia é que "gerir por estatísticas" pode mudar o comportamento subjacente da pessoa ou instituição que esteja sendo gerenciada para melhor. Se você puder medir a proporção de produtos com defeito provenientes de uma linha de montagem, e se esses defeitos estiverem relacionados a coisas que ocorrem na fábrica, então algum tipo de bonificação para os operários que esteja ligada a uma redução de produtos defeituosos presumivelmente mudaria o comportamento da maneira certa. Cada um de nós responde a incentivos (mesmo que seja apenas um elogio ou uma vaga melhor no estacionamento). A estatística mede os resultados que importam; incentivos nos dão um motivo para melhorar os resultados.

Ou, em alguns casos, apenas para fazer a estatística parecer melhor. Essa é a notícia ruim.

Se os administradores escolares forem avaliados – e talvez até mesmo recompensados – com base no índice de alunos que se formarem no ensino médio num particular distrito escolar, eles concentrarão seus esforços em aumentar a quantidade de alunos que se formam. É claro que também poderão dedicar algum empenho em melhorar o índice de graduação, que não é necessariamente a mesma coisa. Por exemplo, alunos que abandonam a escola antes da graduação podem ser classificados como tendo saído "por motivo de mudança" em vez de evasão escolar. Não se trata de um exemplo meramente hipotético; é uma acusação levantada contra o ex-secretário de Educação Rod Paige enquanto exerceu o cargo de superintendente escolar de Houston. Paige foi contratado pelo presidente George W. Bush para ser secretário de Educação dos Estados Unidos por causa do seu admirável sucesso em Houston em reduzir o índice de evasão e melhorar os resultados dos testes.

Se você vem acompanhando os pequenos aforismos do mundo dos negócios que eu apresento de vez em quando, eis outro: "Nunca é um bom sinal o programa *60 Minutes* surgir à sua porta." Dan Rather e a equipe do *60 Minutes II* fizeram uma viagem a Houston e descobriram que a manipulação das estatísticas era muito mais impressionante do que a melhora educacional.[8] Os colégios classificavam rotineiramente os estudantes que abandonavam o ensino médio como tendo sido transferidos para outra escola, retornado ao seu país natal ou saído para buscar um Diploma de Equivalência Geral (GED – *General Equivalency Diploma*)* – sendo que nenhum desses casos era contado como evasão escolar nas estatísticas oficiais. No que foi examinado, Houston informava um índice de evasão municipal de 1,5%; o *60 Minutes* calculou que o verdadeiro índice de evasão ficava entre 25 e 50%.

A manipulação dos resultados dos testes era igualmente impressionante. Um modo de melhorá-los (em Houston ou em qualquer outro lugar) é melhorar a qualidade da educação para que os alunos aprendam mais e se saiam melhor nos testes. Essa é uma coisa boa. Outro modo (menos virtuoso) para melhorar os resultados é impedir que os alunos piores façam os testes. Se os valores dos alunos com piores resultados forem eliminados, a média dos resultados para o colégio ou distrito subirá, mesmo que o restante dos alunos não apresente nenhuma melhora. No Texas, o teste para avaliação estadual é dado na décima série. Havia evidências de que os colégios de Houston estavam tentando impedir os alunos mais fracos de chegar à décima série. Num exemplo particularmente acintoso, um

* Equivalente ao nosso Supletivo. (N.T.)

aluno ficou três anos na nona série e aí foi promovido direto para a 11ª – uma maneira tortuosamente astuta de impedir que um aluno fraco faça o exame de referência da décima série sem forçá-lo a abandonar a escola (o que teria aparecido em outra estatística).

Não está claro se Rod Paige foi cúmplice nessa trapaça estatística durante seu mandato como superintendente de Houston. No entanto, ele implementou sim um rigoroso programa de responsabilidades que dava bonificações em dinheiro a diretores que satisfaziam suas metas de evasão e resultados de testes e que demitia ou rebaixava diretores que fracassavam em atingir essas metas. Os diretores decididamente responderam aos incentivos; essa é a lição maior. Mas você precisa ter muita certeza de que os sujeitos que estão sendo avaliados não vão poder se fazer parecer melhores (estatisticamente falando) com recursos que não sejam consistentes com a meta em questão.

O estado de Nova York aprendeu a lição do jeito mais difícil. O estado introduziu "cartões de resultado" que avaliam as taxas de mortalidade para pacientes de cardiologistas realizando angioplastia coronária, um tratamento comum para doenças cardíacas.[9] Esse parece ser um uso perfeitamente razoável e proveitoso da estatística descritiva. A proporção de pacientes de um cardiologista que morrem em cirurgia é uma coisa importante de se saber, e faz sentido o governo coletar e promulgar tais dados uma vez que consumidores individuais não teriam acesso a eles de outra maneira. Então, é uma boa política? Sim, fora o fato de que provavelmente acabou matando gente.

Os cardiologistas obviamente se importam com seu "cartão de resultado". No entanto, o jeito mais fácil de melhorar a taxa de mortalidade *não é* matar menos gente; presume-se que a maioria dos médicos já esteja tentando com todo afinco manter seus pacientes vivos. O jeito mais fácil de um médico melhorar sua taxa de mortalidade é recusar-se a operar os pacientes mais graves. Segundo uma pesquisa conduzida pela Escola de Medicina e Odontologia da Universidade de Rochester, o cartão de resultado, que ostensivamente deve servir ao paciente, pode também funcionar em seu detrimento: 83% dos cardiologistas pesquisados disseram que, por causa da estatística pública de mortalidade, alguns pacientes que poderiam beneficiar-se com a angioplastia poderiam não receber tal procedimento; 79% dos médicos disseram que parte de suas decisões médicas pessoais havia sido influenciada pelo conhecimento de que os dados sobre mortalidade são coletados e tornados públicos. O triste paradoxo dessa estatística descritiva aparentemente útil é que os cardiologistas responderam racionalmente eximindo-se de prover cuidados médicos aos pacientes que mais necessitavam deles.

Um índice estatístico tem todas as armadilhas de qualquer estatística descritiva – além das distorções introduzidas pela combinação de múltiplos indicadores num único número. Por definição, qualquer índice será sensível à forma como é constituído; será afetado tanto pelas medidas que entram no índice como pelo peso atribuído a cada uma dessas medidas. Por exemplo, por que o índice de passe da NFL não inclui nenhuma medida de "terceiras descidas completadas" [*third down completions*]? E quanto ao Índice de Desenvolvimento Humano, como deveria ser pesada a taxa de alfabetização de um país em relação à renda per capita? No final, a questão importante é se a simplicidade e a facilidade de uso introduzidas ao reduzir muitos indicadores num único número superam a inerente inacurácia do processo. Às vezes a resposta pode ser não, o que nos traz de volta (como foi prometido) ao ranking de escolas do *U.S. News & World Report* (USNWR).

Os rankings do USNWR usam dezesseis indicadores para avaliar e ranquear as faculdades, universidade e escolas profissionalizantes dos Estados Unidos. Em 2010, por exemplo, o ranking de universidades e escolas de arte liberais do país utilizou "seletividade de estudantes" como 15% do índice; a seletividade de estudantes por sua vez é calculada com base na taxa de aceitação da escola, a proporção de alunos ingressando que está nos 10% superiores em sua classe de ensino médio, e a média de resultados nos exames SAT e ACT [*American College Testing*] dos alunos que estão ingressando. O benefício dos rankings USNWR é que fornecem uma porção de informações sobre milhares de escolas de maneira simples e acessível. Mesmo os críticos reconhecem que grande parte da informação coletada nas faculdades e universidades americanas é valiosa. Futuros estudantes devem saber a taxa de graduação de uma instituição, bem como o tamanho médio de uma classe.

É claro que fornecer informações significativas é um empreendimento totalmente diferente de reduzir toda a informação a um único ranking que se proponha a ser abalizado. Para os críticos, os rankings são constituídos de forma desleixada, além de enganosos e prejudiciais aos interesses dos estudantes no longo prazo. "Uma preocupação é simplesmente por se tratar de uma lista com pretensão de ranquear instituições em ordem numérica, que é um nível de precisão que esses dados simplesmente não sustentam", diz Michael McPherson, ex-presidente do Macalester College em Minnesota.[10] Por que ex-alunos devem contribuir com 5% do escore da escola? E, se é importante, por que não 10%?

Segundo o *U.S. News & World Report*, "A cada indicador é atribuído um peso (expresso como porcentagem) com base em nossos julgamentos sobre quais medidas de qualidade importam mais".[11] Julgamento é uma coisa; arbitrariedade é outra. A variável com mais peso no ranking das universidades e faculdades nacionais é "reputação acadêmica". Essa reputação é determinada com base num "levantamento de avaliação por pares", preenchido por administradores de outras faculdades e universidades, e a partir de uma pesquisa de orientadores do ensino médio. Em sua crítica geral sobre os rankings, Malcolm Gladwell faz uma acusação mordaz (embora bem-humorada) da metodologia de avaliação por pares. Ele cita um questionário enviado por um ex-presidente da Suprema Corte de Michigan a aproximadamente uma centena de advogados pedindo-lhes que ranqueassem dez escolas de direito por ordem de qualidade. Uma das escolas na lista era a da Universidade Estadual da Pensilvânia; os advogados a ranquearam perto do meio. *Na época, a universidade não tinha uma escola de direito.*[12]

Por todos os dados coletados pelo USNWR, não é óbvio que os rankings meçam aquilo a que alunos em potencial deveriam dar importância: quanto se ensina e se aprende numa determinada instituição? Fãs de futebol americano podem discutir sobre o índice de passe, mas ninguém pode negar que seus componentes – passes completos, jardas lançadas e corridas, *touchdowns* e interceptações – são parte importante no desempenho geral de um *quarterback*. Esse não é necessariamente o caso com os critérios do USNWR, focado em sua maior parte em *inputs* [dados de ingresso] (por exemplo, que tipo de alunos são admitidos, quanto ganha o corpo docente, porcentagem do corpo docente que trabalha em período integral), em vez de *outputs* [dados de produção] educacionais. Duas exceções notáveis são a taxa de permanência de calouros e a taxa de graduação, porém, nem mesmo esses indicadores medem o ensino e a aprendizagem. Como ressalta Michael McPherson: "Na verdade, pelo *U.S. News*, não ficamos sabendo nada sobre se a educação recebida durante aqueles quatro anos realmente melhorou seus talentos ou enriqueceu seu conhecimento."

Ainda assim, tudo isso poderia ser um exercício inofensivo não fosse o fato de que parece estimular um comportamento não necessariamente bom para os estudantes ou para a educação superior. Por exemplo, uma estatística usada para calcular os rankings diz respeito aos recursos financeiros por estudante; o problema é que não existe medida correspondente que nos permita saber se esse dinheiro está sendo bem empregado. Uma instituição que obtém bons resultados gastando menos dinheiro (e, portanto, pode cobrar anuidades menores) é punida no processo de ranqueamento. Faculdades e universidades também têm incentivos para estimular a candidatura de grande quantidade de estudantes, inclusive aqueles sem qualquer esperança realista de serem aceitos, porque faz a escola parecer mais seletiva. É um desperdício de recursos para as escolas que solicitam inscrições espúrias e para estudantes que acabam se inscrevendo sem a menor chance de serem aceitos.

E já que estamos prestes a passar para outro capítulo, aposto que os rankings do *U.S. News & World Report* não vão sumir num futuro próximo. Como ressaltou Leon Botstein, presidente do Bard College: "As pessoas adoram respostas fáceis. Qual é o melhor lugar? O número 1."[13]

A LIÇÃO GERAL deste capítulo é que a má conduta estatística tem muito pouco a ver com matemática malfeita. Cálculos impressionantes, quando muito, podem obscurecer motivos nefastos. O fato de você ter calculado corretamente a média não altera o fato de que a mediana é um indicador mais acurado. Boa capacidade de julgamento e integridade acabam se revelando surpreendentemente importantes. Um conhecimento detalhado de estatística não detém transgressões mais do que um conhecimento detalhado das leis impede um comportamento criminoso. Tanto com a estatística quanto com o crime, os bandidos muitas vezes sabem exatamente o que estão fazendo!

4. Correlação

Como a Netflix sabe quais filmes eu gosto?

A NETFLIX INSISTE QUE vou gostar do filme *Bhutto*, um documentário que oferece uma "visão em profundidade e às vezes incendiária da vida e da trágica morte da ex-primeira-ministra paquistanesa Benazir Bhutto". Provavelmente vou gostar do filme. (Eu o adicionei ao "Minha lista".) As recomendações da Netflix às quais assisti no passado foram incríveis. E quando eles recomendam um filme a que já assisti, costuma ser um de que eu realmente gostei.

Como a Netflix faz isso? Será que existe alguma gigantesca equipe de estagiários na sede da corporação que usou uma combinação do Google e entrevistas com a minha família e amigos para determinar que eu poderia gostar de um documentário sobre uma ex-primeira-ministra paquistanesa? É claro que não. A Netflix simplesmente domina algumas estatísticas sofisticadas. *A Netflix não me conhece.* Mas conhece os filmes dos quais gostei no passado (porque eu os avaliei). Usando essa informação, junto com as avaliações de outros clientes e um computador potente, a Netflix pode fazer previsões incrivelmente acuradas sobre as minhas preferências.

Adiante voltarei ao algoritmo específico da Netflix para fazer essas escolhas; por enquanto, o ponto importante é que tudo está baseado em correlação. A Netflix recomenda filmes que são semelhantes a outros filmes de que gostei; e também recomenda filmes que foram muito bem avaliados por outros clientes cujas avaliações são similares às minhas. *Bhutto* foi recomendado por causa das cinco estrelas com que avaliei dois outros documentários, *Enron: os mais espertos da sala* e *Sob a névoa da guerra*.

A correlação mede o grau em que dois fenômenos estão relacionados entre si. Por exemplo, existe uma correlação entre temperaturas de verão e venda de sorvete. Quando uma sobe, a outra sobe também. Duas variáveis têm correlação positiva se uma variação numa delas é associada a uma variação da outra no mesmo sentido, tal como a relação entre altura e peso. Pessoas mais altas pesam mais (em média); pessoas mais baixas pesam menos. Uma correlação é negativa se uma variação positiva numa das variáveis está associada a uma variação negativa na outra, tal como a relação entre exercício e peso.

O aspecto traiçoeiro nesses tipos de associações é que nem toda observação se encaixa no padrão. Às vezes pessoas mais baixas pesam mais que pessoas mais altas. Às vezes pessoas que não se exercitam são mais magras que pessoas que se exercitam o tempo todo. Ainda assim, existe uma relação significativa entre altura e peso, bem como entre exercício e peso.

Se fôssemos colocar num gráfico de dispersão as alturas e pesos de uma amostra aleatória de americanos adultos, seria de esperar ver algo do seguinte tipo:

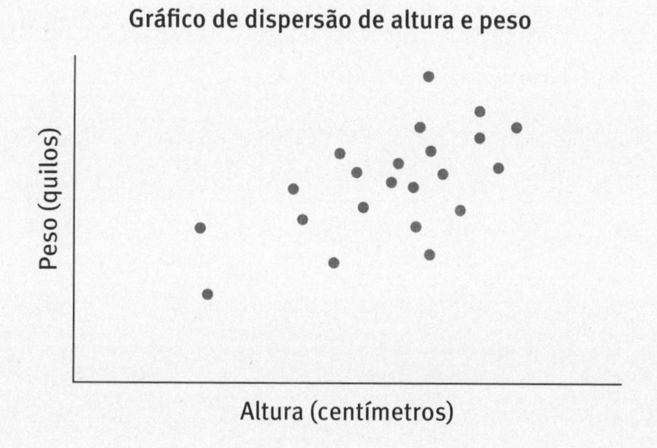

Se fôssemos criar um gráfico de dispersão entre exercício (medido em minutos por semana de exercício intensivo) e peso, seria de esperar uma correlação negativa, com os que se exercitam mais tendendo a pesar menos. Mas um padrão consistindo em pontos dispersos numa página é uma ferramenta um tanto tosca. (Se a Netflix tentasse me fazer recomendações de filmes com um gráfico das avaliações de milhares de filmes por milhões de clientes, os resultados soterrariam a sede debaixo de gráficos de dispersão.) Em vez disso, o poder da correlação como ferramenta estatística é que podemos encapsular uma associação entre duas variáveis numa única estatística descritiva: o coeficiente de correlação.

O coeficiente de correlação tem duas características fabulosamente atraentes. A primeira, por razões matemáticas que foram relegadas ao apêndice, trata-se de um número único que varia de –1 a 1. Uma correlação de 1, muitas vezes descrita como correlação perfeita, significa que qualquer alteração em uma das variáveis está associada com uma alteração equivalente na outra variável no mesmo sentido.

Uma correlação de –1, ou correlação negativa perfeita, significa que toda alteração em uma variável está associada a uma alteração equivalente na outra variável em sentido oposto.

Quanto mais perto de 1 ou –1 estiver a correlação, mais forte a associação. Uma correlação de 0 (ou próxima a 0) significa que as variáveis não têm associação significativa entre si, como a relação entre o número do sapato e os resultados em exames escolares.

A segunda característica atraente do coeficiente de correlação é que ele não está ligado a nenhuma unidade. Podemos calcular a correlação entre altura e peso – mesmo que a altura seja medida em centímetros e o peso em quilogramas. Podemos até calcular a correlação entre a quantidade de televisores que alunos do ensino médio têm em suas casas e seus resultados em exames escolares, e eu lhes asseguro que será positiva. (Falarei mais sobre essa relação daqui a pouco.) O coeficiente de correlação faz uma coisa aparentemente milagrosa: reduz uma complexa bagunça de dados medidos em unidades diferentes (como o nosso gráfico de dispersão de altura e peso) numa única e elegante estatística descritiva.

Como?

Mantendo o hábito, pus a fórmula mais comum para se calcular o coeficiente de correlação no apêndice ao final do capítulo. Essa não é uma estatística que você vai calcular à mão. (Depois de você inserir os dados, um programa básico como o Microsoft Excel calcula a correlação entre as duas variáveis.) Ainda assim, intuitivamente não é tão difícil. A fórmula para calcular o coeficiente de correlação faz o seguinte:

1. Calcula a média e o desvio padrão para ambas as variáveis. Se nos ativermos ao exemplo de altura e peso, saberíamos então a altura média das pessoas na amostra, o peso médio das pessoas na amostra e o desvio padrão tanto para a altura como para o peso.
2. Converte todos os dados de modo que cada observação seja representada por sua distância da média (seu desvio padrão). Acompanhe meu raciocínio; não é tão complicado. Suponha que a altura média na amostra seja de 170 centímetros (com um desvio padrão de dez centímetros); e que o peso médio seja de 75 quilos (com um desvio padrão de cinco quilos). Agora suponha que você tenha 182 centímetros de altura e pese 71 quilos. Podemos dizer também que sua altura é 1,2 desvio padrão acima da média em altura [$(182-170)/10$], e seu peso 0,8 desvio padrão abaixo da média, ou −0,8 para fins de fórmula [$(71-75)/5$]. *Sim, é incomum alguém estar acima da média em altura e abaixo da média em peso, mas já que você pagou um bom dinheiro pelo livro, achei que deveria pelo menos fazer você alto e magro.* Note que a sua altura e peso, anteriormente em centímetros e quilos, foram reduzidos a 1,2 e −0,8. É isso que faz as unidades sumirem.
3. Aqui eu libero minhas mãos e deixo o computador fazer o serviço. A fórmula calcula então a relação entre altura e peso de todos os indivíduos da amostra, medidos pelas unidades-padrão. Quando os indivíduos da amostra são altos, digamos 1,5 ou dois desvios padrões acima da média, o que tende a acontecer com seus pesos *medidos em desvios padrões da média para o peso*? E quando os indivíduos estão perto da média em termos de altura, quais são seus pesos, medidos em unidades de desvio padrão?

Se a distância de uma variável em relação à média tende a ser amplamente consistente com a distância da outra variável em relação à média (por exemplo, pessoas distantes da média em termos de altura, em qualquer um dos dois sentidos, também tendem a estar distantes da média no mesmo sentido em termos de peso), então seria de esperar uma forte correlação positiva.

Se a distância em relação à média de uma das variáveis tende a corresponder a uma distância similar em relação à média da segunda variável *no sentido oposto* (por exemplo, pessoas bem acima da média em termos de exercício tendem a estar bem abaixo da média em termos de peso), então devemos esperar uma forte correlação negativa.

Se duas variáveis não tendem a se desviar da média segundo nenhum padrão significativo (por exemplo, número do sapato e exercício), então devemos esperar uma correlação pequena ou nula.

Você sofreu intensamente nesta seção; voltaremos já, já para o aluguel de filmes. Antes de retornarmos à Netflix, porém, vamos refletir sobre outro aspecto da vida em que a correlação é relevante: o Teste de Raciocínio SAT. Conhecido antigamente nos Estados Unidos como Teste de Aptidão Acadêmica (SAT, na sigla em inglês), trata-se de um exame padronizado composto de três partes – matemática, leitura crítica e redação – cujo objetivo é mensurar a capacidade acadêmica e predizer o desempenho universitário. É claro que há motivo razoável para se perguntar (especialmente aqueles que não gostam de testes padronizados): não é para isso que serve o ensino médio? Por que um exame de quatro horas é tão importante quando os funcionários encarregados da admissão universitária têm acesso a *quatro anos* de notas tiradas no ensino médio?

A resposta para essas perguntas encontra-se camuflada nos Capítulos 1 e 2. Notas do ensino médio são uma estatística descritiva imperfeita. Um aluno que tira notas medíocres enquanto enfrenta uma programação difícil com aulas de matemática e ciências pode ter maior capacidade e potencial acadêmico do que um aluno no mesmo colégio com notas melhores em matérias menos desafiadoras. Obviamente há discrepâncias potenciais ainda maiores de uma escola para outra. Segundo o College Board, que produz e administra o SAT, o teste foi criado para "democratizar o acesso ao ensino superior para todos os estudantes". Muito justo. O SAT fornece uma medida padronizada de capacidade que pode ser facilmente comparada entre todos os alunos que se candidatam ao ensino superior. *Mas será que é uma boa medida de capacidade?* Se queremos um critério que possa ser comparado facilmente entre estudantes, poderíamos também mandar os alunos de último ano correrem um tiro de cem metros, que é mais barato e mais fácil do que administrar o SAT. O problema, obviamente, é que a performance num tiro de cem metros não tem correlação com desempenho acadêmico. Obter os dados é fácil; só que eles simplesmente não nos revelam nada de significativo.

Então, qual é a qualidade da informação obtida pelo SAT? Infelizmente para futuras gerações de alunos do ensino médio, o SAT faz um trabalho razoavelmente bom em predizer as notas de primeiro ano de faculdade. O College Board publica as correlações relevantes. Numa escala de 0 (absolutamente nenhuma correlação) a 1 (correlação perfeita), a correlação entre a média de notas no ensino médio e a média de notas no primeiro ano da faculdade é 0,56. (Para dar alguma perspectiva a esse número, a correlação entre altura e peso para homens adultos nos Estados Unidos é aproximadamente 0,4.) A correlação entre o placar composto do SAT (leitura crítica, matemática e redação) e a média das notas do primeiro ano universitário também é 0,56.[1] Esse resultado parece argumentar a favor da eliminação do SAT, pois o teste parece não dar resultados melhores na previsão do desempenho universitário do que as notas do ensino médio. Na verdade, o melhor previsor de todos é uma combinação do SAT e da média do ensino médio, que tem uma correlação de 0,64 com as notas do primeiro ano universitário. Sinto muito por ter que dizer isso.

Um ponto crucial nesta discussão geral é que correlação não implica causalidade; uma associação positiva ou negativa entre duas variáveis não significa necessariamente que uma variação numa delas esteja causando a variação na outra. Por exemplo, anteriormente aludi a uma provável correlação positiva entre os resultados do SAT de um aluno e a quantidade de televisores que sua família possui. Isso não significa que pais superansiosos possam aumentar o placar dos testes de seus filhos comprando cinco aparelhos de televisão adicionais para a casa. E provavelmente tampouco significa que assistir muito à televisão seja bom para o desempenho acadêmico.

A explicação mais lógica para tal correlação seria que pais com elevado nível de educação podem se dar ao luxo de ter uma porção de aparelhos de televisão e tendem a ter filhos cujos resultados nos testes estão acima da média. Tanto televisores como resultados de testes são provavelmente causados por uma terceira variável, que é a educação dos pais. Não posso provar a correlação entre esses aparelhos na casa e resultados do SAT. (O College Board não fornece esses dados.) No entanto, posso provar que alunos de famílias mais ricas têm em média escores no SAT mais altos do que alunos de famílias menos ricas. Segundo o College Board, alunos com renda familiar acima de US$200 mil têm um placar médio no SAT de matemática de 586, em comparação com um placar médio de 460 para alunos com renda familiar de US$20 mil ou menos.[2] Ao mesmo tempo, também é provável que famílias com renda superior a US$200 mil tenham mais televisores em suas (múltiplas) casas do que famílias com renda de US$20 mil ou menos.

COMECEI A ESCREVER este capítulo muitos dias atrás. Desde então, tive a oportunidade de assistir ao documentário *Bhutto*, um filme excepcional sobre uma família excepcional. As sequências originais, que começam com a partilha da Índia e do Paquistão em 1947 e vão até o assassinato de Benazir Bhutto em 2007, são extraordinárias. A voz de Bhutto é muito bem intercalada ao longo do filme na forma de discursos e entrevistas. Em todo caso, dei cinco estrelas ao filme, que é praticamente o que a Netflix previu.

No nível mais básico, a Netflix está explorando o conceito de correlação. Primeiro, eu avalio um conjunto de filmes. A Netflix compara minhas avaliações com as de outros clientes para identificar aqueles cujas avaliações estejam altamente correlacionadas com as minhas. Esses clientes tendem a gostar dos filmes que eu gosto. Uma vez estabelecido isso, a Netflix pode recomendar filmes que receberam alta avaliação de clientes de mentalidade semelhante à minha, mas que eu ainda não assisti.

Esse é o "quadro geral". A metodologia real é muito mais complexa. Na verdade, a Netflix lançou em 2006 um concurso no qual membros do público foram convidados a projetar um mecanismo que melhorasse as recomendações existentes da empresa em pelo menos 10% (o que significa que o sistema ficaria 10% mais acurado em predizer como um cliente avaliaria um filme depois de assistir). O vencedor ganharia US$1 milhão.

Todo indivíduo ou equipe que se inscreveu para o concurso recebeu "dados de treinamento" consistindo em mais de 100 milhões de avaliações de 18 mil filmes por 480 mil clientes Netflix. Um conjunto separado de 2,8 milhões de avaliações foi "retido", o que significa que a Netflix sabia como os clientes tinham avaliado esses filmes, mas os participantes do concurso não. Os competidores foram julgados com base na acurácia com que seus algoritmos previam as avaliações reais dos clientes para esses filmes retidos. Durante três anos, milhares de equipes de mais de 180 países submeteram propostas. Havia duas exigências para participar: primeira, o vencedor deveria licenciar o algoritmo para a Netflix; segunda, o vencedor tinha de "descrever ao mundo como você fez e por que funciona".[3]

Em 2009, a Netflix anunciou o vencedor: uma equipe de sete pessoas composta de estatísticos e cientistas da computação dos Estados Unidos, Áustria, Canadá e Israel. Sinto muito, não posso descrever o sistema ganhador, nem mesmo no apêndice. O artigo explicando o sistema tem 92 páginas.* Eu fico impressionado com a qualidade das recomendações da Netflix. Ainda assim, o sistema é apenas uma supervariação rebuscada do que as pessoas vêm fazendo desde a aurora do cinema: achar alguém com gosto semelhante e pedir uma recomendação. Você tende a gostar do que eu gosto, e não gostar do que eu não gosto, então, o que acha do novo filme do George Clooney?

Essa é a essência da correlação.

---

* Você pode lê-lo em: http://www.netflixprize.com/assets/GranPrize2009_BPC_PragmaticTheory.pdf.

APÊNDICE AO CAPÍTULO 4

Para calcular o coeficiente de correlação entre dois conjuntos de números, você executaria os seguintes passos, cada um deles ilustrado com o uso dos dados de alturas e pesos para quinze estudantes hipotéticos na tabela a seguir.

A	B	C	D	E	F
Aluno	Altura (cm)	Peso (kg)	Altura em unidade-padrão	Peso em unidade-padrão	(Peso em unidades-padrão) × (Altura em unidades-padrão)*
Nick	185	88	1,34	1,05	1,41
Elana	165	60	−0,49	−0,74	0,36
Dinah	170	70	−0,03	−0,09	0,01
Rebecca	172	67	0,15	−0,29	−0,04
Ben	183	80	1,16	0,54	0,63
Charu	175	58	0,43	−0,87	−0,37
Sahar	150	45	−1,86	−1,69	3,14
Maggie	158	58	−1,13	−0,87	0,98
Faisal	168	77	−0,21	0,35	−0,07
Ted	175	83	0,43	0,73	0,31
Narciso	175	81	0,43	0,61	0,26
Katrina	175	54	0,43	−1,12	−0,48
CJ	187	103	1,52	2,01	3,05
Sophia	155	53	−1,41	−1,18	1,67
Will	185	96	1,34	1,56	2,09
Média	170,34	71,53			Total = 12,95
Desvio padrão	10,91	15,66			Coeficiente de correlação = Total/n = 12.95/15 = 0,86

1. Converta a altura de cada estudante para unidades-padrão: (altura – média)/desvio padrão.

* Embora o termo "unidade-padrão" tenha uma série de significados diferentes, estamos aqui acompanhando o autor e usando o termo "unidades-padrão" referindo-nos a "unidades de desvio padrão". (N.T.)

2. Converta o peso de cada estudante para unidades-padrão: (peso – média)/desvio padrão.
3. Calcule o produto para cada estudante de (peso em unidades-padrão) × (altura em unidades-padrão). Você deve perceber que esse número será o maior em valor absoluto quando a altura e o peso estiverem ambos relativamente longe da média.
4. O coeficiente de correlação é a soma dos produtos calculados acima dividida pelo número de observações (15 no caso). A correlação entre altura e peso nesse grupo de estudantes é 0,86. Considerando que o coeficiente de correlação pode variar de –1 a 1, temos aqui um grau relativamente alto de correlação positiva, como seria de esperar com altura e peso.

A fórmula para calcular o coeficiente de correlação requer um pequeno desvio relativo à notação. O símbolo Σ, conhecido como somatória, é um caractere conveniente em estatística. Representa a soma da grandeza que vem logo em seguida. Por exemplo, se há um conjunto de observações x_1, x_2, x_3 e x_4, então $\Sigma\ (x_i)$ nos diz que devemos somar as quatro observações: $x_1 + x_2 + x_3 + x_4$. Assim, $\Sigma\ (x_i) = x_1 + x_2 + x_3 + x_4$. Nossa fórmula para a média de um conjunto de i observações poderia ser representada da seguinte maneira: média $= \Sigma\ (x_i)/n$.

Podemos tornar a fórmula ainda mais adaptável escrevendo $\sum_{i=1}^{n} (x_i)$, que soma a quantidade $x_1 + x_2 + x_3 + \ldots + x_n$, ou, em outras palavras, todos os termos começando por x_1 (porque i = 1) até x_n (porque i = n). Nossa fórmula para a média de um conjunto de observações pode ser representada da seguinte maneira:

$$\text{média} = \sum_{i=1}^{n} \frac{(x_i)}{n}$$

Dada essa notação geral, a fórmula para calcular o coeficiente de correlação, r, para duas variáveis x e y é a seguinte:

$$r = \frac{1}{n} \sum_{i=1}^{n} \frac{(x_i - \bar{x})}{\sigma_x} \frac{(y_i - \bar{y})}{\sigma_y}$$

em que

n = número de observações;
$\bar{x}$ = é a média da variável x;
$\bar{y}$ = é a média da variável y;
σ_x = é o desvio padrão da variável x;
σ_y = é o desvio padrão da variável y.

Qualquer programa com ferramentas estatísticas também pode calcular o coeficiente de correlação entre duas variáveis. No exemplo de altura e peso de estudantes, o Microsoft Excel dá a mesma correlação entre altura e peso para os quinze estudantes que o cálculo feito à mão da tabela acima: 0,86.

5. Probabilidade básica

Não compre a garantia estendida para sua impressora de US$99

EM 1981, a cervejaria Joseph Schlitz gastou US$1,7 milhão com, ao que parece, uma campanha de marketing chocantemente temerária e arriscada para seu carro-chefe, a cerveja Schlitz. No intervalo de meio-tempo do Super Bowl, na frente de 100 milhões de pessoas ao redor do mundo, a empresa transmitiu um teste de sabor ao vivo da Schlitz contra a sua maior concorrente, a Michelob.[1] Mais temerário ainda foi a companhia não ter escolhido bebedores de cerveja ao acaso para avaliar os dois produtos; *ela pegou cem bebedores de Michelob.* Foi o ponto alto de uma campanha veiculada durante todas as partidas eliminatórias da Liga Nacional de Futebol Americano (NFL).[2] Houve ao todo cinco testes de sabor ao vivo pela televisão, cada um com cem consumidores de uma marca concorrente (Budweiser, Miller ou Michelob) fazendo um teste cego entre sua suposta cerveja favorita e a Schlitz. Cada um dos testes foi agressivamente promovido, exatamente como o jogo de mata-mata durante o qual seria realizado (por exemplo, "Assista a Schlitz versus Bud, ao vivo durante os *playoffs* da Conferência Americana, a AFC").

A mensagem de marketing era clara: mesmo bebedores de cerveja que acham que gostam de outra marca preferem Schlitz num teste cego. Para a inserção no Super Bowl, a Schlitz chegou a contratar um ex-árbitro da NFL para supervisionar o teste. Dada a natureza arriscada de conduzir testes cegos de sabor diante de audiências enormes ao vivo na televisão, pode-se presumir que a Schlitz produziu uma cerveja espetacularmente saborosa, certo?

Não necessariamente. A Schlitz precisou apenas de uma cerveja medíocre e uma compreensão sólida de estatística para saber que esse estratagema – um termo que não uso de forma leviana, mesmo quando se trata de propaganda de cerveja – tinha praticamente tudo para dar certo a seu favor. A maioria das cervejas na categoria da Schlitz tem mais ou menos o mesmo sabor; ironicamente, esse é exatamente o fato que a campanha explorou. Suponha que o típico bebedor de cerveja da rua não consiga distinguir uma Schlitz de uma Budweiser, de uma Michelob ou de uma Miller. Nesse caso, um teste cego entre duas cervejas quaisquer é essencialmente um cara ou coroa. Em média, metade dos participantes do teste escolherá a Schlitz e metade escolherá a cerveja que a Schlitz está "desafiando". Esse fato por si só provavelmente *não daria* uma campanha de publicidade particularmente efetiva. ("Você não consegue saber a diferença, então pode muito bem tomar Schlitz.") E a Schlitz, absolutamente, seguramente, não gostaria de fazer o teste entre seus próprios clientes leais; metade desses bebedores de Schlitz escolheria a cerveja concorrente. Fica mal quando bebedores de cerveja supostamente comprometidos com a sua marca escolhem uma concorrente num teste cego de sabor – que é exatamente o que a Schlitz estava tentando fazer com suas concorrentes.

A Schlitz fez algo mais inteligente. A genialidade da campanha foi conduzir o teste de sabor exclusivamente entre bebedores que declaravam preferir uma cerveja concorrente. Se o teste cego é de fato apenas um cara ou coroa, então metade dos bebedores de Budweiser, Miller ou Michelob acabarão escolhendo a Schlitz. Isso faz a Schlitz parecer realmente boa. *Metade dos bebedores da Bud gostam mais da Schlitz!*

E parece particularmente boa no intervalo de meio-tempo do Super Bowl com um ex-árbitro da NFL (uniformizado) conduzindo o teste. Ainda assim, é televisão ao vivo. Mesmo que os estatísticos da Schlitz tivessem determinado com doses gigantescas de testes privados anteriores que o bebedor típico de Michelob escolheria a Schlitz 50% das vezes, e se os cem bebedores de Michelob fazendo o teste no intervalo de meio-tempo do Super Bowl se revelassem peculiares? Sim, o teste cego equivale a um cara ou coroa, mas e se a maioria dos participantes do teste escolhesse a Michelob *por mero acaso*? Afinal, se puséssemos os mesmos cem sujeitos numa fila e lhes pedíssemos para lançar uma moeda, é inteiramente possível que saíssem 85 ou noventa coroas. Esse tipo de azar no teste de sabor seria um desastre para a marca Schlitz (para não mencionar o desperdício de US$1,7 milhão pela cobertura de televisão ao vivo).

Eis que chega a estatística para o salvamento! Se houvesse algum tipo de super-herói estatístico,* seria aí que ele, ou ela, teria invadido o quartel-general corporativo da Schlitz e revelado os detalhes do que os estatísticos chamam de experimento binomial (também chamado de teste de Bernoulli). As características fundamentais de um experimento binomial são que temos um número fixo de tentativas (por exemplo, cem provadores de sabor), cada uma com dois resultados possíveis (Schlitz ou Michelob), e a probabilidade de "sucesso" é a mesma em cada tentativa. (Estou pressupondo que a probabilidade de escolher uma cerveja ou outra seja de 50% e estou definindo como "sucesso" o fato de um provador escolher a Schlitz.) Presumimos também que todas as "tentativas" sejam independentes, o que significa que a decisão de um provador no teste cego não tem qualquer impacto sobre a decisão de qualquer outro provador.

Com apenas essa informação, um super-herói estatístico pode calcular a probabilidade de todos os diferentes resultados para cem tentativas, tais como 52 Schlitz e 48 Michelob ou 31 Schlitz e 69 Michelob. Aqueles entre nós que não são super-heróis estatísticos podem usar um computador para fazer a mesma coisa. As chances de todos os cem provadores escolherem a Michelob era de 1 em 1.267.650.600.228.229.401.496.703.205.376. Havia provavelmente uma chance maior de todos os provadores serem mortos por um asteroide no intervalo de meio-tempo. Mais importante, os mesmos cálculos básicos podem nos dar a probabilidade acumulada para uma gama de resultados, tais como as chances de quarenta ou menos provadores escolherem a Schlitz. Esses números claramente teriam amenizado os temores do pessoal de marketing da Schlitz.

Vamos supor que a Schlitz teria ficado satisfeita se pelo menos quarenta dos cem provadores escolhessem sua cerveja – um número impressionante,

* Tenho em mente o nome "Super Seis Sigma". A letra grega minúscula sigma, σ, representa o desvio padrão. O Super Seis Sigma seria seis desvios padrões acima da norma em termos de habilidade, força e inteligência estatística.

considerando que todos os homens participando do teste cego haviam professado sua preferência pela Michelob. Um resultado *pelo menos tão bom* era bastante provável. Se o teste de sabor é realmente como um cara ou coroa, então a probabilidade básica nos diz que havia 98% de chance de que pelo menos 40% dos provadores escolhessem a Schlitz e 86% de chance de que pelo menos 45% dos provadores a escolhessem.* Em teoria, não era absolutamente uma jogada muito arriscada.

Então, o que aconteceu com a Schlitz? No intervalo de meio-tempo do Super Bowl de 1981, exatamente 50% dos bebedores de Michelob escolheram a Schlitz no teste cego de sabor.

Aqui há duas lições importantes: probabilidade é uma ferramenta extraordinariamente poderosa e muitas cervejas líderes de mercado na década de 1980 eram indistinguíveis uma da outra. Este capítulo terá como foco principal a primeira lição.

PROBABILIDADE é o estudo de eventos e resultados envolvendo um elemento de incerteza. Investir no mercado de ações envolve incerteza. O mesmo ocorre com o lançamento de uma moeda, que pode dar cara ou coroa. Lançar uma moeda quatro vezes envolve níveis de incerteza adicionais, porque cada um dos quatro lançamentos pode resultar em cara ou coroa. Se você lança uma moeda quatro vezes seguidas, eu não posso saber o resultado antecipadamente com certeza (nem você). Todavia, você *pode sim* determinar de antemão que alguns resultados (duas caras, duas coroas) são mais prováveis que outros (quatro caras). Como concluiu o pessoal da Schlitz, essas percepções com base em probabilidade podem ser extremamente úteis. Na verdade, se você conseguir entender por que a probabilidade de dar quatro caras seguidas, com uma moeda que não foi adulterada, é de 1 em 16, poderá (com um pouco de trabalho) entender tudo, desde como funciona o ramo de seguros até se um time de futebol

* Para todos esses cálculos, utilizei uma conveniente calculadora binomial online, em http://stattrek.com/Tables/Binomial.aspx.

americano profissional deve chutar o ponto extra após um *touchdown* ou fazer uma tentativa de conversão de dois pontos.

Comecemos pela parte mais fácil: muitos eventos possuem probabilidades conhecidas. A probabilidade de dar cara com uma moeda honesta é ½. A probabilidade de se lançar um dado e dar 1 é de ⅙. Outros eventos têm probabilidades que podem ser inferidas com base em dados passados. A probabilidade de pontuar ao chutar um ponto extra após um *touchdown* no futebol americano profissional é de 0,94, o que significa que os chutadores, em geral, convertem 94 em cada cem tentativas de ponto extra. (Obviamente esse número pode variar ligeiramente para diferentes chutadores, em diferentes condições de clima, e assim por diante, mas não muda radicalmente.) Apenas possuir e apreciar esse tipo de informação pode muitas vezes clarificar uma tomada de decisão ou explicitar riscos. Por exemplo, o Conselho de Segurança nos Transportes australiano publicou um relatório quantificando os riscos de fatalidade para diferentes meios de transporte. Apesar do difundido medo de voar, os riscos associados a viagens aéreas comerciais são ínfimos. A Austrália não tem uma fatalidade aérea comercial desde a década de 1960, então, a taxa de fatalidade por 100 milhões de quilômetros percorridos é essencialmente zero. A taxa para motoristas é de 0,5 por 100 milhões de quilômetros percorridos. O número realmente impressionante é para motocicletas – se você aspira ser um doador de órgãos. A taxa de fatalidade é 35 vezes mais alta para motocicletas do que para automóveis.[3]

Em setembro de 2011, um satélite da Nasa de 6,5 toneladas estava mergulhando em direção à Terra e a expectativa era que ele se despedaçasse quando entrasse em contato com a atmosfera terrestre. Quais eram as chances de alguém ser atingido pelos destroços? Será que eu devia manter meus filhos em casa, sem ir à escola? Os cientistas de foguetes da Nasa estimaram que a probabilidade de qualquer indivíduo ser atingido por alguma parte do satélite em queda era de uma em 21 trilhões. Todavia, as chances de alguém em alguma parte do planeta poder ser atingido eram mais sóbrias: uma em 3,2 mil.* No final, o satélite realmente se despedaçou

* A Nasa também ressaltou que mesmo destroços espaciais que caem são propriedade governamental. Aparentemente é ilegal manter um suvenir de satélite, mesmo que caia no seu quintal.

ao entrar na atmosfera, mas os cientistas não estão totalmente certos de onde foram parar todos os pedaços.[4] Ninguém reportou ter se machucado. Probabilidades não nos dizem o que acontecerá com certeza; dizem o que é *provável de acontecer* e o que é *menos provável de acontecer*. Pessoas sensatas podem fazer uso desse tipo de números nos negócios e na vida. Por exemplo, quando ouvir no rádio que um satélite está caindo na Terra, você não precisa correr para casa de motocicleta para avisar a família.

Quando se trata de risco, nossos temores nem sempre seguem o que os números dizem do que deveríamos ter medo. Uma das descobertas surpreendentes do livro *Freakonomics*, de Steve Levitt e Stephen Dubner, foi que piscinas no quintal de casa são muito mais perigosas do que armas no armário.[5] Levitt e Dubner calcularam que uma criança com menos de dez anos tem uma probabilidade cem vezes maior de morrer numa piscina do que num acidente com armas.* Um artigo intrigante de três pesquisadores de Cornell, Garrick Blalock, Vrinda Kadiyali e Daniel Simon, descobriu que milhares de americanos podem ter morrido desde os ataques de 11 de setembro *porque estavam com medo de voar*.[6] Jamais saberemos os verdadeiros riscos associados ao terrorismo; sabemos sim que dirigir é perigoso. Quando mais americanos optaram por ir de carro em vez de ir de avião após o 11 de Setembro, houve uma estimativa de 344 mortes adicionais por mês no trânsito em outubro, novembro e dezembro de 2001 (levando em conta o número médio de fatalidades e outros fatores que tipicamente contribuem para acidentes nas estradas, tais como o clima). Esse efeito se dissipou com o tempo, presumivelmente à medida que diminuiu o medo de terrorismo, mas os autores do estudo estimam que os ataques de 11 de setembro podem ter causado mais de 2 mil mortes em acidentes de carro.

* Os cálculos de Levitt e Dubner são os seguintes: todo ano cerca de 550 crianças com menos de dez anos se afogam e 175 crianças com menos de dez anos morrem em acidentes com armas. Os índices que eles analisaram são de um afogamento para cada 11 mil piscinas residenciais comparado com um de morte por "mais de 1 milhão" de armas. Para adolescentes, suspeito que os números podem mudar bruscamente, tanto porque são mais capazes de nadar e porque têm mais probabilidade de causar uma tragédia se toparem com uma arma carregada. No entanto, não verifiquei os dados sobre esse ponto.

A probabilidade às vezes também pode nos dizer *após o fato* o que provavelmente aconteceu e o que provavelmente não aconteceu – como no caso da análise de DNA. Quando os técnicos em *CSI: Miami* acham um vestígio de saliva num resto de maçã perto da vítima de um assassinato, essa saliva não tem o nome do assassino escrito nela, nem mesmo quando observado sob um potente microscópio por uma técnica muito atraente. Em vez disso, a saliva (ou cabelo, ou pele, ou fragmento de osso) contém um segmento de DNA. Cada segmento de DNA, por sua vez, tem regiões, ou loci, que podem variar de indivíduo para indivíduo (exceto no caso de gêmeos idênticos, que compartilham o mesmo DNA). Quando o médico examinador reporta que uma amostra de DNA "combina", isto é apenas parte do que a promotoria precisa provar. Sim, os loci testados da amostra de DNA da cena do crime precisam combinar com os loci da amostra de DNA tirada do suspeito. No entanto, os promotores também precisam provar que a combinação entre as duas amostras de DNA não é mera coincidência.

Seres humanos compartilham semelhanças em seu DNA, exatamente da mesma maneira que compartilhamos outras semelhanças: tamanho do sapato, altura, cor dos olhos. (Mais de 99% de todo DNA é idêntico entre todos os humanos.) Se os pesquisadores têm acesso a somente uma pequena amostra de DNA na qual apenas alguns poucos loci podem ser testados, é possível que milhares ou mesmo milhões de indivíduos compartilhem esse fragmento genético. Portanto, quanto mais loci puderem ser testados, e quanto mais variação genética natural houver em cada um desses loci, mais certa se torna a combinação. Ou, colocando de forma um pouquinho diferente, torna-se menos provável que a amostra de DNA combine com mais de uma pessoa.[7]

Para você se familiarizar com isso, imagine que o seu "número de DNA" consista no seu número de telefone anexado ao seu número da previdência social. Essa sequência de dezenove dígitos lhe confere uma identidade única. Considere cada dígito um "locus" com dez possibilidades: 0, 1, 2, 3, e assim por diante. Agora suponha que os investigadores encontrem resquícios de um "número de DNA" na cena do crime: _ _ 4 5

9 _ _ _ 4 _ 0 _ 9 8 1 7 _ _ _. Acontece que tal achado combina exatamente com o seu "número de DNA". Você é culpado?

Você deve considerar três aspectos. Primeiro, qualquer achado que não seja uma combinação completa do genoma inteiro dá margem a dúvidas. Segundo, quanto mais "loci" puderem ser testados, menos incerteza resta. E terceiro, o contexto é relevante. Essa combinação seria extremamente comprometedora se por acaso você também fosse pego afastando-se a toda velocidade da cena do crime com os cartões de crédito da vítima no seu bolso.

Quando os pesquisadores têm tempo e recursos ilimitados, o processo típico envolve testar treze loci diferentes. As chances de duas pessoas compartilharem o mesmo perfil de DNA em todos os treze loci são extremamente baixas. Quando foi usado DNA para identificar os restos mortais encontrados no World Trade Center após o 11 de Setembro, amostras achadas na cena foram comparadas com amostras fornecidas por familiares das vítimas. A probabilidade requerida para estabelecer uma identificação positiva foi de uma em 1 bilhão, o que significa que a probabilidade de os restos mortais descobertos pertencerem a alguma outra pessoa que não a vítima identificada tinha de ser julgada como uma em 1 bilhão, ou ainda menos. Com o avanço nas buscas, esse padrão foi flexibilizado, pois havia menos vítimas não identificadas com quem os restos mortais podiam ser confundidos.

Quando os recursos são limitados, ou a amostra disponível de DNA é pequena demais ou está contaminada demais para serem testados treze loci, a situação fica mais interessante e controversa. O *Los Angeles Times* publicou em 2008 uma série examinando o uso de DNA como evidência criminal.[8] Em particular, o *Times* questionava se as probabilidades tipicamente utilizadas pelas agências policiais subestimam a probabilidade de combinações por coincidência. (Como ninguém sabe o perfil de DNA de toda a população, as probabilidades apresentadas em corte pelo FBI e outras entidades policiais são estimativas.) O questionamento intelectual foi instigado quando um analista de laboratório criminal no Arizona, realizando testes com o banco de dados estadual de DNA, descobriu dois criminosos sem parentesco cujo DNA combinava em nove loci; segundo o FBI, as chances de uma combinação de nove loci entre duas pessoas sem parentesco são de uma em 113 bilhões. Buscas subsequentes em outros bancos de dados de DNA revelaram mais um milhar de pares humanos com combinações genéticas em nove loci ou mais. Deixarei essa questão para as agências legais e os advogados de defesa resolverem. Por enquanto, a lição é que a deslumbrante ciência da análise de DNA só é tão boa quanto as probabilidades usadas para sustentá-la.

MUITAS VEZES É extremamente valioso saber a probabilidade da ocorrência de múltiplos eventos. Quais são as chances de faltar eletricidade *e* o gerador não funcionar? A probabilidade de dois eventos independentes acontecerem *ambos* é o produto das respectivas probabilidades. Em outras palavras, a probabilidade de ocorrer o Evento A *e* ocorrer o Evento B é a probabilidade do Evento A multiplicada pela probabilidade do Evento B. Um exemplo deixará tudo mais intuitivo. Se a probabilidade de dar cara com uma moeda honesta é ½, então a probabilidade de dar cara duas vezes seguidas é ½ × ½, ou ¼. A probabilidade de dar três caras seguidas é ⅛, a probabilidade de quatro caras seguidas é 1/16, e assim por diante. (Você deve perceber que a probabilidade de quatro coroas seguidas também é 1/16.) Isso explica por que o administrador do sistema da sua escola ou escritório está constantemente em cima de você para melhorar a "qualidade" da sua senha. Se você tem uma senha de seis dígitos usando apenas dígitos numéricos, podemos calcular o número de senhas possível: 10 × 10 × 10 × 10 × 10 × 10, que é igual a 10^6, ou 1 milhão. Parece que são muitas possibilidades, mas um computador pode passar por todo o milhão de combinações possível numa fração de segundo.

Então suponhamos que o administrador do seu sistema fique falando na sua orelha tempo suficiente para você incluir letras na senha. A essa altura, cada um dos seis dígitos da senha tem agora 36 possibilidades: 26 letras e dez algarismos. A quantidade de senhas possível cresce para 36 × 36 × 36 × 36 × 36 × 36, ou 36^6, que é mais de 2 bilhões. Se o seu administrador exigir oito dígitos e insistir para que você use símbolos como #, @, % e !, como faz a Universidade de Chicago, a quantidade de senhas potenciais sobe para 46^8, ou pouco acima de 20 trilhões.

Aqui existe uma distinção crucial. Essa fórmula é aplicável apenas se os eventos forem independentes, o que significa que o resultado de um deles não tem nenhum efeito no resultado do outro. Por exemplo, a probabilidade de você tirar cara no primeiro lançamento não altera a probabilidade de você tirar cara no segundo. Por outro lado, a probabilidade de chover hoje *não* é independente de ter chovido ontem, uma vez que frentes de chuvas podem durar dias. De maneira semelhante, a probabilidade de você bater o carro hoje e bater o carro no ano que vem não são independentes. O que quer que tenha causado a colisão deste ano também pode provocar a colisão do ano que vem; você pode ter propensão a dirigir bêbado, gostar de correr, mandar mensagens de texto enquanto guia, ou simplesmente dirigir mal. (É por isso que o seguro do seu carro aumenta depois de um acidente; não é simplesmente porque a companhia quer recuperar o dinheiro que pagou pelo sinistro; não, ela agora tem uma nova informação sobre a sua probabilidade de bater no futuro, probabilidade esta que – depois que você atirou seu carro contra a porta da sua garagem – subiu.)

Suponha que você esteja interessado na probabilidade de que um evento ocorra *ou* outro evento ocorra: o resultado A *ou* o resultado B (mais uma vez, admitindo que sejam independentes). Nesse caso, a probabilidade de obter A ou B consiste na soma de suas probabilidades individuais: a probabilidade de A *mais* a probabilidade de B. Por exemplo, a probabilidade de dar 1, 2 ou 3 com um único lançamento de um dado é a soma de suas probabilidades individuais: $1/6 + 1/6 + 1/6 = 3/6 = 1/2$. Isso deveria intuitivamente fazer sentido. Há seis resultados possíveis para o lançamento de um dado. Os números 1, 2 e 3 juntos formam metade de todos os resultados possíveis. Portanto, você tem 50% de chance de tirar 1, 2 ou 3. Se você está jogando crepe em Las Vegas, a chance de tirar 7 ou 11 num único lançamento de dois dados é o número de combinações que somam 7 ou 11 dividido pelo número total de combinações que podem resultar no lançamento de dois dados, ou $8/36$.*

* Há seis possibilidades de tirar 7 com dois dados: (1,6); (2,5); (3,4); (6,1); (5,2); e (4,3). Há apenas dois modos de tirar 11: (5,6) e (6,5).

Ao mesmo tempo, há um total de 36 resultados possíveis com dois dados: (1,1); (1,2); (1,3); (1,4); (1,5); (1,6). E (2,1); (2,2); (2,3); (2,4); (2,5); (2,6). E (3,1); (3,2); (3,3); (3,4); (3,5); (3,6).

A probabilidade também possibilita calcular o que pode ser a ferramenta mais útil em toda tomada de decisão gerencial, particularmente em finanças: o valor esperado.* O valor esperado leva a probabilidade básica um passo adiante. O valor esperado ou *payoff*** de algum evento, digamos, a compra de um bilhete de loteria, é a soma de todos os diferentes resultados, cada um pesado pela sua probabilidade e *payoff*. Como sempre, um exemplo torna isso mais claro. Suponha que você seja convidado a participar de um jogo em que rola um único dado. O *payoff* desse jogo é US$1 se você tirar 1; US$2 se tirar 2; US$3 se tirar 3; e assim por diante. Qual é o valor esperado para um único lance desse dado? Cada resultado possível tem uma probabilidade de $\frac{1}{6}$, então o valor esperado é:

$\frac{1}{6}$ (US$1) + $\frac{1}{6}$ (US$2) + $\frac{1}{6}$ (US$3) + $\frac{1}{6}$ (US$4) + $\frac{1}{6}$ (US$5) + $\frac{1}{6}$ (US$6) = $\frac{21}{6}$ ou US3,50

À primeira vista, o valor esperado de US$3,50 pode parecer um número relativamente inútil. Afinal, você não pode efetivamente ganhar US$3,50 com um único rolar de dados (uma vez que seu *payoff* precisa ser um número inteiro). Na verdade, o valor esperado acaba se revelando extremamente poderoso porque é capaz de lhe dizer se um particular evento é "justo", dado seu preço e resultado esperado. Suponha que você tenha a chance de jogar o jogo acima pagando US$3 por lançamento do dado. Faz sentido jogar? Sim, porque o valor esperado do resultado (US$3,50) é mais alto que o custo de jogar (US$3). Isso não garante que você irá ganhar dinheiro jogando uma vez, mas ajuda a esclarecer quais são os riscos que valem a pena correr e quais não valem.

Podemos pegar esse exemplo hipotético e aplicá-lo ao futebol americano profissional. Conforme comentei antes, depois de um *touchdown*, o time

---

E (4,1); (4,2); (4,3); (4,4); (4,5); (4,6). E (5,1); (5,2); (5,3); (5,4); (5,5); (5,6). E, finalmente, (6,1); (6,2); (6,3); (6,4); (6,5); (6,6).

Logo, a chance de tirar 7 ou 11 é a quantidade de modos possíveis de tirar um dos dois números dividida pela quantidade total de resultados possíveis com dois dados, que é $\frac{8}{36}$. Aliás, muito das primeiras pesquisas sobre probabilidade foram feitas por jogadores para determinar exatamente esse tipo de coisa.

* Valor esperado também é conhecido como esperança matemática, ou expectância. (N.T.)

** Significa recompensa, prêmio, compensação, retorno etc. Costuma ser utilizado em inglês. (N.T.)

pode escolher entre chutar um ponto extra e tentar uma conversão de dois pontos. A primeira alternativa envolve chutar a bola entre as traves do gol a partir da linha de três jardas;* a segunda envolve correr ou passar a bola até a *end zone* (a linha do gol) a partir da linha de três jardas, o que é significativamente mais difícil. Os times podem escolher a opção mais fácil e ganhar um ponto ou podem escolher a opção mais difícil e ganhar dois. O que fazer?

Estatísticos podem não jogar futebol nem sair com as líderes de torcida, mas podem fornecer orientação estatística para os treinadores.[9] Como foi mencionado antes, a probabilidade de converter o chute após o *touchdown* é de 0,94. Isso significa que o valor esperado de uma tentativa de ponto adicional também é 0,94, já que é igual ao *payoff* (um ponto) multiplicado pela probabilidade de sucesso (0,94). Nenhum time nunca marca 0,94 ponto, mas esse número é útil para quantificar o valor de se tentar essa opção após um *touchdown* em relação à alternativa, que é a conversão de dois pontos. O valor esperado de "partir para os dois" é muito mais baixo: 0,74. Sim, o *payoff* é mais alto (dois pontos), mas o índice de sucesso é drasticamente inferior (0,37). Obviamente, se resta apenas um segundo de jogo e um time está perdendo por dois pontos após marcar um *touchdown*, ele não tem escolha a não ser partir para a conversão de dois pontos. Mas se o objetivo de um time é maximizar os pontos convertidos ao longo do tempo, então chutar o ponto extra é a estratégia mais indicada.

A mesma análise básica pode ilustrar por que você nunca deveria comprar um bilhete de loteria. Em Illinois, as probabilidades associadas aos vários *payoffs* possíveis para o jogo estão impressas no verso do bilhete. Eu comprei um bilhete instantâneo de US$1. (Nota para mim mesmo: é dedutível do imposto?) No verso – em letra superminúscula – estão as chances de ganhar diversos prêmios em dinheiro, ou trocar por outro bilhete grátis: um em dez (bilhete grátis); um em quinze (US$2); um em 42,86 (US$4); um em 75 (US$5); e assim por diante até a chance de um em 40 mil de ganhar US$1.000. Calculei o retorno esperado para o meu bilhete

* O chute na realidade é de um pouco mais longe. Três jardas é a posição inicial da bola, mas ela é lançada para trás, colocada no chão e só depois chutada. (N.T.)

instantâneo somando cada possível prêmio em dinheiro ponderado pela sua probabilidade.* Verifiquei que o meu bilhete de US$1 tinha um retorno esperado de aproximadamente US$0,56, tornando-o um modo miserável de gastar US$1. Quis o acaso que eu ganhasse US$2!

Sem levar em conta meu prêmio de US$2, comprar o bilhete foi uma coisa estúpida. Essa é uma das lições cruciais da probabilidade. Boas decisões – medidas segundo as probabilidades subjacentes – podem dar errado. E más decisões – como gastar US$1 numa loteria de Illinois – ainda assim podem dar certo, pelo menos no curto prazo. Mas no fim a probabilidade acaba triunfando. Um teorema importante conhecido como lei dos grandes números nos diz que à medida que o número de tentativas aumenta, a média dos resultados vai se aproximando mais e mais do valor esperado. Sim, eu ganhei US$2 na loteria hoje. E posso ganhar US$2 de novo amanhã. Mas se eu comprar milhares de bilhetes de US$1, cada um com um retorno esperado de US$0,56, então torna-se uma quase certeza matemática que perderei dinheiro. Quando eu tiver gastado US$1 milhão em bilhetes, vou acabar com algo surpreendentemente próximo de US$560 mil.

A lei dos grandes números explica por que os cassinos sempre ganham dinheiro no longo prazo. As probabilidades associadas a todos os jogos de cassino favorecem a casa (presumindo que o cassino consiga impedir que os jogadores de *blackjack* contem as cartas). Se forem feitas suficientes apostas por um período de tempo suficientemente longo, o cassino terá certeza de ganhar mais do que perde. A lei dos grandes números também demonstra por que a Schlitz se saiu muito melhor fazendo cem testes cegos de sabor no meio-tempo do Super Bowl do que se tivesse feito apenas dez. Verifique as "funções de densidade de probabilidade" para um tipo de teste como o da Schlitz com dez, cem e mil tentativas. (Embora soe rebuscada,

---

* O valor esperado total para o bilhete de US$1 do Illinois Dugout Doubler (arredondado para o centavo mais próximo) é o seguinte: $\frac{1}{15}$ (US$2) + $\frac{1}{42,86}$ (US$4) + $\frac{1}{75}$ (US$5) + $\frac{1}{200}$ (US$10) + $\frac{1}{300}$ (US$25) + $\frac{1}{1.589,40}$ (US$50) + $\frac{1}{8.000}$ (US$100) + $\frac{1}{16.000}$ (US$200) + $\frac{1}{48.000}$ (US$500) + $\frac{1}{40.000}$ (US$1.000) = US$0,13 + US$0,09 + US$0,07 + US$0,05 + US$0,08 + US$0,03 + US$0,01 + US$0,01 + US$0,01 + US$0,03 = US$0,51. No entanto, há também a chance de $\frac{1}{10}$ de ganhar um bilhete grátis, que tem um retorno esperado de US$0,51, de modo que o retorno esperado total é US$0,51 + $\frac{1}{10}$ (US$0,51) = US$0,51 + US$0,05 = US$0,56.

uma função de densidade de probabilidade meramente coloca num gráfico os diversos resultados obtidos no eixo *x* e a probabilidade esperada para cada resultado no eixo *y*; as probabilidades ponderadas – cada resultado multiplicado pela sua frequência esperada – somarão um.) Mais uma vez, estou pressupondo que o teste de sabor seja como um cara ou coroa em que cada participante tem uma probabilidade de 0,5 de escolher a Schlitz. Como você pode ver no conjunto de gráficos a seguir, o resultado esperado converge para perto de 50% dos provadores escolhendo a Schlitz à medida que a quantidade de provadores aumenta. Ao mesmo tempo, a probabilidade de obter um resultado que se desvie demasiadamente de 50% decresce bruscamente à medida que o número de tentativas aumenta.

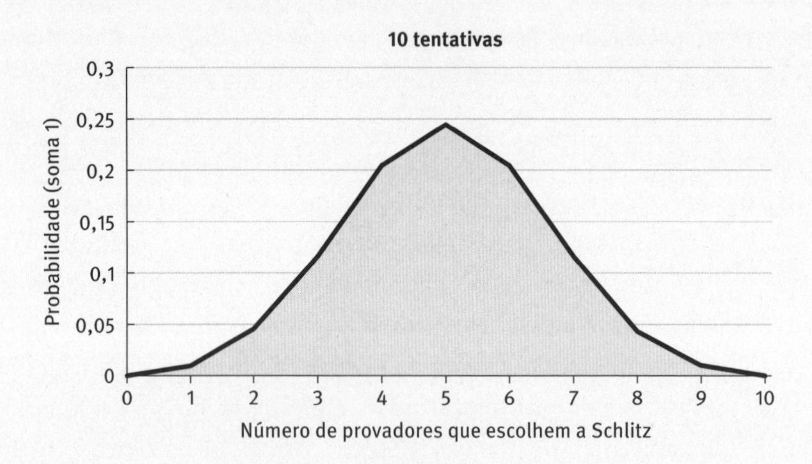

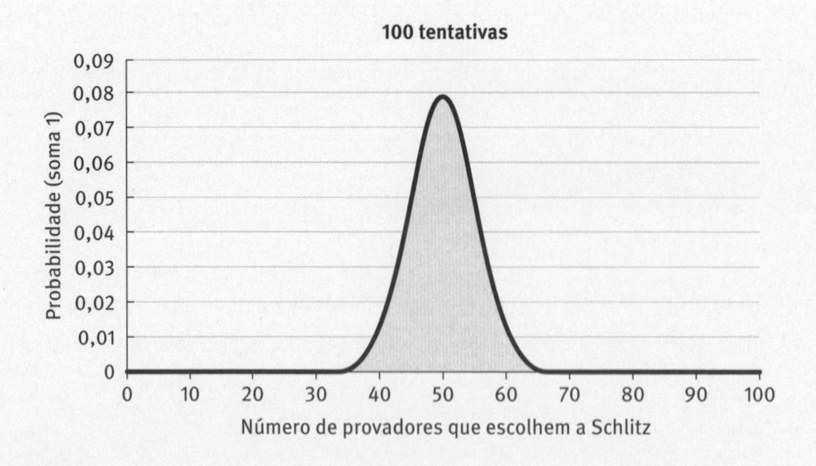

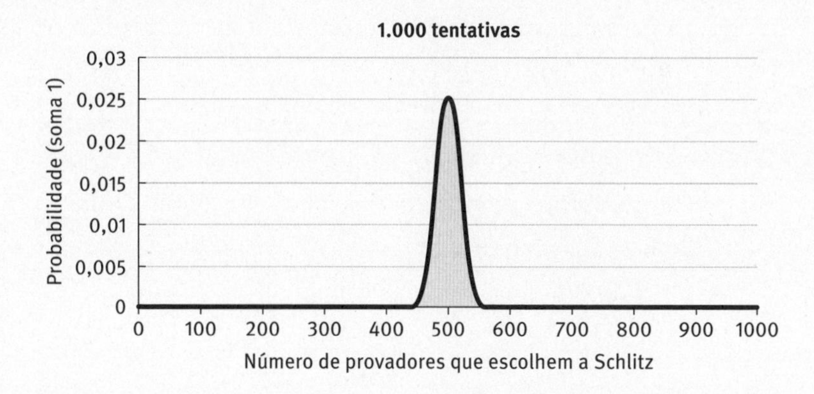

Estipulei anteriormente que os executivos da Schlitz ficariam felizes se 40% ou mais dos bebedores da Michelob escolhessem Schlitz no teste cego. Os números a seguir refletem a probabilidade de obter esse resultado à medida que a quantidade de provadores aumenta:

Dez provadores no teste cego: 0,83
Cem provadores no teste cego: 0,98
Mil provadores no teste cego: 0,9999999999
Um milhão de provadores no teste cego: 1

A esta altura, o intuito é óbvio por trás do subtítulo do capítulo: "Não compre a garantia estendida para sua impressora de US$99." Tudo bem, talvez não seja tão óbvio assim. Deixe-me justificar. Toda a indústria de seguros é construída sobre probabilidade. (Uma garantia é apenas uma forma de seguro.) Quando você põe algo no seguro, está contratando o recebimento de uma compensação especificada no caso de uma contingência claramente definida. Por exemplo, o seguro do seu carro substitui seu veículo no caso de ele ser roubado ou esmagado contra uma árvore. Em troca dessa garantia, você concorda em pagar uma quantia fixa pelo período em que você estará segurado. A ideia básica é que, em troca de um pagamento regular e previsível, você transferiu para a companhia de seguros o risco de ter seu carro roubado, esmagado ou até mesmo sofrer uma perda total pelo seu péssimo jeito de dirigir.

Por que essas companhias estão dispostas a assumir tais riscos? Porque terão grandes lucros no longo prazo se definirem o valor dos prêmios corretamente. É óbvio que alguns carros segurados pela Allstate serão roubados. Outros terão perda total quando seus proprietários passarem por cima de um hidrante, como aconteceu com a minha namorada na época do colégio. (Ela também precisou substituir o hidrante, que é muito mais caro do que você poderia imaginar.) Mas nada acontecerá com a maioria dos carros segurados pela Allstate ou qualquer outra companhia. Para ganhar dinheiro, a seguradora necessita apenas arrecadar mais prêmios do que paga em sinistros. E, para fazer isso, a firma precisa ter um sólido entendimento do que é conhecido no jargão do ramo como "perda esperada" em cada apólice. É exatamente o mesmo conceito que valor esperado, só que com o viés do seguro. Se o seu carro é segurado por US$40 mil, e as chances de ser roubado num determinado ano são um em mil, então a perda esperada anual para o seu carro é de US$40. O prêmio anual para a parcela de roubo na cobertura precisa ser *mais de US$40*. Nesse ponto, a seguradora torna-se igual a um cassino ou à loteria de Illinois. Sim, haverá pagamentos, mas no longo prazo o que entra será mais do que o que sai.

Como consumidor, você deve reconhecer que o seguro *não vai* economizar seu dinheiro no longo prazo. O que ele fará *sim* é impedir alguma perda inaceitavelmente alta, tal como substituir um carro de US$40 mil que foi roubado ou uma casa de US$350 mil totalmente destruída num incêndio. Fazer seguro é uma "aposta ruim" do ponto de vista estatístico, pois você pagará à seguradora, em média, mais do que terá de volta. Todavia, ainda pode ser um instrumento sensato para a proteção contra resultados que de outra forma arruinariam a sua vida. Ironicamente, alguém rico como Warren Buffett pode economizar dinheiro não fazendo um seguro de carro, nem de sua casa, ou nem mesmo um seguro-saúde, pois pode se dar ao luxo de arcar com infortúnios que possam lhe acontecer.

O que finalmente nos traz para a sua impressora de US$99! Vamos supor que você acabou de escolher uma nova impressora a laser em alguma revendedora conhecida.* Quando você chega ao balcão, o assistente de vendas lhe oferece uma série de opções de garantia estendida. Por mais US$25 ou US$50, a revendedora consertará ou substituirá a impressora caso ela quebre no próximo ano ou no seguinte. Com base na sua compreensão de probabilidade, seguro e economia básica, você deveria ser imediatamente capaz de supor o seguinte: (1) a revendedora é um negócio que visa dar lucros e, portanto, busca maximizá-los. (2) O assistente de vendas está ansioso para você comprar a garantia estendida. (3) A partir das conjeturas 1 e 2, podemos inferir que o custo da garantia para você será maior do que o custo esperado para a loja consertar ou substituir a impressora. Se não fosse isso, a revendedora não seria tão agressiva em tentar vendê-la para você. (4) Se a sua impressora de US$99 quebrar e você tiver de pagar do seu bolso para consertá-la ou substituí-la, não afetará de forma significativa a sua vida.

Em média, você pagará mais pela garantia estendida do que pagaria para consertar a impressora. A lição maior – e uma das lições centrais em finanças pessoais – é que você deve sempre fazer seguro contra uma contingência adversa que não pode se permitir enfrentar confortavelmente. E deve deixar de comprar seguro de tudo o mais.

O VALOR ESPERADO também pode nos ajudar a deslindar decisões complexas que envolvam muitas contingências em diferentes pontos no tempo. Suponha que um amigo seu tenha lhe pedido para investir US$1 milhão num empreendimento de pesquisa que estuda uma nova cura para a calvície masculina. Você provavelmente pergunta qual será a possibilidade de sucesso e recebe uma resposta complicada. Trata-se de um projeto de pesquisa, logo, há apenas 30% de chance de que a equipe descubra uma cura que funcione. Se a equipe não achar uma cura, você recebe de volta US$250 mil do seu

* Num ponto anterior do livro, usei um exemplo que envolvia funcionários bêbados produzindo impressoras a laser defeituosas. Você terá de esquecer esse exemplo aqui e presumir que a empresa resolveu seus problemas de qualidade.

investimento, pois esses fundos terão sido reservados para introduzir a droga no mercado (testes, marketing etc.). Mesmo que os pesquisadores tenham êxito, existe apenas 60% de chance de que a Food and Drug Administration [órgão que fiscaliza medicamentos e alimentos consumidos nos Estados Unidos] considere a nova cura milagrosa para a calvície como segura para uso em humanos. Mesmo assim, se a droga for segura e eficaz, há 10% de chance de que um concorrente chegue ao mercado com uma droga melhor mais ou menos na mesma época, eliminando quaisquer lucros potenciais. Se tudo der certo – a droga for segura, eficaz e livre de concorrência –, então a melhor estimativa de retorno para o seu investimento é de US$25 milhões.

Você deve fazer o investimento?

Isso parece uma barafunda de informações. O retorno potencial é enorme – 25 vezes o seu investimento inicial –, mas há tantos tropeços potenciais. Uma árvore de decisão pode ajudar a organizar esse tipo de informação e – se as probabilidades associadas a cada resultado estiverem corretas – dar-lhe uma avaliação probabilística do que você deve fazer. A árvore de decisão mapeia cada fonte de incerteza e as probabilidades associadas a todos os resultados possíveis. A extremidade da árvore fornece todos os *payoffs* possíveis e a probabilidade de cada um. Se pesarmos cada *payoff* conforme sua probabilidade e somarmos todas as possibilidades, obteremos o valor esperado dessa oportunidade de investimento. Como sempre, o melhor meio de compreender a situação é dando uma olhada:

A decisão do investimento

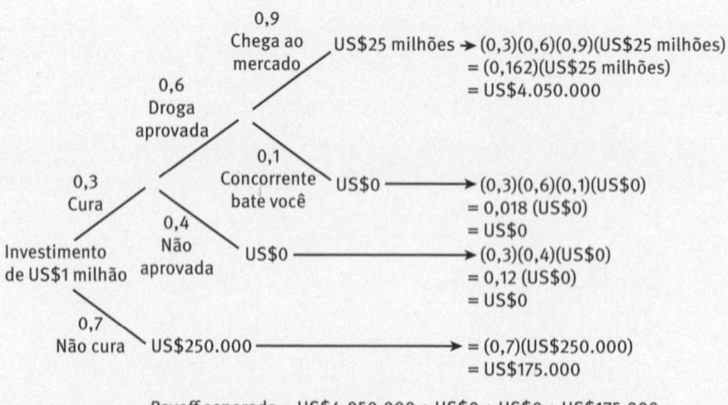

Essa oportunidade específica tem um valor esperado atraente. O *payoff* ponderado é de US$4,225 milhões. Ainda assim, esse investimento pode não ser a coisa mais sensata a se fazer com o dinheiro para as despesas de faculdade que você guardou para seus filhos. A árvore de decisão informa você que o seu *payoff* é muito mais alto do que está sendo pedido que você invista. Por outro lado, o resultado mais provável, significando o que acontecerá com mais frequência, é que a companhia não descobrirá uma cura para a calvície e você receberá de volta apenas US$250 mil. Seu apetite por esse investimento pode depender do seu perfil de risco. A lei dos grandes números sugere que uma firma de investimentos, ou um indivíduo rico como Warren Buffett, deve buscar centenas de oportunidades como essa, com resultados incertos, mas retornos esperados atraentes. Algumas darão certo, outras não. Em média, esses investidores fazem um bocado de dinheiro, como uma companhia de seguros ou um cassino. Se o *payoff* esperado está a seu favor, quanto mais tentativas, melhor.

O mesmo processo básico pode ser usado para explicar um fenômeno aparentemente contraintuitivo. Às vezes não faz sentido analisar uma população inteira em busca de uma doença rara, porém grave, tal como HIV/Aids. Suponha que possamos fazer testes de uma doença rara com alto grau de acurácia. Como exemplo, vamos supor que a doença afeta apenas um em cada 100 mil adultos e que o teste seja 99,9999% acurado. O teste nunca gera um falso negativo (quer dizer, nunca deixa de apontar alguém que tenha a doença); no entanto, aproximadamente um em cada 10 mil testes conduzidos em uma pessoa sadia gera falso positivo, quer dizer, que o resultado do teste é positivo, mas a pessoa não tem realmente a doença. O resultado surpreendente aqui é que, apesar de impressionante acurácia do teste, *a maioria das pessoas com resultado positivo não terá a doença*. Isso irá gerar enorme ansiedade entre os que testam falso positivo; e pode também consumir os já limitados recursos da área da saúde para realizar testes de acompanhamento e tratamentos.

Se testarmos toda a população adulta americana, ou aproximadamente 175 milhões de pessoas, a árvore de decisão terá o seguinte aspecto:

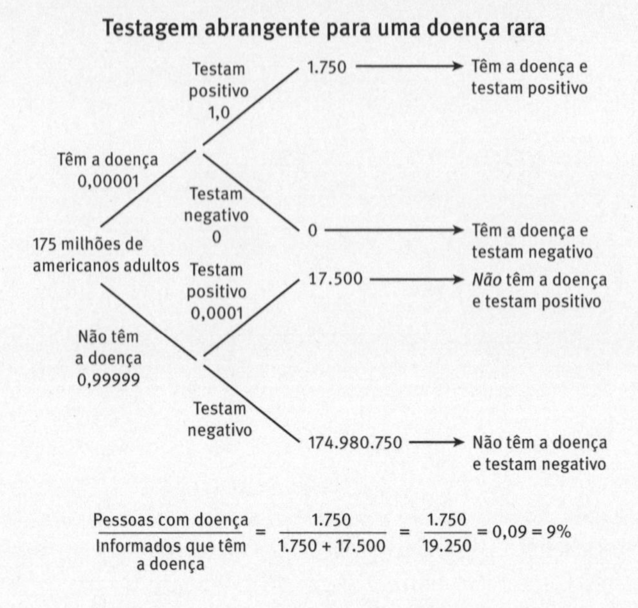

Apenas 1.750 adultos têm a doença. Todos eles testam positivo. Mais de 174 milhões de adultos não têm a doença. Desse grupo saudável testado, 99,9999 recebem o resultado correto de que não têm a doença. Apenas 0,0001 recebem falso positivo. Mas 0,0001 de 174 milhões ainda é um número grande. Na verdade, 17.500 pessoas obterão, em média, resultados falsos positivos.

Vamos dar uma olhada no significado disso. Um total de 19.250 pessoas recebe a notícia de que tem a doença; apenas 9% delas estão de fato doentes! E isso com um teste que tem uma taxa muito baixa de falsos positivos. Sem sair muito do assunto, isso deve dar a você uma percepção de por que a contenção de custos em saúde pública às vezes envolve testar menos pessoas sadias em busca de doenças, e não mais. No caso de doenças como HIV/Aids, os encarregados da saúde pública muitas vezes recomendam que os recursos disponíveis sejam usados para testar as populações de maior risco, como homens gays ou usuários de drogas intravenosas.

Às vezes a probabilidade nos ajuda sinalizando padrões suspeitos. O Capítulo 1 apresentou o problema das trapaças institucionalizadas de testes padronizados e uma das empresas que as identificam, a Caveon Test Security. A Comissão de Valores Mobiliários (SEC – Securities and Exchange Commission), a agência governamental responsável por fazer vigorar as leis relativas a negócios mobiliários, usa uma metodologia similar para capturar *inside traders*. (O *inside trading* envolve usar ilegalmente informação privada. Por exemplo, quando uma firma de advocacia toma conhecimento de uma aquisição corporativa iminente e negocia ações e outros valores das empresas afetadas.) A SEC utiliza potentes computadores para escrutinizar centenas de milhões de negócios com ações e procurar atividades suspeitas, tal como uma grande aquisição de ações de uma companhia imediatamente antes de ser anunciada a incorporação por outra empresa, ou a descarga de ações pouco antes de uma empresa anunciar ganhos decepcionantes.[10] A SEC também investiga gerentes de investimentos com retornos excepcionalmente elevados em longos períodos de tempo. (Tanto a teoria econômica quanto os dados históricos sugerem que é extremamente difícil um único investidor obter retornos acima da média ano após ano.) É claro que investidores espertos sempre tentam antecipar boas e más notícias e divisar estratégias perfeitamente legais que batam de modo consistente o mercado. Ser bom investidor não faz da pessoa necessariamente um criminoso. Como é que um computador sabe a diferença? Liguei várias vezes para a divisão de fiscalização da SEC para perguntar que padrões particulares são mais prováveis de sinalizar atividade criminosa. Ainda não me ligaram de volta.

No FILME *Minority Report*, de 2002, Tom Cruise faz o papel de um detetive "pré-crime" que faz parte de uma agência que usa tecnologia para predizer crimes *antes* que sejam cometidos.

Bem, pessoal, isso já não é mais ficção científica. Em 2011, o *New York Times* saiu com a seguinte manchete: "Mandar a polícia antes que haja um crime".[11] A matéria descrevia como detetives foram despachados para a garagem de um estacionamento na região central de Santa Cruz por um programa de computador que predisse haver grande probabilidade de arrombamentos com roubos em carros naquele lugar naquele dia. Subsequentemente, a polícia prendeu duas mulheres espreitando pelas janelas dos veículos. Uma delas tinha enorme quantidade de mandados de prisão; a outra carregava drogas ilegais.

O sistema de Santa Cruz foi planejado por dois matemáticos, um antropólogo e um criminologista. O Departamento de Polícia de Chicago criou toda uma unidade analítica preditiva, em parte porque a atividade das gangues, fonte de grande parte da violência na cidade, segue certos padrões. O livro *Data Mining and Predictive Analysis: Intelligence Gathering and Crime Analysis*, um guia de estatística para órgãos legais, começa entusiasticamente: "Agora é possível predizer o futuro quando se trata de crime, tal como identificar tendências criminais, antecipar pontos nevrálgicos na comunidade, refinar decisões de alocação de recursos e assegurar a maior proteção para os cidadãos da maneira mais eficiente." (Veja, eu leio esse tipo de material para você não ter que ler.)

"Policiamento preditivo" é parte de um movimento mais amplo chamado análise preditiva. O crime sempre envolverá um elemento de incerteza, da mesma forma que determinar quem vai bater o carro ou ficar inadimplente na hipoteca. A probabilidade ajuda a navegar por esses riscos. E a informação refina a nossa compreensão das probabilidades relevantes. Os negócios que se defrontam com incertezas sempre buscaram quantificar seus riscos. Os emprestadores solicitam coisas do tipo comprovante de rendimentos e avaliação de crédito. Contudo, esses instrumentos brutos de crédito começam a se fazer sentir, em termos de predição, como o equivalente às ferramentas de pedra usadas pelo homem das cavernas. A confluência de enormes quantidades de dados digitais e de poder computacional barato tem gerado fascinantes insights do comportamento humano. Agentes de seguros descrevem corretamente seu negócio como "transferência de risco" – e então é melhor que compreendam os riscos que lhes são transferidos. Companhias como a Allstate estão nesse negócio por saber de coisas que para muitos poderiam parecer meras trivialidades aleatórias.[12]

- Motoristas de vinte a 24 anos de idade são mais propensos a se envolver em acidentes fatais.
- O carro mais roubado em Illinois é o Honda Civic (em oposição às enormes picapes Chevrolet no Alabama).*
- Mandar mensagens de texto ao volante provoca acidentes, mas as leis banindo essa prática não parecem impedir os motoristas de fazê-lo. Na verdade, tais leis poderiam piorar ainda mais as coisas, estimulando os motoristas a esconder seus celulares e assim tirar os olhos da rua enquanto enviam mensagens de texto.

As empresas de cartões de crédito estão na linha de frente desse tipo de análise, tanto porque têm acesso a todos esses dados sobre nossos hábitos de consumo como porque seu modelo de negócio depende fortemente de encontrar clientes que sejam apenas bons em termos de risco de crédito. (Os clientes melhores em termos de riscos de crédito tendem a fazer a empresa de cartão de crédito perder dinheiro porque pagam integralmente as faturas todo mês; os clientes que empurram parte dos pagamentos para o mês seguinte com altas de taxas de juros são os que geram mais lucros – contanto que não deem calote.) Um dos estudos mais intrigantes sobre quem tem probabilidade de pagar a fatura e quem está propenso a dar calote foi gerado por J.P. Martin, "um executivo amante da matemática" da Canadian Tire, um grande atacadista que vende uma vasta gama de produtos automotivos e outros produtos de atacado.[13] Quando Martin analisou os dados – toda transação usando um cartão de crédito da Canadian Tire do ano anterior –, descobriu que aquilo que os clientes compravam era um indicador preciso da sua subsequente conduta nos pagamentos

* Como alertei você a ser rigoroso em relação à estatística descritiva, sinto-me compelido a ressaltar que o carro mais roubado não é necessariamente o tipo de carro mais provável de ser roubado. Um elevado número de Honda Civics é reportado roubado porque há grande quantidade deles nas ruas; as chances de qualquer Honda Civic individual ser roubado (que é o que importa para as seguradoras) podem ser bastante baixas. Em contraste, mesmo que 99% de todas as Ferraris fossem roubadas, a Ferrari não entraria na lista dos "carros mais roubados", porque não há tantas Ferraris para se roubar.

quando usado em conjunção com ferramentas tradicionais, como renda e histórico de crédito.

Um artigo na *New York Times Magazine* intitulado "O que a sua companhia de cartão de crédito sabe sobre você?" descrevia alguns dos achados mais intrigantes de Martin: "Pessoas que compravam óleo automotivo genérico, barato, eram muito mais propensas a deixar de pagar uma fatura do cartão de crédito do que alguém que comprasse algum artigo caro, de marca. Pessoas que compravam monitores de monóxido de carbono para suas casas ou aqueles pequenos adesivos de feltro para evitar que os pés das cadeiras risquem o chão quase nunca deixavam de pagar. Qualquer um que comprasse um acessório cromado para o carro ou um 'Sistema Megapropulsor de Exaustão' tinha bastante probabilidade de acabar deixando de pagar."

A PROBABILIDADE NOS DÁ ferramentas para lidar com as incertezas da vida. Você não deve jogar na loteria. Você deve investir no mercado de ações se tiver um longo horizonte de investimentos (porque as ações tipicamente têm os melhores retornos no longo prazo). Você deve adquirir um seguro para algumas coisas, mas não para outras. A probabilidade pode mesmo ajudar a maximizar seus ganhos em programas de jogos (como veremos no próximo capítulo).

Dito (ou escrito) isso, a probabilidade não é determinista. Não, você não deve comprar um bilhete de loteria – mas ainda assim pode ganhar dinheiro se o fizer. E sim, a probabilidade pode nos auxiliar a pegar trapaceiros e criminosos – mas quando usada inadequadamente também pode mandar gente inocente para a cadeia. É por isso que temos o Capítulo 6.

5½. O problema de Monty Hall

O "PROBLEMA DE MONTY HALL" é um famoso jogo de charadas relacionado com probabilidade com o qual se defrontavam os participantes do programa *Let's Make a Deal*, que estreou nos Estados Unidos em 1963 e ainda é apresentado em alguns mercados ao redor do mundo. (Lembro-me de assistir ao programa sempre que estava em casa doente na época da escola primária.) O presente do programa aos estatísticos foi descrito na Introdução. No fim de cada programa, um competidor era convidado a ficar ao lado do apresentador Monty Hall diante de três portas: porta n.1, porta n.2 e porta n.3. Monty explicava ao competidor que havia um prêmio altamente desejável atrás de uma das portas e uma cabra atrás das outras duas. O jogador escolhia uma das portas e ganhava como prêmio o que houvesse atrás dela. (Não sei se os participantes realmente tinham de ficar com a cabra; para o nosso propósito, vamos presumir que a maioria dos jogadores realmente preferia um carro novo.)

A probabilidade inicial de ganhar era simples e direta. Havia duas cabras e um carro. Quando o participante se punha diante das portas ao lado de Monty, tinha uma chance em três de escolher a porta que se abriria para revelar o carro. Mas, como foi comentado anteriormente, *Let's Make a Deal* tinha um macete, e é por isso que o programa e seu apresentador foram imortalizados na literatura da probabilidade. Depois de um concorrente escolher uma porta, Monty abria uma das portas que ele *não havia escolhido*, sempre revelando uma cabra. Nesse momento, Monty perguntava ao concorrente se gostaria de mudar sua escolha – trocar da porta fechada que escolhera originalmente para a outra porta fechada restante.

Como exemplo, vamos supor que o concorrente tenha escolhido originalmente a porta n.1. Monty abria então a porta n.3; uma cabra viva estaria ali no palco. Duas portas ainda permaneciam fechadas, n.1 e n.2. Se o valioso prêmio estivesse atrás da n.1, o concorrente ganharia; se estivesse atrás da n.2, perderia. Era aí que Monty se virava para o jogador e lhe perguntava se gostaria de mudar de ideia e trocar de porta, da n.1 para a n.2, neste caso. Lembre-se, ambas as portas ainda estão fechadas. A única informação nova que o competidor tinha recebido é que surgira uma cabra atrás de uma das portas que ele não tinha escolhido.

Será que ele deveria trocar de porta?

Sim. O concorrente tem uma chance de ⅓ de ganhar se mantiver a sua escolha inicial e uma chance de ⅔ de ganhar se trocar a aposta. Se você não acredita, continue lendo.

Reconheço que a princípio a resposta não parece nem um pouco intuitiva. Tem-se a impressão de que o concorrente tem uma chance de ⅓ de ganhar não importa o que faça. Há três portas fechadas. No começo, cada porta tem uma chance em três de conter o valioso prêmio. Como pode ter alguma importância se ele trocar de uma porta fechada para outra?

A resposta está no fato de Monty Hall saber o que há atrás de cada porta. Se o concorrente escolhe a porta n.1 e há um carro atrás dela, então Monty pode abrir a n.2 ou a n.3 para exibir uma cabra.

Se o concorrente escolhe a porta n.1 e o carro está atrás da n.2, então Monty abre a n.3.

Se o concorrente escolhe a porta n.1 e o carro está atrás da n.3, Monty abre a n.2.

Fazendo a troca depois que a porta é aberta, o concorrente tem o benefício de escolher duas portas em vez de uma. Tentarei convencer você de três maneiras diferentes de que esta análise está correta.

A primeira é empírica. Em 2008, o colunista do *New York Times* John Tierney escreveu sobre o fenômeno Monty Hall.[1] O *Times* elaborou então um programa interativo que permite a você jogar esse jogo sozinho, incluindo a decisão de trocar ou não. (Há até mesmo pequeninas cabras e carros que aparecem de trás das portas.) O jogo registra os seus resultados, quando você troca de porta em comparação com quando não troca. Tente você mesmo.* Paguei a uma das minhas filhas para jogar cem vezes, sempre trocando. E paguei ao irmão dela para jogar cem vezes sem trocar nunca. Ela ganhou 72 vezes; ele ganhou 33. Ambos ganharam US$2 pelos seus esforços.

Os dados dos episódios de *Let's Make a Deal* sugerem a mesma coisa. Segundo Leonard Mlodinow, autor de *O andar do bêbado*, os competidores que trocaram sua escolha ganharam quase duas vezes mais do que aqueles que não trocaram.[2]

Minha segunda explicação envolve a intuição. Vamos supor que as regras fossem ligeiramente modificadas. Imagine que o concorrente comece escolhendo uma das três portas, n.1, n.2 ou n.3, exatamente como no jogo original. Mas aí, antes de se abrir qualquer porta para revelar uma cabra, Monty diz: "Você gostaria de desistir da sua escolha em troca de *ambas as portas que você não escolheu*?" Então, se você escolheu a porta n.1, poderia abandoná-la em troca do que está atrás da n.2 e da n.3. Se escolheu a n.3, poderia trocar para a n.1 e a n.2. E assim por diante.

Essa não seria uma decisão particularmente difícil. Obviamente você deve desistir de uma porta em troca de duas, pois isso aumenta suas chances de ganhar de ⅓ para ⅔. E aqui vem a parte intrigante: *é exatamente isso que Monty Hall lhe permite fazer no jogo real depois de revelar a cabra.* A percepção fundamental é que, se você tivesse de escolher duas portas, de qualquer maneira uma delas sempre teria uma cabra atrás. Quando abre uma porta para revelar a cabra antes de perguntar se você quer trocar, ele está lhe fazendo um enorme favor! Está dizendo (com efeito): "Há uma chance de ⅔ de que o carro esteja atrás de uma das portas que você não escolheu, e veja, não é aquela!"

Pense da seguinte maneira: suponha que você escolheu a porta n.1. Monty então lhe oferece a opção de pegar as portas n.2 e n.3 no lugar. Você aceita a oferta, desistindo de uma porta e ganhando duas, o que significa

---

* Você pode jogar esse jogo em: http://www.nytimes.com/2008/04/08/science/08monty.html?_r=2&oref=slogin&oref=slogin.

que pode razoavelmente esperar ganhar um carro ⅔ das vezes. A essa altura, e se Monty abrisse a porta n.3 – uma das suas – para revelar uma cabra? Você deveria se sentir menos seguro quanto à decisão? Claro que não. Se o carro estivesse atrás da n.3, ele teria aberto a n.2! *Ele não mostrou nada a você.*

Quando o jogo é feito normalmente, Monty está de fato lhe dando uma escolha entre a porta que você escolheu primeiro e as outras duas, uma das quais possivelmente teria um carro atrás. Quando ele abre a porta para revelar a cabra, está meramente lhe fazendo a cortesia de mostrar qual das outras duas não tem o carro. Você tem a mesma probabilidade de ganhar nos dois seguintes cenários:

1. Escolher a porta n.1 e então concordar em trocar para a porta n.2 *e* a porta n.3 antes de qualquer porta ser aberta.
2. Escolher a porta n.1 e então concordar em trocar para a porta n.2 após Monty revelar a cabra atrás da porta n.3 (ou escolher a n.3 após ele revelar a cabra atrás da n.2).

Em ambos os casos, a troca lhe concede o benefício de duas portas em vez de uma e, portanto, você pode duplicar suas chances de ganhar, de ⅓ para ⅔.

Minha terceira explicação é uma versão mais extrema da mesma intuição básica. Imagine que Monty Hall lhe ofereça uma escolha entre cem portas em vez de apenas três. Depois de você escolher sua porta, digamos, n.47, ele abre 98 outras portas com cabras atrás. Agora há somente duas portas que permanecem fechadas, a n.47 (sua escolha original) e uma outra, digamos, a n.61. Será que você deve trocar?

Claro que deve. Havia uma chance de 99% de que o carro estivesse atrás de uma das portas que você não escolheu primeiro. Monty lhe fez o favor de abrir 98 dessas portas que você não escolheu, sendo que ele sabia que todas elas não continham um carro atrás. Havia apenas uma chance em cem de que sua escolha original estivesse correta (n.47). Havia 99 chances em cem de sua escolha original não estar correta. E se a sua escolha original não estava correta, então o carro está parado atrás da outra porta, a n.61. Se você quiser ganhar 99 vezes em cem, deve mudar para a n.61.

EM SUMA, se algum dia você resolver competir no *Let's Make a Deal*, decididamente deve trocar de porta quando Monty Hall (ou seu substituto) lhe der essa opção. A lição aplicável mais ampla é que o seu instinto visceral de probabilidade às vezes pode desviar você do rumo certo.

6. Problemas com probabilidade

Como geeks em matemática com excesso de confiança quase destruíram o sistema financeiro global

A ESTATÍSTICA NÃO PODE ser mais inteligente do que as pessoas que a utilizam. E, em alguns casos, pode fazer com que gente inteligente faça coisas tolas. Um dos usos mais irresponsáveis da estatística na memória recente envolveu o mecanismo de avaliação de risco em Wall Street antes da crise financeira de 2008. Naquela época, firmas em todo o ramo financeiro usavam um barômetro de risco comum, o modelo valor em risco, ou VaR. Em teoria, o VaR combinava a elegância de um indicador (reduzindo montes de informação a um único número) com o poder da probabilidade (vinculando um ganho ou perda esperada a cada um dos ativos da firma ou posições de negócios). O modelo presumia que há uma gama de resultados possíveis para cada um dos investimentos da firma. Por exemplo, se a firma possui ações da General Electric, o valor dessas ações pode subir ou baixar. Quando o VaR está sendo calculado para um período de tempo curto, digamos, uma semana, o resultado mais provável é que as ações tenham no fim desse período aproximadamente o mesmo valor que tinham no começo. Há uma chance menor de que as ações subam ou caiam 10%. E uma chance ainda menor de que possam subir ou cair 25%, e assim por diante.

Com base em dados passados para movimentos de mercado, os especialistas quantitativos da firma (frequentemente chamados de "quants" no ramo e "nerds ricos" em qualquer outro lugar) podiam atribuir um número em dólares, digamos, US$13 milhões, que representava o máximo que a firma poderia perder naquela posição ao longo do período de tempo examinado, com 99% de probabilidade. Em outras palavras, 99 vezes em cem a firma não perderia mais que US$13 milhões numa posição de negócio específica; uma vez em cem perderia.

Lembre-se dessa última parte, porque daqui a pouco será importante.

Antes da crise financeira de 2008, as firmas confiavam no modelo VaR como capaz de quantificar o risco total. Se um único investidor tivesse 923 posições abertas diferentes (investimentos que podiam subir ou baixar de valor), cada um desses investimentos podia ser avaliado conforme descrevemos para as ações da General Electric; a partir daí, o risco total do portfólio do investidor podia ser calculado. A fórmula chegava a levar em conta as correlações entre posições diferentes. Por exemplo, se dois investimentos tivessem retornos esperados negativamente correlacionados, a perda num deles provavelmente seria compensada pelo ganho no outro, tornando os dois investimentos juntos menos arriscados que cada um separadamente. No todo, o chefe da mesa de negócios saberia que o investidor Bob Smith tem um VaR de 24 horas (o valor em risco nas próximas 24 horas) de US$19 milhões, mais uma vez com 99% de probabilidade. O máximo que Bob Smith poderia perder nas próximas 24 horas seriam US$19 milhões, 99 vezes em cem.

Então, melhor ainda, o risco agregado para a firma podia ser calculado em qualquer ponto no tempo levando um passo adiante os mesmos processos básicos. A mecânica matemática subjacente é óbvia e fabulosamente complicada, pois as firmas tinham uma composição estonteante de diferentes moedas, com diferentes graus de alavancagem (quantidade de dinheiro tomada de empréstimo para fazer o investimento), negociando em mercados com diferentes graus de liquidez, e assim por diante. Apesar de tudo isso, os administradores da firma tinham ostensivamente uma medida de magnitude precisa do risco que a firma assumira em determinado instante no tempo. Como explicou Joe Nocera, o ex-articulista econômico do *New York Times*: "O grande apelo do VaR, e seu grande ponto para vendas a pessoas que por acaso não são quants, é que ele expressa o risco com um único número, uma cifra em dólares, nada menos que isso."[1] No J.P. Morgan, onde o modelo do VaR foi desenvolvido e refinado, o cálculo diário do VaR era conhecido como "relatório das 16h15", porque estava nas mesas dos principais executivos toda tarde às 16h15, logo depois que os mercados financeiros encerravam o dia.

Presumivelmente era uma coisa boa, pois mais informação em geral é melhor, especialmente quando se trata de risco. Afinal, probabilidade é uma ferramenta poderosa. Não é exatamente o mesmo tipo de cálculo que os executivos da Schlitz fizeram antes de gastar rios de dinheiro nos testes cegos de sabor no intervalo do Super Bowl?

Não necessariamente. O VaR tem sido chamado de "potencialmente catastrófico", "uma fraude" e muitas outras coisas não apropriadas para um livro sobre estatística como este aqui. Em particular, o modelo tem sido culpado pela deflagração e seriedade da crise financeira. A crítica básica ao VaR é que os riscos subjacentes associados aos mercados financeiros não são tão previsíveis como tirar cara ou coroa ou mesmo um teste cego de sabor entre duas cervejas. A falsa precisão embutida nos modelos criava uma falsa sensação de segurança. O VaR era como um velocímetro defeituoso, que indiscutivelmente é pior do que velocímetro nenhum. Se você deposita fé demais no velocímetro defeituoso, ficará alheio a outros sinais indicando que a sua velocidade é insegura. Em contraste, se não há velocímetro nenhum, você não tem escolha a não ser prestar atenção em volta buscando indícios da velocidade em que está efetivamente guiando.

Por volta de 2005, com o VaR colocado nas escrivaninhas todo dia útil às 16h15, Wall Street estava num ritmo perigosamente acelerado. Infelizmente, havia dois problemas imensos com os perfis de risco abrangidos pelos modelos VaR. Primeiro, as probabilidades subjacentes sobre as quais os modelos estavam construídos baseavam-se em movimentos de mercado passados. No entanto, em mercados financeiros (ao contrário de provar cerveja), o futuro não se parece necessariamente com o passado. Não havia justificativa intelectual para presumir que os movimentos de mercado de 1980 a 2005 fossem o melhor meio de predizer os movimentos de mercado após 2005. De certa forma, essa falha de imaginação assemelha-se à periódica premissa errônea dos militares de que a próxima guerra será parecida com a anterior. Nos anos 1990 e no começo dos anos 2000, os bancos comerciais estavam usando modelos de empréstimos para hipotecas de casas que atribuíam probabilidade zero a grandes declínios nos preços de habitação.[2] Nunca antes esses preços haviam caído tanto e tão depressa quanto no começo de 2007. Mas foi isso o que aconteceu. O ex-presidente do Federal Reserve, o Banco Central americano, Alan Greenspan, explicou a um comitê do Congresso depois do fato ocorrido:

> Todo o edifício intelectual, porém, desabou no verão [de 2007] porque os dados fornecidos aos modelos de gerenciamento de risco em geral cobriam apenas as duas décadas passadas, um período de euforia. Se, em vez disso, os modelos tivessem sido mais apropriadamente adaptados a períodos históricos aflitivos, as exigências de capital teriam sido muito mais altas e o mundo financeiro estaria, a meu ver, em muito melhor situação.[3]

Segundo, mesmo que os dados subjacentes pudessem predizer com acurácia risco futuro, a garantia de 99% oferecida pelo modelo VaR era perigosamente inútil, *porque é o 1% que realmente vai bagunçar as coisas*. O administrador de fundos de hedge David Einhorn explica: "É como um *air bag* que funciona o tempo todo, exceto quando você tem um acidente de carro." Se uma firma tem um VaR de US$500 milhões, o significado disso pode ser interpretado como a firma tendo 99% de chance de perder não mais que US$500 milhões ao longo de período de tempo especificado. Bem, preste atenção, significa também que a firma tem 1% de chance de perder mais de US$500 milhões – e muito, muito mais em algumas circunstâncias. Na verdade, os modelos não têm nada a dizer sobre o quanto esse cenário de 1% pode se revelar ruim. Muito pouca atenção era dedicada ao "risco caudal", o pequeno risco (batizado pela cauda da distribuição) de algum resultado catastrófico. (Se você sai de um bar e vai dirigindo para casa com um nível de álcool no sangue de 0,15, há provavelmente uma chance menor que 1% de você bater e morrer; isso não significa que seja uma coisa sensata a se fazer.) Muitas firmas acentuaram esse erro fazendo premissas irrealistas sobre seu preparo para lidar com eventos raros. O ex-secretário do Tesouro Hank Paulson explicou que muitas firmas presumiram que poderiam levantar dinheiro vivo num piscar de olhos vendendo ativos.[4] Mas, durante uma crise, qualquer firma também precisa de dinheiro vivo, então estão todas tentando vender os mesmos tipos de ativos. Em termos de gerência de riscos, é o equivalente a dizer: "Não preciso fazer estoque de água porque, se houver um desastre natural, vou ao supermercado e compro." É claro que depois que um asteroide atingir a sua cidade, 50 mil outras pessoas também estarão tentando comprar água. Assim, quando você chegar ao supermercado, as vidraças estarão quebradas e as prateleiras vazias.

O fato de você nunca ter considerado que a sua cidade possa ser arrasada por um maciço asteroide era exatamente o problema com o VaR. Eis que mais uma vez temos a opinião do colunista do *New York Times* Joe Nocera, resumindo pensamentos de Nicholas Taleb, autor de *A lógica do Cisne Negro: o impacto do altamente improvável* e um crítico contundente do VaR:

> Os maiores riscos nunca são aqueles que você pode ver e mensurar, mas aqueles que você não pode ver e, portanto, jamais poderá mensurar. Aqueles que parecem tão distantes, fora das fronteiras da probabilidade normal, que você não consegue nem imaginar que possam acontecer na sua vida – mesmo que, é claro, aconteçam, com mais frequência do que você se dá conta.

Sob alguns aspectos, o desastre do VaR é o oposto do exemplo da Schlitz no Capítulo 5. A Schlitz operava com uma distribuição de probabilidade conhecida. Qualquer que fosse o dado que a empresa tivesse sobre a probabilidade de participantes de um teste cego de sabor escolherem a Schlitz, tratava-se de uma boa estimativa de como participantes similares de um teste ao vivo se comportariam no intervalo do jogo. A Schlitz administrou até o que lhe era desfavorável realizando todo o teste com homens que diziam gostar mais de outras cervejas. Mesmo que não mais de 25 bebedores de Michelob escolhessem a Schlitz (um resultado impossivelmente baixo), a Schlitz ainda podia alegar que um em cada quatro bebedores deveria considerar trocar de marca. E talvez o mais importante, tudo isso envolvia apenas cerveja, não o sistema financeiro global. Os quants de Wall Street cometeram três erros fundamentais. Primeiro, confundiram precisão com acurácia. Os modelos VaR eram exatamente como o meu *rangefinder* de golfe quando estava calibrado em metros em vez de jardas: exato e errado. A falsa precisão levou os executivos de Wall Street a acreditar que tinham o risco na coleira quando na verdade não tinham. Segundo, as estimativas das probabilidades subjacentes estavam erradas. Conforme ressaltou Alan Greenspan num depoimento citado anteriormente no capítulo, as décadas relativamente tranquilas e prósperas antes de 2005 não deveriam ter sido usadas para criar distribuições de probabilidade para o que poderia acontecer nos mercados nas décadas subsequentes. Isso equivale a entrar num cassino e pensar que você vai ganhar na roleta 62% das vezes porque foi o que ocorreu da última vez que você jogou. Seria uma noite longa e cara. Terceiro, as firmas negligenciaram o "risco caudal". Os modelos VaR prediziam o que aconteceria 99 vezes em cem. É assim que a probabilidade funciona (como a segunda metade do livro irá enfatizar repetidamente). Coisas improváveis acontecem. Na verdade, no decurso de um período de tempo suficientemente longo, nem são tão improváveis assim. Pessoas são atingidas por raios o tempo todo. Minha mãe, jogando golfe, já fez três *"holes-in-one"* – acertou o buraco com uma única tacada.

A soberba estatística dos bancos comerciais e de Wall Street contribuiu em última instância para a mais severa contração financeira global desde a Grande Depressão. A crise que teve início em 2008 destruiu trilhões de dólares em riqueza nos Estados Unidos, levou o desemprego a mais de 10%, criou ondas de despejos em habitação e falências nos negócios e sobrecarregou governos ao redor do mundo com dívidas gigantescas na sua luta para conter as avarias econômicas. É um resultado tristemente irônico, considerando que ferramentas sofisticadas como o VaR foram projetadas para mitigar o risco.

A PROBABILIDADE OFERECE um estojo de ferramentas poderosas e proveitosas – muitas das quais podem ser empregadas corretamente para compreender o mundo ou incorretamente para disseminar devastação nesse mesmo mundo. Atendo-me à metáfora de "estatística é uma arma poderosa" que tenho usado ao longo do livro, parafraseio o lobby de armamentos: a probabilidade não comete erros; pessoas que usam probabilidade é que cometem. O balanço deste capítulo catalogará alguns dos erros, malentendidos e dilemas éticos mais comuns relacionados com probabilidade.

Pressupor que eventos sejam independentes quando não são. A probabilidade de tirar cara com uma moeda honesta é $\frac{1}{2}$. A probabilidade de tirar duas caras seguidas é $(\frac{1}{2})^2$, ou $\frac{1}{4}$, já que a probabilidade de dois eventos independentes acontecerem *ambos* é o produto de suas probabilidades individuais. Agora que você está armado com esse conhecimento poderoso, vamos imaginar que você tenha sido promovido a chefe de gerenciamento de risco numa importante empresa aérea. Seu assistente lhe informa que a probabilidade de um motor a jato falhar por qualquer motivo durante um voo transatlântico é de um em 100 mil. Dado o número de voos transatlânticos, esse não é um risco aceitável. Felizmente, cada jato que faz essa viagem tem pelo menos dois motores. O seu assistente calculou que o risco de ambos os motores sofrerem pane sobre o Atlântico deve ser de $(\frac{1}{100.000})^2$, ou um em 10 bilhões, que é um risco razoavelmente seguro. Esse seria um bom momento de dizer ao seu assistente para usar suas férias antes de ser despedido. As duas falhas de motor não são eventos independentes. Se um avião se encontra em meio a um bando de gansos selvagens enquanto está decolando, ambos os motores têm probabilidade de serem afetados de maneira similar. O mesmo valeria para muitos outros fatores que afetam o desempenho de um motor a jato, desde o clima até manutenção inadequada. Se um motor falha, a probabilidade de que o segundo falhe será significativamente mais elevada que um em 100 mil.

Será que isso parece óbvio? Não era óbvio durante a década de 1990, quando os promotores britânicos cometeram um grave erro de justiça por causa de um uso impróprio da probabilidade. Como no caso do exemplo hipotético do motor a jato, o erro estatístico foi pressupor que diversos eventos eram independentes (como lançar uma moeda), e não dependentes (quando certo resultado torna um resultado semelhante mais provável no futuro). Esse erro, porém, foi real e gerou como resultado pessoas inocentes sendo mandadas para a cadeia.

O erro surgiu no contexto da síndrome de morte súbita infantil (SMSI), um fenômeno no qual um bebê perfeitamente saudável morre no berço. (Os britânicos se referem à SMSI como "morte no berço"). A SMSI era um mistério médico que atraía mais atenção à medida que mortes de bebês por outras causas foram se tornando menos comuns.* Pelo fato de as mortes de bebês serem tão misteriosas e pouco compreendidas, despertavam suspeitas. Às vezes essa suspeita era justificada. A SMSI foi ocasionalmente usada para encobrir negligência ou abuso dos pais; um exame pós-morte não consegue necessariamente distinguir mortes naturais de outras em que maus-tratos estejam envolvidos. Os promotores e as cortes britânicas convenceram-se de que um meio de separar maus-tratos de mortes naturais era focar em famílias que apresentassem múltiplas mortes no berço. Sir Roy Meadow, um proeminente pediatra britânico, era um perito judicial frequentemente convocado a depor acerca desse assunto. Conforme explica a revista noticiosa *Economist*: "O que veio a ficar conhecida como a Lei de Meadow – a ideia de que a morte de um bebê é uma tragédia, duas são suspeitas e três são assassinato – baseia-se na noção de que se um evento é raro, duas ou mais ocorrências dele na mesma família são tão improváveis que é praticamente impossível serem resultado do acaso."[5] Sir Meadow explicava aos júris que a chance de dois bebês numa família morrerem subitamente de causas naturais era o extraordinário número de um em 73 milhões. E explicava o cálculo: como a incidência de uma morte no berço é rara, um em 8.500, a chance de haver duas mortes no berço na mesma família seria de $(1/8.500)^2$, que é aproximadamente um em 73 milhões. Isso cheira a maus tratos. E era o que os júris decidiam, mandando muitos pais para a prisão com base nesse testemunho baseado na estatística de mortes no berço (frequentemente sem qualquer evidência médica que corroborasse abuso ou negligência). Em alguns casos, bebês foram tirados de seus pais ao nascer por causa da morte inexplicada de um irmão.

A *Economist* explicou como uma má compreensão de independência estatística se tornou uma falha no testemunho de Meadow:

> Há uma falha óbvia nesse raciocínio, como a Royal Statistical Society, na proteção de seu escarnecido tema, ressaltou. O cálculo de probabilidade fun-

* A SMSI ainda é um mistério médico, embora muitos dos fatores de risco tenham sido identificados. Por exemplo, mortes de bebês podem ser drasticamente reduzidas colocando-os para dormir de costas.

ciona, contanto que seja totalmente certo que as mortes no berço sejam inteiramente aleatórias, sem estarem ligadas por algum fator desconhecido. Mas com algo tão misterioso como as mortes no berço, é bem possível que haja uma ligação – algo genético, por exemplo, que faria uma família que sofreu uma morte no berço, no mínimo, passível de sofrer outra. E desde que essas mulheres foram condenadas, os cientistas têm sugerido que possa haver uma ligação desse tipo.

Em 2004, o governo britânico anunciou que reveria 258 julgamentos nos quais pais haviam sido condenados por assassinar seus bebês.

Não compreender quando eventos SÃO independentes. Um tipo diferente de erro ocorre quando eventos que *são* independentes não são tratados como tais. Se você se encontra num cassino (um lugar ao qual, estatisticamente falando, você não deveria ir), verá pessoas olhando ansiosamente para os dados ou cartas e declarando que "chegou sua hora". Se a bolinha da roleta deu preto cinco vezes seguidas, é óbvio que agora deve dar vermelho. Não, não, não! A probabilidade de a bola cair num número vermelho permanece inalterada: $^{16}/_{38}$. A crença no contrário às vezes é chamada de "falácia do jogador". Na verdade, se você lança uma moeda honesta 1 milhão de vezes e obtém 1 milhão de caras seguidas, a probabilidade de tirar coroa no próximo lançamento ainda é ½. A própria definição de independência estatística entre dois eventos é que o resultado de um não tem efeito nenhum sobre o resultado do outro. Mesmo que você não ache a estatística persuasiva, pode se perguntar sobre a física: como é que tirar uma série de coroas seguidas pode aumentar a probabilidade de que a moeda dê cara no próximo lançamento?

Mesmo nos esportes, a noção de sequências pode ser ilusória. Um dos artigos acadêmicos mais famosos e interessantes relacionados com probabilidade refuta a noção comum de que jogadores de basquete periodicamente desenvolvem uma sequência de bons arremessos durante um jogo, ou a chamada "mão quente". Com certeza a maioria dos fãs de esporte lhe dirá que um jogador que acerta um arremesso tem mais probabilidade de acertar o próximo do que um jogador que acabou de errar. Não segundo uma pesquisa de Thomas Gilovich, Robert Vallone e Amos Tversky, que testaram a mão quente de três maneiras diferentes.[6] Primeiro, analisaram dados de arremessos para os jogos em casa dos Philadelphia 76ers durante a temporada de 1980-81. (Na época, dados similares não estavam disponíveis para outros times da NBA, a Associação Nacional de Basquete americana.) Os autores não encontraram "nenhuma evidência para uma correlação positiva entre resultados de arremessos sucessivos". Segundo, fizeram a mesma coisa para dados de arremessos livres dos Boston Celtics, o que produziu o mesmo resultado. E, por fim, fizeram um experimento controlado com membros dos times de basquete masculino e feminino da Universidade Cornell. Os jogadores e jogadoras acertaram uma média de 48% dos arremessos de quadra após converter o arremesso anterior e 47% depois de errar. Para catorze entre 26 jogadores, a correlação entre converter um arremesso e então converter o seguinte foi negativa. Apenas um jogador mostrou uma correlação positiva significativa entre um arremesso e o seguinte.

Isso não é o que a maioria dos fãs de basquete lhe dirá. Por exemplo, 91% dos aficionados de basquete pesquisados em Stanford e Cornell pelos autores do artigo concordaram com a afirmação de que um jogador tem mais chance de acertar o próximo arremesso depois de converter os últimos dois ou três do que depois de errar os últimos dois ou três. A importância do artigo sobre a "mão quente" reside na diferença entre a percepção e a realidade empírica. Os autores comentam: "As concepções intuitivas das pessoas sobre aleatoriedade se afastam sistematicamente das leis da probabilidade." Vemos padrões onde na realidade eles não existem.

Como aglomerados cancerosos.

Aglomerações acontecem. Você provavelmente já leu a história no jornal, ou talvez tenha visto no noticiário: uma quantidade estatisticamente improvável de pessoas numa área particular contraiu uma forma rara de câncer. Deve ser a água, ou a usina de energia local, ou a torre de telefones celulares. É claro, qualquer uma dessas coisas pode estar realmente causando resultados adversos em termos de saúde. (Capítulos posteriores irão explorar como a estatística pode identificar tais relações causais.) Mas esse aglomerado de casos pode ser também produto do puro acaso, mesmo que a quantidade de casos pareça ser bastante improvável. Sim, a probabilidade de cinco pessoas na mesma escola ou igreja ou local de trabalho contraírem a mesma forma rara de leucemia pode ser uma em 1 milhão, *mas há milhões de escolas e igrejas e locais de trabalho*. Não é altamente improvável que cinco pessoas possam ter a mesma forma rara de leucemia em um desses lugares. Apenas não estamos pensando em todas as escolas, igrejas e locais de trabalho onde isso não aconteceu. Para usar uma variação diferente do mesmo exemplo básico, a chance de ganhar na loteria pode ser um em 20 milhões, mas ninguém fica surpreso quando *alguém* ganha, porque foram vendidos milhões de bilhetes. (Apesar da minha aversão geral a loterias, eu admiro o slogan de Illinois: "Alguém vai ganhar na loto, pode muito bem ser você.")

Eis um exercício que faço com meus alunos para demonstrar o mesmo ponto básico. Quanto maior a classe, melhor funciona. Peço a todo mundo que pegue uma moeda e se levante. Todos nós jogamos a moeda; quem tirar cara deve se sentar. Supondo que comecemos com cem alunos, aproximadamente cinquenta se sentarão após o primeiro lançamento. Aí repetimos a jogada, após a qual cerca de 25 ainda permanecem de pé. E assim por diante. Com mais frequência do que não, no fim haverá um aluno de pé que tirou cinco ou seis coroas seguidas. Nesse momento, faço uma pergunta ao aluno do tipo: "Como foi que você conseguiu fazer isso?" e "Quais são os melhores exercícios para treinar lançar tantas coroas seguidas?" ou "Há alguma dieta especial que ajudou você a realizar uma façanha tão impressionante?". Essas perguntas provocam risos porque a classe acabou de assistir ao desenrolar de todo o processo; sabem que o aluno que tirou seis coroas sucessivas não tem nenhum talento especial para lançar moedas. Ele (ou ela) simplesmente acabou por acaso tirando um monte de coroas. Quando vemos um evento anômalo como esse fora de contexto, porém, costumamos presumir que existe algo além do acaso que deve ser responsável.

A falácia do promotor. Suponha que você ouça um testemunho em uma corte com o seguinte teor: (1) uma amostra de DNA encontrada na cena de um crime combina com uma amostra tirada do réu; e (2) existe apenas uma chance em 1 milhão de que a amostra recuperada na cena do crime combine com alguma outra pessoa que não o réu. (Para este exemplo, você pode considerar que as probabilidades da promotoria estejam corretas.) Com base nessa evidência, você votaria pela condenação?

Eu realmente espero que não.

A falácia do promotor ocorre quando o contexto que cerca a evidência estatística é negligenciado. Eis aqui dois cenários, cada um dos quais poderia explicar a evidência do DNA sendo usada para processar o réu.

Réu 1: este réu, um amante rejeitado da vítima, foi detido a três quarteirões da cena do crime portando a arma do assassinato. Depois de preso, a corte o obrigou a fornecer a amostra de DNA, que combinou com uma amostra tirada de um fio de cabelo na cena do crime.

Réu 2: este réu foi condenado por um crime similar em outro estado vários anos atrás. Como resultado da condenação, seu DNA foi incluído no banco de dados nacional de DNA, com mais de 1 milhão de criminosos violentos. A amostra de DNA tirada do cabelo encontrado na cena do crime foi passada pelo banco de dados e combinou com este indivíduo, que não tem nenhuma associação conhecida com a vítima.

Como foi observado anteriormente, em ambos os casos o promotor pode corretamente dizer que a amostra de DNA tirada da cena do crime combina com a amostra do réu, e que existe apenas uma chance em 1 milhão de que combinaria com a de qualquer outra pessoa. Mas, no caso do Réu 2, existe uma grande chance de que ele pudesse combinar por acaso, sendo apenas um sujeito em 1 milhão cujo DNA casualmente é similar ao do verdadeiro assassino, por puro acaso. *Porque as chances de achar um DNA coincidente em 1 milhão são relativamente altas se você passar a amostra pelo banco de dados com amostras de 1 milhão de pessoas.*

Reversão à média (ou regressão à média). Talvez você já tenha ouvido falar da revista "pé-frio" *Sports Illustrated*, em que atletas ou times que aparecem na capa logo em seguida veem seu desempenho despencar. Uma explicação é que estar na capa da revista tem algum efeito adverso no desempenho subsequente. A explicação mais sólida estatisticamente é que os times e atletas aparecem na capa após uma sequência anormalmente boa de resultados (como uma sequência de vinte vitórias seguidas) e que o desempenho subsequente meramente volta ao que é normal, ou à média. Esse é o fenômeno conhecido como reversão à média. A probabilidade nos diz que qualquer resultado extremo – uma observação particularmente longe da média em qualquer um dos dois sentidos – está propenso a ser seguido de resultados que sejam mais consistentes com a média no longo prazo.

Reversão à média pode explicar por que os Chicago Cubs sempre parecem pagar salários gigantescos a jogadores donos de seus passes que depois acabam decepcionando fãs como eu. Os jogadores conseguem negociar enormes salários com os Cubs após uma ou duas temporadas excepcionais. Vestir o uniforme dos Cubs não torna esses jogadores necessariamente piores (embora eu não descartasse obrigatoriamente essa possibilidade). Na realidade, os Cubs pagam fortunas para esses superastros ao final de uma fase excepcional – um ano ou dois de extremos – após a qual seu desempenho no time dos Cubs reverte a algo mais próximo do normal.

O mesmo fenômeno pode explicar por que alunos que se saem muito melhor do que de costume num tipo de teste acabam, em média, se saindo ligeiramente pior numa repetição do teste; e por que alunos que se saíram pior do que de costume tendem a ter resultado ligeiramente melhor quando repetem o teste. Uma forma de pensar a respeito dessa reversão à média é que o desempenho – tanto mental como físico – consiste em algum esforço subjacente relacionado com o talento mais um elemento de sorte, boa ou má. (Os estatísticos chamariam isso de erro aleatório.) Em todo caso, os indivíduos cujo desempenho é muito acima da média em alguma sequência provavelmente tiveram a sorte a seu favor; aqueles cujo desempenho é muito abaixo da média provavelmente tiveram azar. (No caso de um exame, pense em estudantes chutando certo ou errado; no caso de um jogador de beisebol, pense numa rebatida que pode sair toda torta ou aterrissar a meio metro para uma tripla.) Quando a magia de sorte muito boa ou muito má termina – como inevitavelmente acontece –, o desempenho resultante ficará mais perto da média.

Imagine que eu esteja tentando reunir um time de superastros em lançamento de moedas (sob a impressão errônea de que o talento conta quando se trata de lançar moedas). Depois de observar um aluno tirando seis coroas seguidas, ofereço-lhe um contrato de US$50 milhões, por dez anos. Desnecessário dizer, ficarei decepcionado quando esse aluno tirar apenas 50% de coroas nos próximos dez anos.

À primeira vista, a reversão à média pode parecer incompatível com a "falácia do jogador". Depois que o aluno tira seis coroas seguidas, "chegou sua hora" de tirar cara ou não? A probabilidade de ele tirar cara no próximo lançamento da moeda é a mesma de sempre: ½. O fato de ter tirado montes de coroas seguidas não torna cara mais provável na próxima vez. Cada lançamento é um evento independente. No entanto, podemos esperar que os resultados dos lançamentos seguintes sejam consistentes com o que a probabilidade prediz, que é metade caras e metade coroas, em vez de ser o que foi no passado, só coroas. É uma certeza virtual que alguém que tenha tirado só coroas comece a tirar mais caras nos próximos dez, vinte ou cem lançamentos. E quanto mais lançamentos, mais próximo o resultado estará da média de 50-50 predita pela lei dos grandes números. (Ou, talvez, devêssemos começar a procurar evidências de fraude.)

Como um comentário adicional curioso, os pesquisadores também documentaram um fenômeno na *Businessweek*. Quando altos executivos são considerados excepcionais, inclusive sendo nomeados como um dos "Melhores Administradores" da *Businessweek*, suas empresas apresentam desempenho inferior nos três anos seguintes, medido por critérios tanto de lucros como de preços das ações. Contudo, ao contrário do que ocorre com a *Sports Illustrated*, esse efeito parece ser mais do que reversão à média. Segundo Ulrike Malmendier e Geoffrey Tate, economistas da Universidade da Califórnia em Berkeley e da UCLA, respectivamente, quando os CEOs adquirem status de "superstars", acabam ficando distraídos com sua nova proeminência.[7] Escrevem suas memórias. São convidados a fazer parte de diretorias de outras empresas. Começam a procurar esposas-troféus. (Os autores propõem apenas as primeiras duas explicações, mas eu acho a última igualmente plausível.) Malmendier e Tate escrevem: "Nossos resultados sugerem que a cultura de superstar induzida pela mídia leva a distorções comportamentais além da mera reversão à média." Em outras palavras, quando um CEO aparece na capa da *Businessweek*, venda suas ações.

Discriminação estatística. Quando está certo agir com base no que a probabilidade nos diz que vai acontecer e quando não está certo? Em 2003, Anna Diamantopoulou, a comissária da União Europeia para emprego e questões sociais, propôs uma diretriz declarando que as companhias de seguros não podem cobrar taxas diferentes para homens e mulheres, porque isso viola o princípio de igual tratamento da União Europeia.[8] Para seguradoras, porém, prêmios com base em gênero não são discriminação; são apenas estatística. É típico homens pagarem mais por seguros de carro porque batem mais. Mulheres pagam mais por previdência privada (que oferece uma soma mensal ou anual fixa até a morte) porque vivem mais. Obviamente muitas mulheres batem mais de carro do que muitos homens, e muitos homens vivem mais tempo que muitas mulheres. Mas, como foi explicado no capítulo anterior, as seguradoras não se importam com isso. Importam-se somente com o que acontece em média, porque, se fizerem do jeito certo, a empresa ganhará dinheiro. O interessante em relação à política da Comissão Europeia de banir prêmios de seguros com base em gênero, que foi implantada em 2012, é que as autoridades não estão fazendo de conta que o gênero não tem relação com os riscos segurados; estão simplesmente declarando que taxas disparatadas baseadas no sexo dos segurados são inaceitáveis.*

Num primeiro momento, parece um irritante assentimento ao politicamente correto. Refletindo melhor, não tenho certeza. Lembra-se de toda aquela história impressionante de prevenir crimes antes que aconteçam?

* A mudança de política foi em última análise precipitada por uma sentença de 2011 emitida pela Corte de Justiça da União Europeia de que prêmios diferentes para homens e mulheres constituem discriminação sexual.

A probabilidade pode nos levar a alguns lugares intrigantes, mas aflitivos sob esse aspecto. Como devemos reagir quando nossos modelos baseados em probabilidade nos dizem que contrabandistas de metanfetamina do México têm maior probabilidade de serem homens hispânicos com idade entre dezoito e trinta anos, guiando picapes vermelhas entre nove da noite e meia-noite quando também sabemos que a vasta maioria dos homens hispânicos que se encaixam nesse perfil não está contrabandeando metanfetamina? Sim, utilizei a palavra "perfil" porque é a descrição menos glamorosa da análise preditiva que considerei tão brilhante no capítulo passado, ou pelo menos um aspecto potencial dela.

A probabilidade nos diz o que é mais provável e o que é menos provável. Sim, isso é apenas estatística básica – as ferramentas descritas nos últimos capítulos. Mas também é estatística com implicações sociais. Se quisermos capturar criminosos violentos, terroristas, traficantes de drogas e outros indivíduos com potencial de causar enormes danos, devemos usar todas as ferramentas à nossa disposição. A probabilidade pode ser uma dessas ferramentas. Seria ingênuo pensar que gênero, idade, raça, etnia, religião e país de origem não nos dizem nada coletivamente sobre qualquer coisa relacionada com medidas policiais.

Mas o que podemos fazer, ou devemos fazer, com esse tipo de informação (admitindo que tenha algum valor preditivo) é uma questão filosófica e legal. Não estatística. Estamos obtendo cada dia mais e mais informação sobre mais e mais coisas. É correto discriminar se os dados nos dizem que estaremos certos com muito mais frequência do que errados? (Essa é a origem do termo "discriminação estatística", ou "discriminação racional".) O mesmo tipo de análise que pode ser usado para determinar que pessoas que compram alpiste são menos propensas a inadimplência no cartão de crédito (sim, isto é verdade) pode ser aplicado a todas as outras coisas da vida. Quanto disso é aceitável? Se pudermos construir um modelo que identifique traficantes de drogas corretamente em oitenta de cada cem casos, devemos considerar o que acontece com os pobres coitados nos outros 20% – porque o nosso modelo irá constrangê-los muitas e repetidas vezes.

O ponto mais importante aqui é que a nossa habilidade de analisar dados tornou-se muito mais sofisticada do que a nossa ponderação sobre o que devemos fazer com os resultados. Você pode concordar com ou discordar da decisão da Comissão Europeia de banir prêmios de seguros com base em gênero, mas eu lhe garanto que não será a última decisão complicada desse tipo. Gostamos de pensar nos números como "fatos frios, implacáveis". Se fizermos os cálculos corretamente, deveremos ter *a resposta correta*. A realidade mais interessante e perigosa é que às vezes podemos fazer os cálculos corretamente e acabar estragando tudo tomando um caminho perigoso. Podemos arrebentar o sistema financeiro ou constranger um sujeito branco de 22 anos parado numa esquina específica numa hora particular do dia porque, de acordo com o nosso modelo estatístico, ele quase com certeza está lá para comprar droga. Com toda a precisão e elegância da probabilidade, não há substituto para a reflexão sobre que cálculos estamos fazendo e por que os estamos fazendo.

7. A importância dos dados

"Entra lixo, sai lixo"

Na primavera de 2012, pesquisadores publicaram uma descoberta espantosa na renomada revista *Science*. Segundo essa pesquisa de ponta, quando os machos das moscas-da-fruta são repetidamente rejeitados pelas fêmeas, eles afogam suas mágoas no álcool. O *New York Times* descreveu o estudo num artigo de primeira página:

> Eram machos jovens dispostos a acasalar e abordaram não uma vez, nem duas, mas uma dúzia de vezes um grupo de atraentes fêmeas voejando nas redondezas. E então fizeram o que tantos homens fazem depois de serem repetidamente rejeitados: embebedaram-se, usando o álcool como um bálsamo para seu desejo insatisfeito.[1]

Essa pesquisa amplia a nossa compreensão sobre o sistema de gratificação do cérebro, que por sua vez nos ajuda a encontrar novas estratégias para lidar com a dependência de drogas e álcool. Um especialista em abuso de substâncias químicas descreveu a leitura do estudo como "olhar para trás no tempo, para ver a própria origem do circuito de gratificação que guia comportamentos fundamentais como sexo, comer e dormir".

Como não sou especialista nesse campo, tive duas reações ligeiramente diferentes ao ler sobre moscas-da-fruta rejeitadas. Primeiro, senti saudades da faculdade. Segundo, meu senso interior de pesquisador pôs-se a imaginar como moscas-da-fruta ficam bêbadas. Será que existe um bar em miniatura para moscas-da-fruta, com uma variedade de bebidas alcoólicas à base de frutas e um simpático barman-mosca? Será que há música country tocando ao fundo? Será que as moscas-da-fruta gostam de música country?

Acontece que o projeto do experimento era diabolicamente simples. Um grupo de machos ganhou a oportunidade de acasalar livremente com fêmeas virgens. Outro grupo de machos foi solto entre as fêmeas que já haviam acasalado e que, portanto, estavam indiferentes às suas investidas amorosas. Ambos os conjuntos de machos puderam então escolher entre duas alternativas de alimentação: ração habitual para moscas-da-fruta, consistindo em levedura e açúcar, ou a "ração barra pesada": levedura, açúcar e 15% de álcool. Os machos que haviam passado o dia tentando se acasalar com fêmeas indiferentes foram significativamente mais propensos a escolher a birita.

Deixando de lado as brincadeiras, esses resultados têm implicações importantes para os humanos. Sugerem uma conexão entre estresse, respostas químicas no cérebro e apetite pelo álcool. Não obstante, os resultados não são um triunfo da estatística. São um triunfo dos dados, que tornaram possível uma análise estatística relativamente básica. A genialidade desse estudo foi conceber um modo de criar um grupo de machos sexualmente saciados e um grupo de machos sexualmente frustrados – e então descobrir um meio de comparar seus hábitos de bebida. Uma vez feito isso, o processamento dos números não foi mais complicado do que um projeto típico de feira de ciências no ensino médio.

Os dados são para a estatística o que uma boa linha ofensiva é para um *quarterback* de renome. À frente de todo *quarterback* famoso está um bom grupo de bloqueadores. Eles geralmente não recebem muito crédito. Mas sem eles jamais se veria um excelente *quarterback*. A maior parte dos livros de estatística presume que você esteja usando bons dados, da mesma maneira que um livro de cozinha presume que você não esteja comprando carne rançosa nem legumes e verduras podres. Afinal, mesmo a mais fina receita não salva uma refeição que começa com ingredientes estragados. O mesmo ocorre com a estatística: não há volume de análise sofisticada que possa compensar dados fundamentalmente falhos. Daí a expressão "entra lixo, sai lixo". Os dados merecem respeito, exatamente como a linha ofensiva.

Geralmente pedimos aos nossos dados que façam uma destas três coisas: primeiro, podemos requisitar uma amostra de dados que seja representativa de algum grupo ou população maior. Se estamos tentando avaliar as atitudes dos eleitores em relação a um candidato político particular, precisaremos entrevistar uma amostra de potenciais eleitores que seja representativa de todos os eleitores na jurisdição política relevante. (E, lembre-se, não queremos uma amostra que seja representativa de todo mundo *que vive* naquela jurisdição; queremos uma amostra daqueles *que estão propensos a votar.**) Uma das descobertas mais poderosas em estatística, que será explicada em maior profundidade nos próximos dois capítulos, é que inferências feitas a partir de amostras razoavelmente grandes, adequadamente escolhidas, podem ser tão acuradas quanto tentar extrair a mesma informação da população inteira.

O modo mais fácil de coletar uma amostra representativa de uma população maior é selecionar de modo aleatório algum subconjunto dessa população. (Estranhamente isso é conhecido como amostra aleatória simples.) A chave para essa metodologia é que cada observação na população relevante deve ter uma igual chance de ser incluída na amostra. Se você planeja fazer uma sondagem com cem adultos num bairro com 4.328 moradores adultos, a sua metodologia precisa assegurar que cada um desses 4.328 adultos tenha a mesma probabilidade de acabar como um dos cem adultos pesquisados. Os livros de estatística quase sempre ilustram esse ponto com a retirada de bolinhas coloridas de dentro de uma urna. (Na verdade, na língua inglesa, é praticamente o único lugar onde se vê a palavra "urna" usada com tamanha regularidade.**) Se houver 60 mil bolinhas azuis e 40 mil vermelhas numa urna gigante, então a composição mais provável de uma amostra de cem bolinhas tiradas aleatoriamente da urna seria de sessenta azuis e quarenta vermelhas. Se fizéssemos isso mais de uma vez, obviamente haveria desvios de uma amostra para outra – algumas poderiam ter 62 azuis e 38 vermelhas, ou 58 azuis e 42 vermelhas. Mas as

* Lembrando que nos Estados Unidos o voto não é obrigatório. (N.T.)
** Urna de votação em inglês é *ballot box*. (N.T.)

chances de tirar qualquer amostra que se desvie muito da composição de bolinhas na urna são muito, muito poucas.

Agora, reconhecidamente, aqui há alguns desafios práticos. A maioria das populações a que damos importância tende a ser mais complicada do que uma urna cheia de bolinhas. Como, exatamente, alguém selecionaria uma amostra aleatória da população adulta americana a ser incluída numa pesquisa por telefone? Mesmo uma solução aparentemente elegante como um discador telefônico aleatório tem falhas potenciais. Alguns indivíduos (particularmente pessoas de baixa renda) podem não ter telefone. Outros (particularmente pessoas de alta renda) podem ter a tendência de selecionar chamadas e optar por não atender. O Capítulo 10 delineará algumas das estratégias que empresas de pesquisa usam para superar esse tipo de obstáculos de amostragem (a maioria dos quais ficou ainda mais complicada com o advento dos celulares). A ideia-chave é que uma amostra adequadamente coletada se pareça com a população da qual é retirada. Em termos de intuição, você pode visualizar o processo de coletar uma amostra de uma panela de sopa com uma única colherada. Se você mexer bem a sopa, uma única colherada pode lhe dizer o sabor da sopa toda.

Um texto sobre estatística incluirá muito mais detalhes sobre métodos de amostragem. Firmas de pesquisa de opinião e companhias de pesquisa de mercado passam seus dias concebendo como obter bons dados representativos de várias populações da maneira mais efetiva em termos de custo. Por enquanto, você deve considerar diversas questões importantes: (1) uma amostra representativa é uma coisa fabulosamente importante, pois abre a porta para algumas das ferramentas mais poderosas que a estatística tem a oferecer. (2) Obter uma boa amostra é mais difícil do que parece. (3) Muitas das afirmativas estatísticas mais abomináveis são causadas por bons métodos estatísticos aplicados a amostras ruins, e não o contrário. (4) O tamanho importa, e quanto maior melhor. Os detalhes serão explicados nos próximos capítulos, mas deve ser intuitivo que uma amostra maior ajudará a aplainar qualquer variação muito maluca. (Uma tigela de sopa será um teste ainda melhor que uma colherada.) Uma ressalva crucial é que uma amostra maior não compensa erros em sua composição, ou um "viés".

Uma amostra ruim é uma amostra ruim. Nenhum supercomputador ou fórmula mágica vai salvar a validade da sua pesquisa presidencial *nacional* se os participantes foram tirados apenas de uma sondagem telefônica com residentes em Washington, D.C. Os residentes de Washington, D.C. não votam como o resto dos Estados Unidos; e pegar 100 mil residentes em Washington, D.C. em vez de mil não vai sanar o problema fundamental da sua pesquisa. Na verdade, uma amostra grande, enviesada, é indiscutivelmente pior do que uma amostra pequena enviesada, porque dará uma falsa sensação de confiança referente aos resultados.

A SEGUNDA COISA QUE frequentemente pedimos aos dados é que forneçam alguma fonte de comparação. Um novo medicamento é mais efetivo que o tratamento atual? Ex-presidiários que recebem treinamento profissional têm menor probabilidade de voltar à prisão do que ex-presidiários que não recebem esse tipo de treinamento? Estudantes que frequentam escolas particulares que recebem verbas públicas têm desempenho melhor que estudantes similares que frequentam escolas públicas?

Nesses casos, a meta é encontrar dois grupos de sujeitos que sejam basicamente semelhantes exceto na aplicação de qualquer que seja o "tratamento" que nos interesse. No contexto de ciências sociais, a palavra "tratamento" é ampla o suficiente para abarcar qualquer coisa, desde ser uma mosca-da-fruta sexualmente frustrada até receber um desconto no imposto de renda. Como em qualquer outra aplicação do método científico, estamos tentando isolar o impacto de *uma intervenção ou atributo específico*. Essa foi a genialidade do experimento com as moscas-da-fruta. Os pesquisadores conceberam um meio de criar um grupo de controle (os machos que se acasalaram) e um grupo de "tratamento" (os machos que foram rejeitados); a diferença subsequente em seus hábitos de bebida pôde então ser atribuída ao fato de terem sido rejeitados sexualmente ou não.

Em ciências físicas e biológicas, criar grupos de tratamento e controle é algo relativamente simples e direto. Os químicos podem fazer pequenas variações de um tubo de ensaio para outro, para então estudar a diferença nos resultados. Biólogos podem fazer a mesma coisa com suas placas de Petri. Mesmo a maioria dos testes com animais é mais simples do que tentar fazer moscas-da-fruta beber álcool. Podemos ter um grupo de ratos exercitando-se regularmente numa esteira e aí comparar sua acuidade mental num labirinto com o desempenho de outro grupo de ratos que não se exercitou. Mas quando há envolvimento de seres humanos, as coisas se tornam mais complicadas. Análise estatística sólida muitas vezes requer um grupo de tratamento e um de controle, no entanto, não podemos forçar pessoas a fazer as coisas que obrigamos os ratos de laboratório a fazer. (E muita gente não gosta nem que obriguemos ratos de laboratório a fazer essas coisas.) Será que repetidas concussões causam problemas neurológicos sérios mais tarde na vida? Essa é uma pergunta realmente importante. O futuro do futebol americano (e talvez de outros esportes) depende da resposta. Todavia, é uma pergunta que não pode ser respondida com experimentos em humanos. Então, a não ser que e até que possamos ensinar moscas-da-fruta a usar capacetes e enfrentar a defesa adversária, temos que encontrar outros meios de estudar o impacto no longo prazo de traumas na cabeça.

Um desafio de pesquisa recorrente com sujeitos humanos é criar grupos de tratamento e controle cuja diferença seja *apenas* que um grupo está recebendo o tratamento e o outro não. Por esse motivo, o "padrão-ouro" da pesquisa é a aleatoriedade, um processo pelo qual sujeitos humanos (ou escolas, ou hospitais, ou o que quer que estejamos estudando) são designados aleatoriamente para o grupo de tratamento ou de controle. Nós não consideramos que todos os sujeitos experimentais sejam idênticos. Em vez disso, a probabilidade torna-se nossa amiga (mais uma vez), e pressupomos que a aleatoriedade dividirá equilibradamente entre os dois grupos todas as características relevantes – tanto as características que podemos observar, como raça ou renda, mas também características nebulosas que não podemos medir ou deixamos de considerar, como fé ou perseverança.

A TERCEIRA RAZÃO PARA coletarmos dados é, citando a minha filha adolescente: "Porque sim." Às vezes não temos nada específico em mente sobre o que faremos com a informação – mas desconfiamos que ela nos será proveitosa em algum momento. Isso é semelhante a um detetive exigindo que sejam colhidas todas as evidências possíveis da cena de um crime de modo que possam ser aproveitadas mais tarde como pistas. Parte dessas evidências se revelará útil, parte não. Para começar, se soubéssemos exatamente o que seria útil, talvez não precisaríamos estar fazendo a investigação.

É provável que você saiba que fumo e obesidade são fatores de risco para doenças cardíacas. Provavelmente não sabe é que um estudo de longa duração com os moradores de Framingham, Massachusetts, ajudou a esclarecer essas relações. Framingham é uma cidade suburbana com cerca de 67 mil habitantes mais ou menos a trinta quilômetros de Boston. Para não pesquisadores, é mais conhecida como um subúrbio de Boston com moradia a preços razoáveis e um conveniente acesso ao impressionante e sofisticado Natick Mall. Para pesquisadores, a cidade é mais conhecida como sede do Estudo de Framingham, um dos estudos longitudinais mais bem-sucedidos e influentes na história da ciência moderna.

Um estudo longitudinal colhe informações sobre um grande número de sujeitos em muitos momentos diferentes, como uma vez a cada dois anos. Os mesmos participantes podem ser entrevistados periodicamente durante dez, vinte ou até cinquenta anos após entrarem no estudo, criando um núcleo de informação extraordinariamente rico. No caso do estudo de Framingham, os pesquisadores reuniram informações sobre 5.209 adultos ali residentes em 1948: altura, peso, pressão sanguínea, histórico educacional, estrutura familiar, alimentação, comportamento quanto ao fumo, uso de drogas, e assim por diante. E, mais importante, os pesquisadores têm juntado dados de acompanhamento *dos mesmos participantes* desde então (e também dados de seus descendentes, para examinar fatores genéticos relacionados com doenças do coração). Os dados de Framingham têm sido usados para gerar mais de 2 mil artigos acadêmicos desde 1950, inclusive cerca de mil entre os anos 2000 e 2009.

Esses estudos produziram achados cruciais para a nossa compreensão de enfermidades cardiovasculares, muitos dos quais agora consideramos banais: fumar cigarros aumenta o risco de doença cardíaca (1960); atividade física reduz o risco de doença cardíaca, enquanto a obesidade aumenta esse risco (1967); pressão sanguínea elevada aumenta o risco de infarto e derrame (1970); altos níveis de colesterol HDL (daí por diante conhecido como "colesterol bom") reduzem o risco de morte (1988); indivíduos com pais e irmãos que tenham doenças cardiovasculares têm um risco significativamente mais alto de também tê-las (2004 e 2005).

Conjuntos de dados longitudinais são o equivalente a uma Ferrari no ramo da pesquisa. Os dados são particularmente valiosos quando se trata de explorar relações causais que podem levar anos ou décadas para se manifestar. Por exemplo, o Estudo Pré-Escolar Perry começou no fim dos anos 1960 com um grupo de 123 afro-americanos de três e quatro anos vindos de famílias pobres. As crianças participantes foram designadas aleatoriamente a um grupo que recebeu um programa pré-escolar intensivo e um grupo de comparação que não recebeu. Os pesquisadores mediram então vários resultados para ambos os grupos *durante os quarenta anos seguintes*. Esses resultados constituem um contundente argumento em favor dos benefícios da educação na primeira infância. Os alunos que receberam o programa pré-escolar intensivo tinham QI mais alto aos cinco anos. Eles também tinham maior probabilidade de se graduarem no ensino médio. Aos quarenta anos, tinham rendas mais altas. Em contraste, os participantes que não receberam o programa de pré-escola eram significativamente mais propensos a terem sido presos cinco ou mais vezes até chegarem aos quarenta anos.

Não é surpresa, porém, que não possamos contar sempre com uma Ferrari. A pesquisa equivalente a uma Toyota é um conjunto de dados transversais, que é uma coleção de dados reunidos num único instante no tempo. Por exemplo, se epidemiologistas estão buscando a causa de uma doença nova (ou um surto repentino de uma doença antiga), podem reunir dados de todos os que sofrem da doença na esperança de achar um padrão que conduza à sua origem. O que essas pessoas comeram? Para onde viajaram? O que mais elas têm em comum? Os pesquisadores também podem coletar dados de indivíduos não afligidos pela doença para identificar os contrastes entre os dois grupos.

Na verdade, todo esse empolgante papo sobre dados transversais me faz lembrar da semana antes do meu casamento, quando me tornei parte de um conjunto de dados. Estava trabalhando em Katmandu, no Nepal, quando testei positivo para uma doença estomacal pouco compreendida chamada "alga azul-verde", que fora encontrada em apenas dois lugares do mundo. Pesquisadores haviam isolado o patógeno que causava a doença, mas ainda não tinham certeza sobre o tipo de organismo que era, pois nunca fora identificado antes. Quando liguei para casa para comunicar minha noiva acerca do diagnóstico, informei que havia más notícias. A doença não tinha meio de transmissão conhecido, nem cura, e podia causar extrema fadiga e outros efeitos colaterais desagradáveis por um período que podia ir de poucos dias até meses.* Com o casamento marcado daí a apenas uma semana, sim, podia ser um problema. Teria eu controle total do meu sistema digestivo ao percorrer o corredor central? Talvez.

Mas aí tentei realmente me focar nas notícias boas. Primeiro, a "alga azul-verde" era considerada não fatal. Segundo, especialistas em doenças tropicais de lugares tão distantes como Bangkok tinham se interessado pelo meu caso em particular. *Não era uma boa?* (Também fiz um serviço estupendo desviando repetidamente a conversa para os planos do casamento: "Chega de falar da minha doença incurável. Conte-me mais sobre as flores.")

Passei minhas últimas horas em Katmandu preenchendo uma pesquisa de trinta páginas descrevendo cada aspecto da minha vida: onde comi? O que comi? Como cozinhei? Eu saí para nadar? Onde e com que frequência? Todo mundo que fora diagnosticado com a doença estava fazendo a mesma coisa. O patógeno acabou sendo identificado como uma forma aquática de cianobactéria. (Essas bactérias são azuis e são do único tipo de bactéria que extrai sua energia da fotossíntese; daí a descrição original da doença como "alga azul-verde".) Descobriu-se que a moléstia respondia a tratamento com antibióticos tradicionais, mas, curiosamente, não a alguns dos antibióticos mais novos. Todas essas descobertas vieram tarde

* Na época, a doença tinha uma duração média de 43 dias, com um desvio padrão de 24 dias.

demais para me ajudar, mas, de qualquer maneira, tive bastante sorte de me recuperar depressa. Tive um controle quase perfeito do meu sistema digestivo no dia do casamento.

Por trás de todo estudo importante há bons dados que possibilitam a análise. E por trás de todo estudo ruim... bem, continue lendo. As pessoas muitas vezes falam sobre "mentir com estatísticas". Eu argumentaria que alguns dos erros estatísticos mais escandalosos envolvem *mentir com dados*; a análise estatística está em ordem, mas os dados sobre os quais os cálculos são realizados são espúrios ou inadequados. Eis alguns exemplos comuns de "entra lixo, sai lixo".

Viés de seleção. Pauline Kael, a consagrada crítica de cinema da revista *New Yorker*, teria dito após a eleição de Richard Nixon para presidente: "Não é possível que Nixon tenha ganhado. Não conheço ninguém que votou nele." A citação provavelmente é apócrifa, mas é um encantador exemplo de como uma amostra fajuta (o grupo de amigos liberais de uma pessoa) pode fornecer um retrato enganador de uma população maior (os eleitores por todos os Estados Unidos). E introduz a questão que sempre se deve perguntar: como foi que escolhemos a amostra ou amostras que estamos avaliando? Se cada membro da população relevante não tem chance igual de aparecer na amostra, vamos ter um problema com quaisquer que sejam os resultados que surjam a partir da amostra. Um dos rituais na campanha presidencial é a pesquisa de intenção em Iowa, na qual candidatos republicanos vão para Ames, Iowa, em agosto do ano anterior a uma eleição presidencial para cortejar os participantes, cada um dos quais paga US$30 para depositar um voto na pesquisa. A pesquisa de intenção em Iowa não nos conta tanta coisa sobre o futuro dos candidatos republicanos. (A pesquisa predisse apenas três dos cinco últimos nomeados pelo Partido Republicano.) Por quê? Porque aqueles cidadãos de Iowa que pagam US$30 na pesquisa são diferentes de outros republicanos de Iowa, e os republicanos de Iowa são diferentes dos eleitores republicanos no resto do país.

O viés de seleção pode ser introduzido de muitas outras maneiras. Um levantamento de consumidores num aeroporto será viesado pelo simples fato de que pessoas que viajam de avião provavelmente são mais ricas que o público geral; uma pesquisa numa parada de ônibus na Interestadual 90 pode ter o problema oposto. Ambas as pesquisas têm probabilidade de serem viesadas porque pessoas dispostas a responder a uma pesquisa num espaço público são diferentes de pessoas que preferem não ser incomodadas. Se você pedir a cem pessoas num espaço público para responder a uma breve pesquisa e sessenta estão dispostas a responder ao questionário, *essas sessenta provavelmente são significativamente diferentes sob vários aspectos das quarenta que foram embora sem fazer qualquer contato visual.*

Uma das maiores mancadas estatísticas de todos os tempos, a notória pesquisa da *Literary Digest* de 1936, foi causada por uma amostra viesada. Naquele ano, o republicano Alf Landon, então governador do Kansas, estava concorrendo à presidência contra o presidente no poder, Franklin Roosevelt, democrata. A *Literary Digest*, uma revista noticiosa semanal influente na época, despachou por correio uma pesquisa aos seus assinantes e a proprietários de telefone e automóvel cujos endereços podiam ser colhidos a partir de registros públicos. Tudo definido, a *Literary Digest* incluiu 10 milhões de eleitores em potencial, uma amostra astronômica. À medida que pesquisas com boas amostras se tornam maiores, ficam também melhores, pois a margem de erros se reduz. À medida que pesquisas com más amostras se tornam maiores, o monte de lixo só aumenta e fede mais. A *Literary Digest* predisse que Landon venceria Roosevelt com 57% do voto popular. Na verdade, Roosevelt ganhou de lavada, com 60% do voto popular e 46 dos 48 estados no colégio eleitoral. A amostra da *Literary Digest* era "lixo entrando": os assinantes da revista eram mais ricos que os americanos médios e, portanto, mais propensos a votar num republicano, da mesma maneira que famílias com carro e telefone em 1936.[2]

Podemos acabar com o mesmo problema básico quando comparamos resultados entre um grupo de tratamento e um grupo de controle se o mecanismo para a escolha dos indivíduos de um ou outro grupo não for aleatório. Consideremos uma descoberta recente na literatura médica sobre os efeitos colaterais de um tratamento para câncer de próstata. Há três tratamentos comuns para o câncer de próstata: remoção cirúrgica da próstata; radioterapia; ou braquiterapia (que envolve implantar "sementes" radioativas perto do câncer).[3] Impotência é um efeito colateral comum no tratamento do câncer de próstata, então os pesquisadores têm documentado a função sexual de homens que recebem cada um dos três tratamentos. Um estudo com mil homens descobriu que, dois anos após o tratamento, 35% dos indivíduos do grupo de cirurgia eram capazes de ter uma relação sexual, em comparação com 37% do grupo de radioterapia e 43% do grupo de braquiterapia.

É possível olhar esses dados e presumir que a braquiterapia é a menos provável de prejudicar a função sexual do homem? Não, não, não. Os autores do estudo advertiram explicitamente que não podemos concluir que a braquiterapia seja melhor para preservar a função sexual, uma vez que os homens que recebem esse tratamento em geral são mais jovens e estão em melhor condição física do que os que recebem outro tratamento. O propósito do estudo foi meramente documentar o grau de efeitos colaterais sexuais em todos os tipos de tratamento.

Uma fonte de viés correlata, conhecida como viés de autosseleção, surge sempre que indivíduos se apresentam como voluntários para um grupo de tratamento. Por exemplo, prisioneiros que se apresentam voluntariamente para um grupo de tratamento de drogas são diferentes de outros prisioneiros *porque se voluntariaram a participar de um programa de tratamento de drogas*. Se os participantes desse programa tiveram maior propensão a permanecer fora da prisão que os outros depois de soltos, isso é ótimo – mas não nos diz absolutamente nada sobre o valor do programa de tratamento de drogas. Esses ex-detentos podem ter mudado de vida porque o programa os ajudou a se livrar das drogas. Ou podem ter mudado de vida por causa de outros fatores que inclusive também interferiram para deixá-los mais propensos a se apresentarem como voluntários para um programa de tratamento (como ter um desejo realmente forte de não voltar para a cadeia). Não podemos separar o impacto causal de um elemento (o programa de tratamento de drogas) do outro (ser do tipo de pessoa que se apresenta como voluntária para um programa de tratamento de drogas).

Viés de publicação. Achados positivos têm maior probabilidade de serem publicados que negativos, o que pode tornar tendenciosos os resultados que vemos. Suponha que você tenha acabado de conduzir um rigoroso estudo longitudinal no qual descobre conclusivamente que jogar videogames *não previne* câncer de cólon. Você acompanhou uma amostra significativa de 100 mil americanos durante vinte anos; aqueles participantes que passam horas jogando videogames têm aproximadamente a mesma incidência de câncer de cólon que os participantes que não jogam absolutamente nada de videogames. Vamos presumir que a sua metodologia seja impecável. Que revista médica de prestígio vai publicar seus resultados?

Nenhuma, por dois motivos. Primeiro, não há nenhuma forte justificativa científica para acreditar que jogar videogames tenha qualquer impacto sobre o câncer de cólon, portanto, não fica óbvio por que você estava fazendo esse estudo. Segundo, e mais relevante aqui, o fato de que algo *não previne* o câncer não é um achado particularmente interessante. Afinal, a maioria das coisas *não previne* o câncer. Achados negativos não são especialmente sensuais, nem em medicina nem em nenhuma outra área.

O efeito líquido é distorcer a pesquisa que vemos, ou não vemos. Suponha que uma das suas colegas da universidade tenha conduzido um estudo longitudinal diferente. Ela descobre que pessoas que passam muito tempo jogando videogames *têm sim* uma incidência menor de câncer de cólon. *Agora isso é interessante!* É exatamente o tipo de achado que chamaria a atenção de uma revista médica, da imprensa popular, de blogueiros e fabricantes de videogames (que encheriam seus produtos de etiquetas exaltando os seus benefícios para a saúde). Não demoraria muito para que mães ultrarrígidas pelo país afora começassem a "proteger" seus filhos do câncer arrancando livros das suas mãos e forçando-os em vez disso a jogar videogames.

É claro que uma ideia recorrente importante em estatística é que coisas inusitadas acontecem vez ou outra, por simples questão de acaso. Se você conduzir cem estudos, um deles provavelmente virá com resultados que são puro absurdo – como uma associação estatística entre jogar videogames e menor incidência de câncer de cólon. Eis o problema: os 99 estudos que não encontram ligação entre videogames e câncer de cólon não serão publicados, porque não são interessantes. O único estudo que encontra de fato um elo estatístico será impresso e receberá montes de atenção e acompanhamento. A fonte desse viés provém não dos estudos em si, mas da informação desvirtuada que efetivamente chega ao público. Alguém que leia a literatura científica sobre videogames e câncer encontraria um único estudo, e esse único estudo sugere que jogar videogames pode prevenir o câncer. Na verdade, 99 estudos em cem não teriam encontrado tal ligação.

Sim, meu exemplo é absurdo – mas o problema é real e sério. Eis a primeira sentença de um artigo do *New York Times* sobre o viés de publicação envolvendo drogas para tratamento de depressão: "Os fabricantes de antidepressivos como Prozac e Paxil nunca publicaram os resultados de cerca de ⅓ de testes com drogas que conduziram para ganhar aprovação do governo, induzindo a erro médicos e consumidores acerca da verdadeira efetividade das drogas."[4] Acontece que 94% dos estudos com achados positivos sobre a efetividade dessas drogas foram publicados, enquanto apenas 14% dos estudos com resultados não positivos foram publicados. Para pacientes que lidam com depressão, isso é bastante relevante. Quando se incluem todos os estudos, os antidepressivos são melhores que um placebo apenas por "uma modesta margem".

Para combater esse problema, as revistas médicas agora normalmente requerem que qualquer estudo seja registrado no início do projeto se é para ser elegível para posterior publicação. Isto dá aos editores alguma evidência sobre a proporção entre descobertas positivas e não positivas. Se forem registrados cem estudos que se proponham a examinar o efeito da prática do skate sobre doenças cardíacas, e apenas um é, em última instância, submetido para publicação com achados positivos, os editores podem inferir que os outros estudos tiveram achados não positivos (ou podem ao menos investigar essa possibilidade).

Viés de memória. A memória é uma coisa fascinante – porém nem sempre uma grande fonte de bons dados. Temos um impulso humano natural de compreender o presente como consequência lógica de coisas que aconteceram no passado – causa e efeito. O problema é que as nossas memórias se revelam "sistematicamente frágeis" quando tentamos explicar alguns resultados particularmente bons ou ruins no presente. Considere um estudo analisando a relação entre dieta e câncer. Em 1993, um pesquisador de Harvard compilou um conjunto de dados abrangendo um grupo de mulheres com câncer de mama e um grupo de mulheres de idade correspondente que não haviam sido diagnosticadas com câncer. As mulheres de ambos os grupos foram indagadas a respeito de seus hábitos alimentares quando mais jovens. O estudo produziu resultados claros: as mulheres com câncer de mama tinham muito maior probabilidade de ter dietas com elevado teor de gordura quando mais novas.

Ah, mas esse não era na realidade um estudo de como a dieta afeta a probabilidade de ter câncer. *Era um estudo de como ter câncer afeta a memória da mulher acerca de sua dieta no passado.* Todas as mulheres no estudo tinham preenchido uma pesquisa sobre hábitos alimentares anos atrás, antes que qualquer uma delas tivesse sido diagnosticada com câncer. A descoberta surpreendente foi que mulheres com câncer de mama recordavam ter uma dieta com muito mais gordura do que haviam de fato consumido; isso não ocorreu com as mulheres sem câncer. A *New York Times Magazine* descreveu a natureza insidiosa desse viés de memória:

> O diagnóstico de câncer de mama não só modificara o presente da mulher, e o seu futuro; havia alterado o seu passado. Mulheres com câncer de mama tinham (inconscientemente) decidido que uma dieta rica em gordura era uma predisposição provável para sua doença e (inconscientemente) recordavam-se de uma dieta de muita gordura. Era um padrão dolorosamente familiar a qualquer um que conheça a história dessa estigmatizada doença: essas mulheres, como milhares de outras antes delas, haviam vasculhado suas próprias memórias em busca de uma causa e então invocaram essa causa na memória.[5]

O viés de memória é um motivo para que se prefiram frequentemente estudos longitudinais em lugar de transversais. Num estudo longitudinal, os dados são coletados contemporaneamente. Aos cinco anos, um participante pode ser indagado sobre suas atitudes em relação à escola. Então, treze anos depois, podemos revisitar esse mesmo participante e verificar se ele abandonou o ensino médio. Num estudo transversal, no qual todos os dados são coletados num determinado instante no tempo, precisamos perguntar a um jovem de dezoito anos que abandonou o ensino médio como se sentia em relação à escola aos cinco anos, o que é inerentemente menos confiável.

Viés de sobrevivência. Suponha que o diretor de uma escola de ensino médio relate que os resultados de testes para um grupo particular de alunos melhoraram consistentemente por quatro anos. Os resultados do segundo ano para essa classe foram melhores que seus resultados como calouros. Os resultados do terceiro ano foram ainda melhores, e os resultados do último ano, os melhores de todos.* Vamos estipular que não haja fraudes nem mesmo algum uso criativo de estatística descritiva. Todo ano esse grupo de alunos se saiu melhor que no ano anterior, por qualquer medida possível: média, mediana, porcentagem de alunos em nível de graduação, e assim por diante.

Você (a) indicaria o diretor dessa escola para "diretor do ano" ou (b) exigiria mais dados?

Eu digo "b". Farejo viés de sobrevivência, que ocorre quando algumas ou muitas das observações caem fora da amostra, mudando a composição das observações que restam e, portanto, afetam os resultados de qualquer análise. Vamos supor que o nosso diretor seja verdadeiramente horrível. Os alunos nessa escola não estão aprendendo nada; a cada ano, metade deles cai fora. Bem, isso poderia gerar coisas muito boas para os resultados dos testes escolares – sem que nenhum aluno individual estivesse realmente se saindo melhor nos testes. Se partirmos da razoável premissa de que os piores alunos (com os piores resultados nos testes) sejam os mais prováveis de abandonar a escola, então a média dos resultados dos alunos que restam subirá uniformemente à medida que mais e mais alunos abandonem o curso. (Se em uma sala cheia de pessoas com alturas variadas as

* Lembrando que o ensino médio do sistema educacional americano tem quatro anos. (N.T.)

mais baixas forem obrigadas a sair, isso fará com que a altura média na sala aumente, mas ninguém fica mais alto.)

O ramo de fundos mútuos tem recorrido agressivamente (e insidiosamente) ao viés de sobrevivência para fazer seus retornos parecerem melhores para os investidores do que de fato são. Fundos mútuos normalmente avaliam seu desempenho em relação a um marco de referência para ações, o Standard & Poor's 500, que é um índice das quinhentas empresas públicas mais importantes nos Estados Unidos.* Se o S&P 500 subiu 5,3% no ano, diz-se que o fundo mútuo bateu o índice se o seu desempenho for melhor que esse, ou que perdeu para o índice se for pior. Uma opção barata e fácil para investidores que não querem pagar um administrador de fundo mútuo é comprar um S&P 500 Index Fund, que é um fundo mútuo que simplesmente compra ações em todas as quinhentas empresas do índice. Administradores de fundos mútuos gostam de acreditar que são investidores muito sábios, capazes de usar seu conhecimento para escolher ações que terão desempenho melhor do que um fundo mútuo simples. Na verdade, acaba sendo relativamente difícil bater o S&P 500 por qualquer período de tempo consistente. (O S&P 500 é uma média de todas as grandes ações negociadas, então, como simples questão de matemática, seria de esperar que metade dos fundos mútuos ativamente administrados superasse o S&P 500 em determinado ano e a outra metade tivesse desempenho inferior.) É claro que não parece muito bom perder para um índice irracional que simplesmente compra quinhentas ações e as retém. Nada de análise. Nada de rebuscadas macroprevisões. E, para grande deleite dos investidores, nada de taxas de administração.

O que uma companhia tradicional de fundo mútuo deve fazer? Adulterar os dados como salvação! Eis como podem "bater o mercado" sem bater

---

* O S&P 500 é um belo exemplo do que um índice pode e deve fazer. O índice é composto dos preços das ações das quinhentas empresas líderes dos Estados Unidos, cada uma ponderada pelo seu valor de mercado (de modo que as empresas maiores tenham mais peso no índice do que as menores). O índice é uma avaliação simples e acurada do que está acontecendo com os preços das ações das maiores empresas americanas em dado momento.

o mercado. Uma grande companhia mútua abre muitos fundos novos ativamente administrados (o que significa que os peritos estão escolhendo as ações, muitas vezes com um foco ou estratégia particular). Como exemplo, vamos supor que uma companhia de fundos mútuos abra vinte fundos novos, cada um deles com aproximadamente 50% de chance de bater o S&P 500 em determinado ano. (Essa premissa é consistente com dados de longo prazo.) Agora, a probabilidade básica sugere que apenas dez dos novos fundos da firma irão bater o S&P 500 no primeiro ano; cinco fundos o baterão dois anos seguidos; e dois ou três outros o baterão três anos seguidos.

Agora entra em cena a esperteza. Nesse momento, os novos fundos mútuos com retornos inexpressivos em relação ao S&P 500 são discretamente fechados. (Seus ativos são incorporados em outros fundos existentes.) A companhia pode então anunciar intensamente os dois ou três fundos novos que têm "superado consistentemente o S&P 500" – mesmo que esse desempenho, em termos de compra de ações, seja o equivalente a tirar três caras seguidas num lançamento de moeda. O desempenho subsequente desses fundos provavelmente reverterá à média, só que depois de muitos investidores terem aderido. O número de gurus de fundos mútuos ou investimentos que têm batido consistentemente o S&P 500 durante um período longo é impressionantemente pequeno.*

Viés do usuário saudável. Gente que toma vitaminas regularmente tem propensão a ser saudável – *porque são o tipo de gente que toma vitaminas regularmente!* Se as vitaminas têm qualquer impacto é uma questão totalmente à parte. Considere o seguinte experimento mental. Suponha que funcionários da saúde pública promulguem uma teoria de que todos os pais novos devem pôr seus filhos na cama apenas em pijamas roxos, porque essa cor ajuda a estimular o desenvolvimento do cérebro. Vinte anos depois, uma pesquisa longitudinal confirma que ter usado pijamas roxos

* Para uma excelente discussão sobre por que você deve provavelmente comprar fundos indexados em vez de tentar bater o mercado, leia *A Random Walk Down Wall Street*, de autoria do meu antigo professor Burton Malkiel.

quando criança tem uma associação extraordinariamente positiva com o sucesso na vida. Descobrimos, por exemplo, que 98% dos calouros que entraram em Harvard vestiram pijamas roxos quando crianças (e muitos ainda vestem) em comparação com apenas 3% dos detentos no sistema penitenciário estadual de Massachusetts.

É claro que pijamas roxos não têm importância, mas ter o tipo de pais que botam os filhos na cama em pijamas roxos *tem importância sim*. Mesmo quando tentamos controlar fatores como educação parental, ainda nos restarão diferenças não observáveis entre os pais que são obcecados em vestir pijamas roxos nos filhos e os que não são. Como explica o articulista de saúde do *New York Times*, Gary Taubes: "Na sua forma mais simples, o problema é que as pessoas que se engajam com fé em atividades que lhe são benéficas – por exemplo, tomar um remédio conforme a prescrição, ou comer o que acreditam ser uma dieta saudável – são fundamentalmente diferentes daquelas que não se engajam."[6] Esse efeito pode potencialmente confundir qualquer estudo que tente avaliar o efeito real de atividades percebidas como salutares, tais como exercitar-se com regularidade ou comer couve. Nós pensamos que estamos comparando os efeitos salutares de duas dietas: couve ou ausência de couve. Na verdade, se os grupos de tratamento e de controle não foram escolhidos de modo aleatório, estaremos comparando duas dietas que estão sendo mantidas por dois tipos diferentes de pessoa. Temos um grupo de tratamento que é diferente do grupo de controle em dois aspectos, e não apenas um.

Se a estatística é trabalho de detetive, então os dados são as pistas. Minha esposa passou um ano como professora de ensino médio na região rural de New Hampshire. Um de seus alunos foi preso por arrombar uma loja de ferragens e roubar algumas ferramentas. A polícia foi capaz de solucionar o caso porque (1) tinha acabado de nevar e havia pegadas na neve levando da loja de ferragens para a casa do aluno e (2) as ferramentas roubadas foram encontradas lá dentro. Boas pistas ajudam.

Assim como bons dados. Mas primeiro você tem que ter bons dados, o que é bem mais difícil do que parece.

8. O teorema do limite central

O "LeBron James" da estatística

ÀS VEZES, a estatística parece quase mágica. Somos capazes de tirar conclusões abrangentes e poderosas de dados relativamente escassos. De algum modo podemos adquirir uma percepção significativa de uma eleição presidencial meramente falando ao telefone com mil eleitores americanos. Podemos testar cem peitos de frango em busca de salmonela numa fábrica de processamento de aves e concluir com base apenas nessa amostra que a fábrica inteira é segura ou insegura. *De onde vem esse extraordinário poder de generalização?*

Grande parte dele vem do teorema do limite central, que é o LeBron James* da estatística – se LeBron também fosse um supermodelo, um professor de Harvard e o ganhador do Prêmio Nobel da Paz. O teorema do limite central é a "fonte de poder" para muitas das atividades estatísticas que envolvem o uso de uma amostra para fazer inferências acerca de uma população grande (como uma pesquisa de intenção de voto ou teste de salmonela). Esses tipos de inferência podem parecer místicos; na verdade, são apenas uma combinação de duas ferramentas que já exploramos: probabilidade e amostragem adequada. Antes de mergulhar na mecânica do teorema do limite central (que não é absolutamente complicada), eis um exemplo para lhe dar a intuição geral.

Suponha que você more numa cidade onde esteja havendo uma maratona. Corredores de todo o mundo estarão competindo, o que significa que muitos deles não falam inglês. A logística requer que os corredores se apresentem na manhã do dia da corrida, após o que são aleatoriamente

---

* Craque do basquete profissional norte-americano. (N.T.)

colocados em ônibus que os levam até a linha de largada. Infelizmente, um desses ônibus se perde a caminho da corrida. (Tudo bem, você vai ter que imaginar que ninguém tem telefone celular e que o motorista não tem um GPS no veículo; a menos que você queira fazer um montão de matemática neste momento, apenas aceite isso.) Como um líder comunitário da cidade, você se junta à equipe de busca.

Por puro acaso, você dá de cara com um ônibus enguiçado perto da sua casa com um grupo enorme de passageiros internacionais infelizes, nenhum dos quais fala inglês. Deve ser o ônibus perdido! Você será um herói! Só que uma dúvida paira no ar... os passageiros desse ônibus são, bem, muito grandes. Com base numa rápida olhada, você estima que o peso médio desse grupo de passageiros deve ser mais de cem quilos. Não há como um grupo aleatório de corredores de maratona ser totalmente constituído de corredores tão pesados. Você manda uma mensagem para o quartel-general da busca: "Acho que é o ônibus errado. Continuem procurando."

Uma análise adicional confirma a sua impressão inicial. Quando chega um tradutor, você descobre que esse ônibus quebrado dirigia-se ao Festival Internacional da Salsicha, que também está acontecendo na sua cidade no mesmo fim de semana. (Em nome da verossimilitude, é inteiramente possível que os participantes de um festival da salsicha também estejam vestindo calças de moletom.)

Parabéns. Se você consegue entender como alguém que dê uma rápida olhada nos pesos dos passageiros num ônibus pode inferir que provavelmente não estão a caminho da linha de largada de uma maratona, então você agora entende a ideia básica do teorema do limite central. O resto é apenas destrinchar os detalhes. E se você entende o teorema do limite central, a maioria das formas de inferência estatística parecerá relativamente intuitiva.

O princípio essencial subjacente ao teorema do limite central é que uma amostra grande, adequadamente escolhida, remeterá à população da qual foi retirada. É claro que haverá variação de uma amostra para outra (por exemplo, cada ônibus que se dirige à linha de largada da maratona terá uma mistura de passageiros ligeiramente diferente), mas a probabilidade de que qualquer amostra se desvie enormemente da população subjacente é muito baixa. Essa lógica é o que possibilitou seu julgamento instantâneo quando você subiu no ônibus enguiçado e viu a média da barriga dos passageiros a bordo. Um monte de pessoas gordas corre maratonas, provavelmente há centenas de pessoas que pesam mais de cem quilos em qualquer corrida. Mas a maioria dos corredores de maratona é relativamente magra. Logo, a probabilidade de que tantos dos corredores mais pesados estejam aleatoriamente num mesmo ônibus é muito, muito reduzida. Você pôde concluir, com um grau razoável de confiança, que esse não era o ônibus perdido da maratona. Sim, você podia estar errado, mas a probabilidade nos diz que a maioria das vezes você teria estado certo.

Essa é a intuição básica por trás do teorema do limite central. Quando adicionamos alguma parafernália estatística, podemos quantificar a probabilidade de você estar certo ou errado. Por exemplo, poderíamos calcular que, num campo de 10 mil maratonistas com peso médio de setenta quilos, há menos de uma chance em cem de que uma amostra aleatória de sessenta desses corredores (nosso ônibus perdido) tenha um peso médio de cem quilos ou mais. Por enquanto, vamos nos ater à intuição; haverá tempo de sobra para cálculos mais adiante. O teorema do limite central nos possibilita fazer as seguintes inferências, todas elas a serem exploradas em maior profundidade no próximo capítulo:

1. Se tivermos informações detalhadas sobre alguma população, então podemos fazer inferências poderosas sobre qualquer amostra adequadamente extraída dessa população. Por exemplo, imagine que o diretor de um colégio tenha informações detalhadas sobre os resultados de testes padronizados para todos os alunos desse colégio (média, desvio padrão etc.). Essa é a população relevante. Agora imagine que um burocrata do distrito escolar chegue na próxima semana para passar um teste padronizado similar para cem alunos escolhidos ao acaso. O desempenho desses cem alunos, a amostra, será usada para avaliar a performance do colégio como um todo.

   Quanta confiança o diretor pode ter de que o desempenho dos cem alunos escolhidos de maneira aleatória irá refletir acuradamente como todo o corpo discente tem se saído em testes padronizados similares? Bastante. Segundo o teorema do limite central, o resultado médio do teste para uma amostra aleatória de cem alunos em geral não se desviará acentuadamente do resultado médio dos testes para a escola toda.

2. Se tivermos informações detalhadas sobre uma amostra extraída de modo adequado (média e desvio padrão), podemos fazer inferências surpreendentemente acuradas sobre a população da qual a amostra foi retirada. Isso é essencialmente trabalhar no sentido inverso do exemplo acima, colocando-nos no lugar do burocrata do distrito escolar que está avaliando várias escolas no distrito. Ao contrário do diretor do colégio, esse burocrata não tem os (ou não confia nos) dados dos resultados de testes padronizados que o diretor tem para todos os alunos de um colégio específico, que é a população relevante. Em vez disso, ele administrará um teste similar próprio para uma amostra aleatória de cem alunos em cada escola.

   Será que esse administrador pode estar razoavelmente seguro de que o desempenho de qualquer escola como um todo possa ser avaliada justamente com base em resultados de testes de uma amostra de apenas cem alunos desse colégio? Sim. O teorema do limite central nos diz que uma amostra grande em geral não se desviará acentuadamente da população subjacente – o que quer dizer que os resultados da amostra (as notas dos cem alunos escolhidos ao acaso) representam bem os resultados da população total (o corpo de alunos de uma escola específica). É claro que é assim que as pesquisas de opinião funcionam. Uma pesquisa metodologicamente sólida de 1.200 americanos pode nos dizer muita coisa sobre como o país todo está pensando.

   Pense nisso: se a afirmação n.1 acima é verdadeira, a n.2 também precisa ser – e vice-versa. Se uma amostra geralmente se parece com a população da qual é extraída, também deve ser verdade que a população normalmente será parecida com uma amostra tirada dessa população. (Se as crianças em geral se parecem com os pais, os pais geralmente também se parecem com os filhos.)

3. Se tivermos dados que descrevem uma amostra particular, e dados sobre uma população particular, podemos inferir se a amostra é consistente ou não com uma amostra com probabilidade de ter sido tirada dessa

população. Esse é o exemplo do ônibus perdido descrito no começo do capítulo. Sabemos o peso médio (mais ou menos) dos participantes de uma maratona. E sabemos o peso médio (mais ou menos) dos passageiros do ônibus quebrado. O teorema do limite central nos possibilita calcular a probabilidade de que uma amostra específica (as pessoas rotundas no ônibus) tenha sido tirada de uma dada população (os maratonistas). Se essa probabilidade é baixa, então podemos concluir com alto grau de confiança que a amostra não foi tirada da população em questão (por exemplo, as pessoas nesse ônibus não se parecem com um grupo de corredores de maratona indo para a linha de largada).

4. Por fim, se soubermos as características subjacentes de duas amostras, podemos inferir se ambas foram provavelmente tiradas ou não da mesma população. Voltemos ao nosso exemplo (cada vez mais absurdo) do ônibus. Sabemos agora que há uma maratona acontecendo na cidade, bem como um Festival Internacional da Salsicha. Imagine que ambos os grupos tenham milhares de participantes e que ambos os grupos estejam em ônibus, todos carregados com amostras aleatórias, seja de maratonistas ou de amantes de salsicha. Imagine também que dois ônibus sofram uma colisão. (Já reconheci que o exemplo é absurdo, portanto, simplesmente continue lendo.) Na sua função de líder comunitário, você chega à cena e recebe a incumbência de determinar se os dois ônibus iam ou não para o mesmo evento (festival de salsicha ou maratona). Milagrosamente, ninguém em nenhum dos ônibus fala inglês, mas os paramédicos lhe fornecem informações detalhadas sobre os pesos dos passageiros em cada ônibus.

A partir disso, você pode inferir se os dois ônibus iam provavelmente para o mesmo evento ou para dois eventos distintos. Mais uma vez, pense nisso de maneira intuitiva. Suponha que o peso médio dos passageiros de um dos ônibus seja 72 quilos, com um desvio padrão de cinco quilos (o que significa que uma alta proporção dos passageiros pesa entre 67 e 77 quilos). Agora suponha que os passageiros no segundo ônibus tenham um peso médio de 95 quilos com um desvio padrão de dez quilos (o que quer dizer que uma alta proporção dos passageiros pesa entre 85 e 105 quilos). Esqueça fórmulas estatísticas por um instante e apenas use a lógica: parece provável que os passageiros desses dois ônibus tenham sido retirados aleatoriamente da mesma população?

Não. Parece muito mais provável que um ônibus esteja cheio de maratonistas e o outro cheio de amantes de salsicha. Além da diferença na média de peso dos dois ônibus, você pode ver também que a variação de pesos *entre* os dois ônibus é muito grande em comparação com a variação de pesos *dentro* de cada ônibus. Os sujeitos que pesam um desvio padrão acima da média no ônibus "magro" têm 77 quilos, que é menos do que pesam os sujeitos com um desvio padrão abaixo da média no "outro" ônibus (85 quilos). Esse é um sinal revelador (tanto estatística como logicamente) de que as duas amostras provavelmente vieram de populações distintas.

Se tudo isso faz sentido intuitivo, então você percorreu 93,2% do caminho para entender o teorema do limite central.* Precisamos ir um passo adiante para conferir uma solidez técnica à intuição. Obviamente, quando você meteu a cabeça dentro do ônibus quebrado e viu um grupo de gente gorda de moletom, teve um "palpite" de que não eram maratonistas. O teorema do limite central nos permite ir além desse palpite e atribuir um grau de confiança à sua conclusão.

Por exemplo, alguns cálculos básicos me possibilitam concluir que 99 vezes em cem o peso médio de qualquer ônibus de maratonistas aleatoriamente escolhido estará dentro de quatro quilos do peso médio de todo o campo de maratonistas. É isso que dá solidez estatística para o meu palpite quando me deparo com o ônibus quebrado. Esses passageiros têm um peso médio que é dez quilos maior que o peso médio dos maratonistas, algo que só deveria ocorrer por acaso em menos de uma vez em cem. Como resultado, posso rejeitar a hipótese de que esse seja o ônibus da maratona perdido com 99% de confiança – o que significa que devo esperar que minha inferência esteja correta 99 vezes em cem.

E, sim, a probabilidade sugere que em média estarei *errado* uma vez em cem.

---

* Perceba aqui o uso astuto da falsa precisão.

Esse tipo de análise provém inteiramente do teorema do limite central, que, do ponto de vista estatístico, tem poder e elegância semelhantes a LeBron James. De acordo com o teorema do limite central, as médias das amostras para qualquer população estarão distribuídas aproximadamente como uma distribuição normal em torno da média da população. Aguarde um momento enquanto deslindamos essa afirmação.

1. Suponha que tenhamos uma população, como nosso campo de maratonistas, e estejamos interessados nos pesos de seus membros. Qualquer amostra de corredores, tal como um ônibus de sessenta participantes, terá uma média.
2. Se pegarmos repetidamente diversas amostras, por exemplo, grupos aleatórios de sessenta corredores, então cada uma dessas amostras terá seu próprio peso médio. Essas são as médias das amostras.
3. A maioria das médias das amostras estará muito próxima da média da população. Algumas serão um pouco mais altas. Outras serão um pouco mais baixas. Por simples questão de acaso, muito poucas serão significativamente mais altas que a média da população, e muitas poucas serão significativamente mais baixas.

Coloque uma música como trilha sonora, porque é aqui que tudo se junta num poderoso crescendo...

4. O teorema do limite central nos diz que as médias das amostras estarão distribuídas em torno da média da população aproximadamente numa distribuição normal. A distribuição normal, como você deve se lembrar do Capítulo 2, é a distribuição em forma de sino (por exemplo, alturas de homens adultos) na qual 68% das observações jazem dentro de um desvio padrão da média, 95% jazem dentro de dois desvios padrões, e assim por diante.
5. Tudo isso será verdadeiro independentemente do aspecto da distribuição da população subjacente. A população da qual as amostras estão sendo tiradas não precisa necessariamente ter uma distribuição normal para que as médias das amostras estejam distribuídas normalmente.

Pensemos em alguns dados reais, digamos, a distribuição de renda familiar nos Estados Unidos. A renda familiar não é distribuída normalmente no país; ao contrário, tende a sofrer desvio para a direita. Nenhuma família pode ter renda inferior a US$0 num dado ano, de modo que esse é o limite inferior para a distribuição. Ao mesmo tempo, um pequeno grupo de famílias pode ter rendas anuais estarrecedoramente altas – centenas de milhões ou mesmo bilhões de dólares em alguns casos. Como resultado, seria de esperar que a distribuição de rendas familiares tenha uma longa cauda para a direita – algo mais ou menos assim:

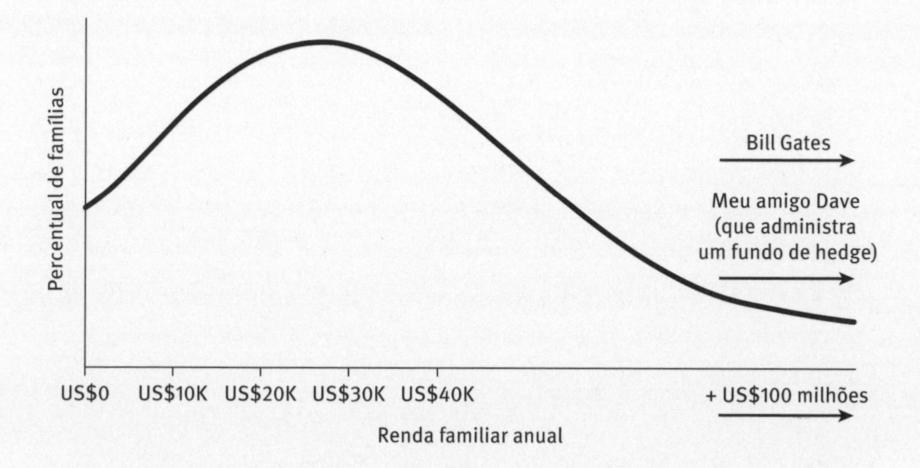

A mediana da renda familiar nos Estados Unidos é aproximadamente US$51,9 mil; a média da renda familiar é de US$70,9 mil.[1] (Pessoas como Bill Gates puxam a renda familiar média para a direita, exatamente como aconteceu quando ele entrou no bar no Capítulo 2.) Agora suponha que peguemos uma amostra aleatória de mil famílias americanas e colhamos informações sobre suas rendas anuais. Com base na informação acima, e no teorema do limite central, o que podemos inferir dessa amostra?

Muita coisa, como se verá. Primeiro de tudo, nosso melhor palpite sobre qual será a média de qualquer amostra é a média da população da qual ela é tirada. A principal ideia de uma amostra representativa é que ela tenha a aparência da população subjacente. Uma amostra extraída adequadamente se parecerá, em média, com os Estados Unidos. Haverá administradores de fundos hedge, gente sem teto, policiais e todo tipo de pessoas – tudo aproximadamente na proporção da sua frequência na população. Portanto, devemos esperar que a renda familiar média para uma amostra representativa de mil famílias americanas seja em torno de US$70,9 mil. Será exatamente isso? Não. Tampouco deve ser exageradamente diferente.

Se pegássemos múltiplas amostras de mil famílias, seria de esperar que as diferentes médias das amostras se aglomerassem em torno da média da população, US$70,9 mil. Esperaríamos que algumas médias fossem mais altas, outras mais baixas. Poderíamos ter uma amostra de mil famílias com uma renda familiar média de US$427 mil? Com certeza, isso é possível – mas bastante improvável. (Lembre-se, nossa metodologia de amostragem é sólida, não estamos conduzindo uma pesquisa no estacionamento do Greenwich Country Club.) Também é muito improvável que uma amostra adequada de mil famílias americanas tenha uma renda média de US$8 mil.

Tudo isso é lógica básica. O teorema do limite central nos possibilita ir um passo além descrevendo a distribuição esperada dessas diversas médias de amostras conforme elas se aglutinam em torno da média da população. Especificamente, as médias das amostras formarão uma distribuição normal em volta da média da população, que no caso é de US$70,9 mil. Lembre-se, o formato da distribuição da população subjacente não importa. A distribuição de renda familiar nos Estados Unidos é bastante desviada, *mas a distribuição das médias das amostras não terá desvios.* Se pegarmos cem amostras diferentes, cada uma de mil famílias, e pusermos nossos resultados num gráfico, esperamos que as médias dessas amostras formem a familiar distribuição "em forma de sino" ao redor de US$70,9 mil.

Quanto maior a quantidade de amostras, mais próxima a distribuição de suas médias estará da distribuição normal. E quanto maior o tamanho de cada amostra, mais compacta será essa distribuição. Para testar esse resultado, façamos um experimento divertido com dados reais dos pesos de americanos reais. A Universidade de Michigan conduz um estudo longitudinal chamado Americans' Changing Lives, que consiste em observações detalhadas sobre milhares de adultos americanos, inclusive seus pesos. A distribuição dos pesos é ligeiramente desviada para a direita, porque é biologicamente mais fácil ter cinquenta quilos de excesso de peso do que cinquenta quilos de falta de peso. O peso médio para todos os adultos do estudo é de 74 quilos.

Usando um programa básico de estatística, podemos mandar o computador pegar uma amostra aleatória de cem indivíduos dos dados do Changing Lives. Na verdade, podemos fazer isso repetidas vezes para ver como os resultados se encaixam na previsão do teorema do limite central. Eis um gráfico da distribuição das médias de cem amostras (arredondadas para o quilo mais próximo) geradas aleatoriamente a partir dos dados do Changing Lives.

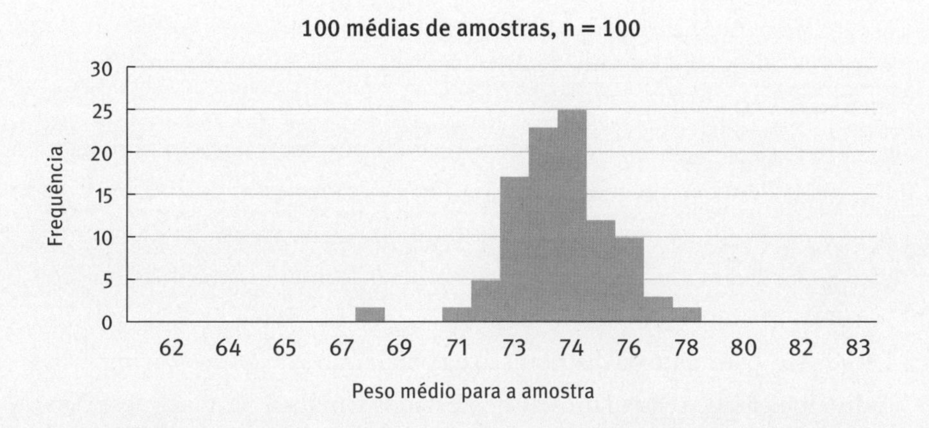

Quanto maior o tamanho da amostra e mais amostras forem tiradas, mais a distribuição das médias das amostras se aproximará da curva normal. (Como regra prática, o tamanho da amostra precisa ser de pelo menos trinta para validar o teorema do limite central.) Isso faz sentido. Uma amostra maior tem menos probabilidade de ser afetada por uma variação aleatória. Uma amostra de duas pessoas pode ser bastante distorcida se uma delas for particularmente grande ou pequena. Em contraste, uma amostra de quinhentas não será afetada indevidamente por algumas pessoas particularmente grandes ou pequenas.

Estamos agora bem próximos de tornar realidade todos os nossos sonhos estatísticos. As médias das amostras estão distribuídas aproximadamente como uma curva normal, conforme descrito antes. O poder de uma distribuição normal deriva do fato de sabermos aproximadamente que proporção de observações estará dentro de um desvio padrão acima ou abaixo da média (68%); que proporção das observações estará dentro de dois desvios padrões acima ou abaixo da média (95%); e assim por diante. Isso é algo muito poderoso.

Anteriormente neste capítulo, ressaltei que podíamos inferir de modo intuitivo que um ônibus carregado de passageiros com um peso médio de onze quilos a mais que o peso médio de todos os maratonistas provavelmente não seria o ônibus de corredores perdido. Para quantificar essa intuição – ser capaz de dizer que a inferência estará correta em 95% das vezes, ou 99%, ou 99,9% –, necessitamos apenas de mais um conceito técnico: o erro padrão.

O erro padrão mede a dispersão das médias das amostras. Quão próximas esperamos que as médias de amostras estejam da média da população? Aqui existe um potencial para confusão, pois agora introduzimos duas medidas diferentes de dispersão: o desvio padrão e o erro padrão. Eis o que você precisa lembrar para manter cada uma no seu lugar:

1. O desvio padrão mede a dispersão da população subjacente. Neste caso, poderia medir a dispersão dos pesos de todos os participantes no Estudo Cardíaco de Framingham, ou a dispersão em torno da média de todo o campo de maratonistas.
2. O erro padrão mede a dispersão das *médias das amostras*. Se tomarmos repetidas amostras de cem participantes do Estudo Cardíaco de Framingham, qual será o aspecto da dispersão dessas médias de amostras?
3. Eis aqui o que liga os dois conceitos: o erro padrão é o desvio padrão das médias de amostras! Não é bacana?

Um erro padrão grande significa que as médias das amostras estão esparsamente espalhadas em torno da média da população; um erro padrão pequeno significa que estão relativamente bem aglomeradas. Eis três exemplos reais dos dados do Changing Lives.

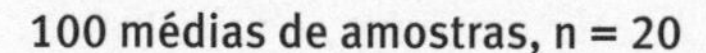

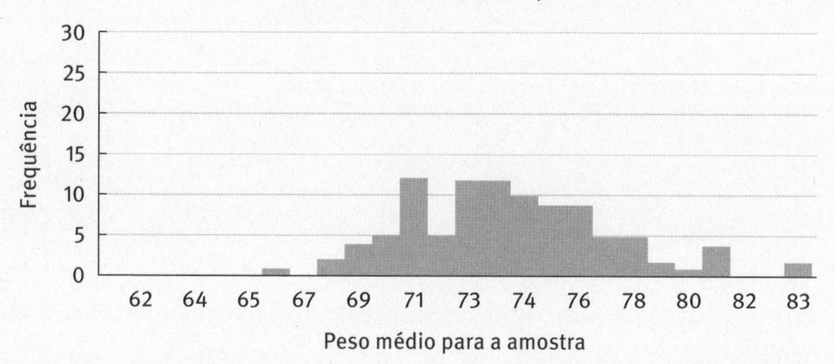

100 médias de amostras, n = 100

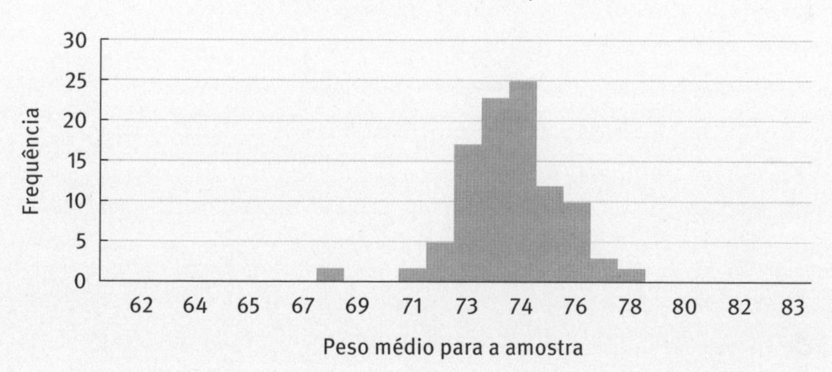

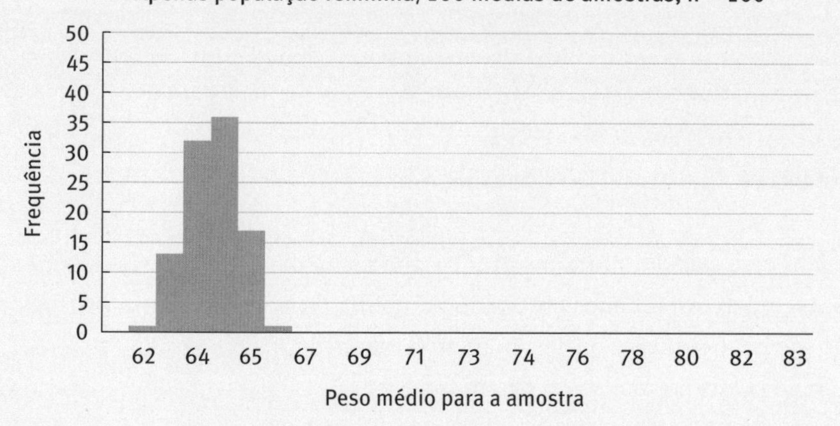

A segunda distribuição, que tem um tamanho de amostra maior, tem uma aglomeração mais "compacta" em torno da média do que a primeira distribuição. O tamanho maior da amostra torna menos provável que sua média se desvie acentuadamente da média da população. O conjunto final de médias de amostras é tirado apenas de um subconjunto da população, as mulheres no estudo. Como os pesos das mulheres no conjunto de dados são menos difusos do que os pesos de todas as pessoas na população, é razoável que os pesos de amostras tiradas apenas entre as mulheres estejam menos dispersos que as amostras tiradas de toda a população do Changing Lives. (Essas amostras também estão aglomeradas em torno de uma média da população ligeiramente distinta, uma vez que o peso médio de todas as mulheres no estudo Changing Lives é diferente do peso médio da população total do estudo.)

O padrão que você viu acima vale para todos os casos em geral. Médias de amostras terão uma aglomeração mais "compacta" em torno da média da população à medida que o tamanho de cada amostra fica maior (por exemplo, as nossas médias de amostras estavam mais aglomeradas quando pegamos amostras de cem em vez de amostras de vinte). E as médias de amostras se aglomeram *menos* em torno da média da população quando a população subjacente é mais dispersa (por exemplo, as nossas médias de amostras para toda a população do Changing Lives estavam mais dispersas do que as médias de amostras apenas para as mulheres no estudo).

Se você acompanhou a lógica até aqui, então a fórmula para o erro padrão fluirá naturalmente.

EP = $s/\sqrt{n}$, onde *s* é o desvio padrão da população da qual é tirada a amostra e *n* é o tamanho da amostra. Mantenha a calma! Não deixe o surgimento de letras atrapalhar a sua intuição básica. O erro padrão será grande quando o desvio padrão da distribuição subjacente for grande. Uma amostra grande tirada de uma população muito dispersa também tem propensão a ser bastante dispersa; uma amostra grande de uma população fortemente aglomerada em torno da média também terá propensão a se aglomerar fortemente em torno da média. Se ainda estivermos examinando pesos, seria de esperar que o erro padrão para uma amostra tirada de toda a população do Changing Lives fosse maior que o erro padrão para uma amostra tirada apenas de homens na casa dos vinte anos. *É por isso que o desvio padrão (s) está no numerador.*

De maneira similar, seria de esperar que o erro padrão diminuísse à medida que o tamanho da amostra aumentasse, uma vez que amostras grandes são menos propensas à distorção por valores extremos. É por isso que o tamanho da amostra (n) está no denominador. (O motivo de pegarmos a raiz quadrada de n será deixado para um texto mais avançado; o importante aqui é a relação básica.)

No caso dos dados do Changing Lives, na realidade sabemos o desvio padrão da população; o que muitas vezes não é o caso. Para amostras grandes, podemos pressupor que o desvio padrão da amostra está razoavelmente próximo do desvio padrão da população.*

Por fim, teremos a recompensa por tudo isso. Como as médias das amostras estão distribuídas normalmente (graças ao teorema do limite central), podemos mobilizar o poder da curva normal. Esperamos que aproximadamente 68% de todas as médias de amostras se situem dentro de um erro padrão em relação à média da população; 95% das médias de amostras se situarão dentro de dois erros padrões em relação à média da população; e 99,7% das médias de amostras se situarão dentro de três erros padrões em relação à média da população.

Então retornemos a uma variação do nosso exemplo do ônibus perdido, só que agora podemos substituir a intuição por números. (O exemplo em si continuará sendo absurdo; o próximo capítulo terá uma porção de exemplos menos absurdos, do mundo real.) Suponha que o estudo Changing Lives tenha convidado todos os participantes a se reunir em Boston para um fim de semana de coleta de dados e folguedos. Os participantes são colocados ao acaso em ônibus e transportados entre os edifícios nas

---

* Quando o desvio padrão para a população é calculado a partir de uma amostra menor, a fórmula é ligeiramente alterada: $EP = s/\sqrt{n-1}$. Isso ajuda a levar em conta o fato de que a dispersão numa amostra pequena pode subestimar a dispersão de toda a população. Não se trata de algo altamente relevante para as questões maiores que estamos abordando neste capítulo.

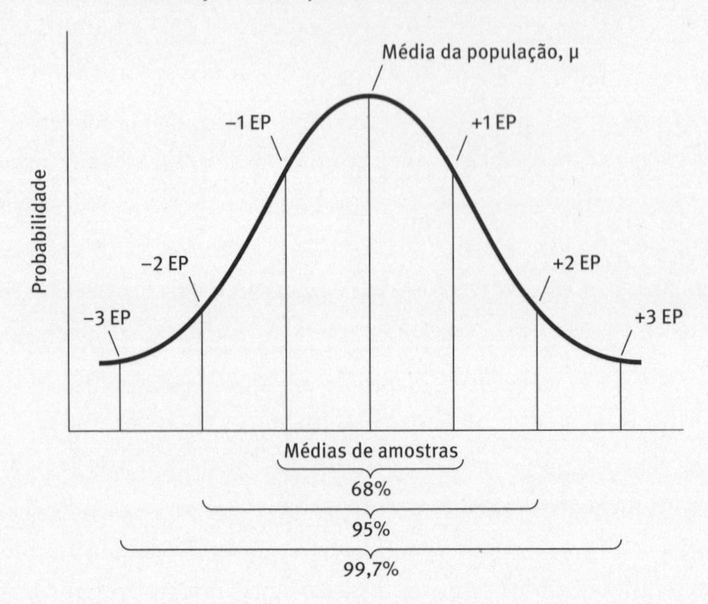

instalações de testes onde são pesados, medidos, cutucados, espetados, e assim por diante. Por incrível que pareça, um ônibus se perde, fato que é transmitido pelos noticiários locais. Mais ou menos nessa hora, você está voltando de carro do Festival da Salsicha quando vê um ônibus acidentado ao lado da estrada. Aparentemente, o ônibus se desviou para não atingir uma raposa selvagem atravessando a estrada, e todos os passageiros estão inconscientes, mas não seriamente feridos. (Preciso que eles não possam se comunicar para que o exemplo funcione, mas não quero que os ferimentos sejam muito perturbadores.) Os paramédicos na cena lhe informam que o peso médio dos 62 passageiros no ônibus é 88 quilos. Além disso, a raposa da qual o ônibus se desviou foi atingida de raspão e parece que teve apenas uma pata traseira quebrada.

Felizmente, você conhece o peso médio e o desvio padrão para toda a população do Changing Lives, assim como você tem um conhecimento instrumental do teorema do limite central *e* sabe como prestar primeiros socorros a uma raposa selvagem. O peso médio para os participantes do Changing Lives é 74; o desvio padrão é dezesseis. A partir dessa informação, podemos calcular o erro padrão para uma amostra de 62 pessoas (o número de passageiros inconscientes no ônibus): $s/\sqrt{62} = 16/7{,}9$, ou 2,03.

A diferença entre a média da amostra (88 quilos) e a média da população (74 quilos) é de catorze quilos, ou bem mais que três erros padrões. Sabemos pelo teorema do limite central que 99,7% de todas as médias de amostras se situam dentro de três erros padrões da média da população. Isso faz com que seja extremamente improvável que esse ônibus represente um grupo aleatório de participantes do Changing Lives. O seu dever como líder comunitário é ligar para os funcionários do estudo e avisar que aquele provavelmente não é o seu ônibus perdido, só que agora você pode fornecer evidência estatística, e não só "um palpite". Você informa aos caras do Changing Lives que rejeita a possibilidade de que aquele seja o ônibus perdido com um nível de confiança de 99,7%. E, já que está falando com pesquisadores, eles realmente entenderão a que você se refere.

A sua análise é posteriormente confirmada quando os paramédicos fazem exames de sangue com os passageiros do ônibus e descobrem que o nível de colesterol médio do grupo é cinco erros padrões acima do nível de colesterol médio dos participantes do estudo Changing Lives. Isso sugere, corretamente, como se verificará, que os passageiros inconscientes estão envolvidos com o Festival da Salsicha.

[Há um final feliz. Quando os passageiros do ônibus recuperam a consciência, os funcionários do estudo Changing Lives lhes oferecem aconselhamento sobre os perigos de uma dieta rica em gorduras saturadas, fazendo com que muitos deles adotem hábitos alimentares mais saudáveis para o coração. Entrementes, a raposa recuperou sua saúde numa reserva local de preservação da vida selvagem e depois foi solta de volta na natureza.]*

---

* Meu colega da Universidade de Chicago Jim Sallee faz uma crítica muito contundente aos exemplos de ônibus perdidos. Ele ressalta que muito poucos ônibus costumam se perder. Então, se por acaso estamos procurando um ônibus perdido, qualquer ônibus perdido ou acidentado que encontrarmos será provavelmente o que estamos procurando, *independentemente do peso dos passageiros no ônibus*. Ele tem razão. (Pense nisso: se você perde seu filho num supermercado e o gerente da loja lhe diz que por acaso há uma criança perdida parada perto do caixa seis, você concluiria na mesma hora que provavelmente é

Tentei me ater ao básico neste capítulo. Você deve observar que para que o teorema do limite central se aplique, os tamanhos das amostras precisam ser relativamente grandes (mais de trinta, como regra prática). Também necessitamos de uma amostra relativamente grande se vamos pressupor que o desvio padrão da amostra é aproximadamente o mesmo que o desvio padrão da população da qual é retirada. Há uma profusão de recursos estatísticos que podem ser aplicados quando tais condições não são atendidas – mas são todos meras cerejas do bolo (e talvez até mesmo apenas enfeites na cobertura do bolo). O "quadro principal" aqui é simples e poderosíssimo:

1. Se você obteve amostras grandes, aleatórias, de qualquer população, as médias dessas amostras serão distribuídas normalmente em torno da média da população (independentemente do aspecto da distribuição da população subjacente).
2. A maioria das médias de amostras estará razoavelmente perto da média da população; o erro padrão é o que define "razoavelmente perto".
3. O teorema do limite central nos diz a probabilidade de que a média de uma amostra se situe dentro de certa distância da média da população. É relativamente improvável que uma média de amostra se situe a mais de dois erros padrões em relação à média da população, e bastante improvável que se situe a três ou mais erros padrões em relação à média da população.
4. Quanto menos provável for um resultado observado ao acaso, mais confiantes podemos estar em presumir que haja algum outro fator em jogo.

É basicamente isso que constitui a inferência estatística. O teorema do limite central é o que torna a maior parte possível. E até LeBron James ganhar tantos campeonatos da NBA quanto Michael Jordan (seis), o teorema do limite central será muito mais impressionante que ele.

o seu filho.) Portanto, teremos de adicionar mais um elemento absurdo a esses exemplos e fingir que há ônibus se perdendo o tempo todo.

9. Inferência

Por que o meu professor de estatística achou que eu podia ter colado

Na primavera do meu último ano de faculdade, me inscrevi para o curso de estatística. Na época, eu não era particularmente apaixonado por estatística ou pela maioria das disciplinas com base matemática, mas tinha prometido ao meu pai que faria o curso se pudesse faltar à escola durante dez dias para viajar com a família para a União Soviética. Assim, basicamente fiz o curso em troca da viagem. E isso acabou sendo ótimo, porque gostei de estatística muito mais do que poderia imaginar e visitei a União Soviética na primavera de 1988. Quem pensaria que em breve o país não existiria mais na sua forma comunista?

Essa história é de fato relevante para o capítulo; a questão é que não me dediquei ao curso de estatística durante o período letivo como deveria. Entre outras responsabilidades, também estava redigindo uma tese de encerramento que devia ser entregue mais ou menos na metade do ano. Tínhamos provas regulares no curso de estatística, muitas das quais ignorei ou fui reprovado. Estudei um pouco mais para o exame do primeiro semestre e me saí razoavelmente bem – literalmente. Mas poucas semanas antes do fim do ano, aconteceram duas coisas. Primeira, acabei a minha tese, o que me rendeu muito mais tempo livre. Segunda, percebi que estatística não era nem de perto tão difícil quanto eu imaginava. Comecei a estudar o livro de estatística e fazer os trabalhos do começo do ano. Tirei A no exame final.

Foi aí que o meu professor de estatística, cujo nome esqueci há muito tempo, me chamou em sua sala. Não lembro exatamente o que ele disse, mas foi algo do tipo "Você realmente se saiu muito melhor no exame final do que no do primeiro semestre". Porém, ele não havia me chamado para me parabenizar ou para reconhecer que eu havia finalmente começado a me esforçar na matéria. Havia uma acusação implícita (embora não explícita) nessa convocação; ele de fato esperava que eu explicasse por que me saí tão melhor no exame final do que no do meio do ano. Em suma, o sujeito desconfiou que eu pudesse ter colado. Agora que tenho lecionado por muitos anos, consigo entender melhor essa linha de pensamento. Em quase todo curso que dei, há um surpreendente grau de correlação entre o desempenho de um aluno no exame do primeiro semestre e no exame final. É *sim* muito inusitado um aluno tirar uma nota abaixo da média no meio do ano e depois estar entre os melhores da classe no exame final.

Expliquei que tinha acabado a minha tese e começado a levar o curso a sério (fazendo coisas tipo ler os capítulos recomendados dos livros-textos e fazer dever de casa). Ele pareceu satisfeito com a explicação, e eu saí da sala, ainda um pouco inquieto com a acusação implícita.

Acredite ou não, essa historinha incorpora muito do que você precisa saber sobre inferência estatística, inclusive seus pontos fortes e fragilidades potenciais. *A estatística não pode provar nada com certeza.* Em vez disso, o poder da inferência estatística deriva de observar algum padrão ou resultado e então usar a probabilidade para determinar a explicação mais provável para aquele resultado. Imagine que um jogador estranho chegue a uma cidade e lhe ofereça uma aposta: ele ganha US$1.000 se tirar seis num único lance de um dado; você ganha US$500 se der qualquer outra coisa – uma aposta muito boa do seu ponto de vista. Ele então vai e tira dez vezes seguidas o seis, levando US$10 mil de você.

Uma explicação possível é que ele tenha tido sorte. Uma explicação alternativa é que de algum modo ele trapaceou. A probabilidade de tirar seis dez vezes seguidas com um dado honesto é de aproximadamente um em 60 milhões. Você não pode provar que ele trapaceou, mas no mínimo deveria ter examinado o dado.

É claro que a explicação mais provável nem sempre é a explicação certa. Coisas extremamente raras acontecem. Linda Cooper é uma mulher da Carolina do Sul que foi atingida por um raio quatro vezes.[1] (A Administração Federal de Controle de Emergências estima a probabilidade de ser atingido por um raio uma única vez como um em 600 mil.) A companhia de seguros de Linda Cooper não pode negar-lhe cobertura simplesmente porque seus ferimentos são estatisticamente improváveis. Voltando ao meu exame de estatística no curso de graduação, o professor tinha um motivo razoável para estar desconfiado. Ele viu um padrão que era bastante improvável; é exatamente assim que investigadores identificam cola em exames padronizados e é como a Comissão de Valores Mobiliários pega operações com informação privilegiada. Mas um padrão improvável é apenas um padrão improvável a não ser que seja corroborado por evidência adicional. Mais adiante neste capítulo discutiremos erros que podem surgir quando a probabilidade nos conduz pelo caminho errado.

Por enquanto, devemos apreciar que a inferência estatística emprega dados para abordar questões importantes. Será que uma droga nova é efetiva no tratamento de doenças cardíacas? Será que celulares provocam câncer? Por favor, perceba que não estou alegando que a estatística pode *responder* a esse tipo de pergunta de forma inequívoca; em vez disso, a inferência nos diz o que é provável e o que é improvável. Pesquisadores não podem provar que uma droga nova é efetiva no tratamento de doenças cardíacas, mesmo quando possuem dados de uma experiência clínica cuidadosamente controlada. Afinal, é muito possível que haja uma variação aleatória nos resultados dos pacientes nos grupos de tratamento e controle, variação esta que não esteja relacionada com a nova droga. Se 53 em cem pacientes que tomam a nova medicação para doenças cardíacas mostraram acentuada melhora em comparação com 49 pacientes em cem que tomaram um placebo, não poderíamos concluir de imediato que a nova droga é efetiva. Esse é um resultado que pode ser explicado facilmente pelas variações casuais entre os dois grupos, e não pela nova droga.

Mas, em vez disso, suponha que 91 em cada cem pacientes recebendo a nova medicação mostrem uma acentuada melhora, em comparação com 49 em cem do grupo de controle. Ainda é possível que esse resultado impressionante não esteja relacionado com a nova droga; os pacientes no grupo de tratamento podem ser particularmente afortunados ou ter uma capacidade de recuperação rápida. *Mas essa é agora uma explicação bem me-*

nos provável. Na linguagem formal da inferência estatística, pesquisadores provavelmente concluiriam o seguinte: (1) se a droga experimental não tem efeito, raramente veríamos uma variação de resultados dessa dimensão entre aqueles que recebem a droga e aqueles que tomam placebo. (2) Portanto, é muito improvável que a droga não tenha efeito positivo. (3) A explicação alternativa – e mais provável – para o padrão de dados observados é que a droga experimental tenha efeito positivo.

A inferência estatística é o processo pelo qual os dados falam conosco, possibilitando-nos tirar conclusões significativas. Essa é a recompensa! O foco da estatística não é fazer uma miríade de cálculos matemáticos rigorosos; o foco é adquirir compreensão de fenômenos sociais significativos. A inferência estatística é na realidade o casamento de dois conceitos que já discutimos: dados e probabilidade (com uma pequena ajuda do teorema do limite central). Neste capítulo, tomei um importante atalho metodológico. Todos os exemplos partirão do pressuposto de que estamos trabalhando com amostras grandes, adequadamente extraídas. Essa premissa significa que o teorema do limite central se aplica, e que a média e o desvio padrão para qualquer amostra serão aproximadamente os mesmos que a média e o desvio padrão para a população da qual a amostra é retirada. Ambas as coisas facilitam os nossos cálculos.

A inferência estatística não depende dessa premissa simplificadora, mas os diversos artifícios metodológicos para lidar com amostras pequenas ou dados imperfeitos muitas vezes atrapalham a compreensão do quadro maior. O propósito aqui é apresentar o poder da inferência estatística e explicar como ela funciona. Uma vez entendido isso, é fácil aprofundar a complexidade.

UMA DAS FERRAMENTAS mais comuns da inferência estatística é o teste de hipóteses. Na verdade, já introduzi esse conceito – só que sem a terminologia rebuscada. Conforme observado anteriormente, a estatística sozinha não pode *provar* nada; em vez disso, usamos a inferência estatística para aceitar ou rejeitar explicações com base na sua relativa probabilidade. Para ser mais preciso, qualquer inferência estatística começa com uma hipótese nula implícita ou explícita. Essa é a nossa premissa de partida, que será rejeitada ou não com base em análise estatística subsequente. Se rejeitamos a hipótese nula, então geralmente aceitamos alguma hipótese alternativa que seja mais consistente com os dados observados. Por exemplo, num tribunal a premissa de partida, ou hipótese nula, é que o réu é inocente. A tarefa da promotoria é persuadir o juiz ou o júri a rejeitar essa premissa e aceitar a hipótese alternativa, ou seja, que o réu é culpado. Como questão de lógica, a hipótese alternativa é uma conclusão que precisa ser verdade se é para rejeitar a hipótese nula. Consideremos alguns exemplos:

Hipótese nula: essa nova droga experimental não é mais efetiva em prevenir a malária do que um placebo.

Hipótese alternativa: essa nova droga experimental pode ajudar a prevenir a malária.

Os dados: um grupo escolhido aleatoriamente recebe a nova droga experimental e um grupo de controle recebe um placebo. No final de certo período de tempo, o grupo que recebe a droga experimental tem muito menos casos de malária que o grupo de controle. Esse seria um resultado extremamente improvável se a droga experimental não tivesse impacto medicinal. Como resultado, *rejeitamos* a hipótese nula de que a nova droga não tem impacto (além do de um placebo) e aceitamos a alternativa lógica, que é a nossa hipótese alternativa. Essa nova droga experimental pode ajudar a prevenir a malária.

Essa abordagem metodológica é estranha o bastante para justificar mais um exemplo. Outra vez, note que a hipótese nula e a hipótese alternativa são complementos lógicos. Se uma é verdadeira, a outra não é. Ou, se rejeitamos uma afirmação, devemos aceitar a outra.

Hipótese nula: tratamento para abuso de substâncias químicas para detentos não reduz sua taxa de reincidência após deixarem a prisão.

Hipótese alternativa: tratamento para abuso de substâncias químicas para detentos reduzirá sua probabilidade de reincidência depois de soltos.

Os dados (hipotéticos): detentos foram aleatoriamente divididos em dois grupos; o grupo de "tratamento" recebe tratamento para abuso de substâncias e o grupo de controle não recebe. (Trata-se de uma dessas ocasiões bacanas em que o grupo de tratamento realmente recebe tratamento!) Após cinco anos, ambos os grupos têm índices similares de reincidência. Nesse caso, *não podemos rejeitar* a hipótese nula.* Os dados não nos deram razão para descartar a nossa premissa inicial de que o tratamento para abuso de substâncias químicas não é uma ferramenta efetiva para impedir ex-infratores de voltar à prisão.

Pode parecer contraintuitivo, mas pesquisadores muitas vezes criam uma hipótese nula na esperança de poder rejeitá-la. Em ambos os exemplos anteriores, o "sucesso" da pesquisa (achar uma nova droga para a malária ou reduzir a reincidência de prisão) envolvia rejeitar a hipótese nula. Os dados tornaram isso possível em apenas um dos casos (a droga para malária).

NUM TRIBUNAL, o limiar para rejeitar uma premissa de inocência é a avaliação qualitativa de o réu ser "culpado além de uma dúvida razoável". Cabe ao juiz ou ao júri definir o que exatamente isso significa. A estatística abriga a mesma ideia básica, mas "culpado além de uma dúvida razoável" é definido quantitativamente. Os pesquisadores em geral perguntam: se a hipótese nula for verdadeira, qual é a probabilidade de observar esse padrão de dados por puro acaso? Usando um exemplo familiar, pesquisadores

* Por uma questão de semântica, nós não *provamos* que a hipótese nula é verdadeira (que o tratamento para abuso de substâncias químicas não tem efeito). Ele pode acabar se revelando extremamente efetivo para outro grupo de detentos. Ou talvez muito mais detentos desse grupo teriam sido reincidentes se não tivessem recebido tratamento. Em todo caso, com base nos dados coletados, meramente *falhamos em rejeitar* nossa hipótese nula. Há uma distinção semelhante entre "falhar em rejeitar" uma hipótese nula e aceitar a hipótese nula. Só porque um estudo não pôde refutar que o tratamento para abuso de substâncias não tem efeito (sim, uma dupla negativa) isso não significa que se deve aceitar que o tratamento para abuso de substâncias seja inútil. Aqui há uma significativa distinção estatística. Dito isso, a pesquisa frequentemente é projetada para respaldar uma política, e os funcionários do sistema carcerário, que precisam decidir onde alocar recursos, podem aceitar razoavelmente a posição de que o tratamento é ineficaz, até que sejam persuadidos do contrário. Aqui, como em tantas outras áreas da estatística, o julgamento tem importância.

na área médica podem indagar: se essa droga experimental não tem efeito sobre doenças cardíacas (nossa hipótese nula), qual é a probabilidade de 91 pacientes em cem que tomam a droga mostrarem melhora em comparação com apenas 49 em cem pacientes tomando placebo? Se os dados sugerem que a hipótese nula é extremamente improvável – como no exemplo médico –, então devemos rejeitá-la e aceitar a hipótese alternativa (de que a droga é efetiva no tratamento de doenças cardíacas).

Nessa vertente, vamos revisitar o escândalo de fraude padronizada em Atlanta mencionado em diversos pontos do livro. Os resultados dos testes em Atlanta chamaram atenção primeiro pela alta quantidade de respostas com rasuras "errado para certo". Obviamente, estudantes rasuram respostas o tempo todo durante esse tipo de exame. E alguns grupos de alunos podem ter sido particularmente sortudos em suas mudanças, sem que houvesse necessariamente qualquer fraude envolvida. Por esse motivo, a hipótese nula é que os resultados dos testes padronizados para qualquer distrito escolar são legítimos e que quaisquer padrões irregulares de rasuras são meramente produto do acaso. Sem dúvida não queremos punir alunos ou administradores porque uma proporção inusitadamente alta de alunos resolveu fazer mudanças sensatas em suas folhas de respostas nos minutos finais de um importante exame estadual.

Mas "inusitadamente alta" não chega nem perto de descrever o que aconteceu em Atlanta. Algumas classes tinham folhas de respostas nas quais a quantidade de rasuras errado-para-certo representavam de vinte a cinquenta desvios padrões acima da norma estadual. (Para pôr isso em perspectiva, lembre-se de que a maioria das observações numa distribuição geralmente cai dentro de dois desvios padrões em relação à média.) Então, qual a probabilidade de que os estudantes de Atlanta tenham apagado quantidades maciças de respostas erradas e as substituído por respostas certas por uma simples questão de acaso? O funcionário que analisou os dados descreveu a probabilidade de ocorrência do padrão de Atlanta sem fraude como aproximadamente igual à chance de ter 70 mil pessoas comparecendo a um jogo de futebol americano no Georgia Dome sendo que todas têm mais de dois metros de altura.[2] Isso pode acontecer? Sim. É provável? Nem tanto.

Os funcionários da Geórgia ainda não podiam condenar ninguém por contravenção, da mesma forma que meu professor não pôde (e não devia) me expulsar da escola porque a nota do meu exame final em estatística estava fora de sincronia com a nota do primeiro semestre. *Os funcionários de Atlanta não podiam provar que estava havendo uma fraude.* Podiam, porém, rejeitar a hipótese nula de que os resultados eram legítimos. E podiam fazê-lo com um "alto grau de confiança", o que significa que o padrão observado era quase impossível entre alunos normais fazendo um teste. Portanto, aceitaram explicitamente a hipótese alternativa, a de que estava ocorrendo alguma falcatrua. (Imagino, no entanto, que eles tenham empregado um termo mais oficial.) Investigações subsequentes de fato revelaram os "rasuradores fantasmas". Houve relatos de professores mudando respostas, divulgando respostas, permitindo a alunos de baixo desempenho copiar de alunos de alto desempenho e até mesmo apontando respostas quando parados junto às carteiras dos alunos. A fraude mais escandalosa envolvia um grupo de professores que organizou um encontro animado com muita pizza no fim de semana durante o qual repassaram as folhas de exame e mudaram as respostas dos alunos.

No exemplo de Atlanta, pudemos rejeitar a hipótese nula de "não fraude" porque o padrão dos resultados dos testes era absurdamente improvável na ausência de trapaças. Mas o quanto a hipótese nula deve ser implausível para podermos rejeitá-la e recorrer a alguma explicação alternativa?

Um dos limiares mais comuns utilizados por pesquisadores para rejeitar uma hipótese nula é 5%, geralmente escrito em forma decimal: 0,05. Essa probabilidade é conhecida como nível de significância e representa o limite superior para a probabilidade de observação de algum padrão de dados se a hipótese nula fosse verdadeira. Acompanhe meu raciocínio por um momento, porque na realidade não é tão complicado assim.

Pensemos sobre um nível de significância de 0,05. Podemos rejeitar uma hipótese nula no nível 0,05 se houver uma chance menor do que 5% de obter um resultado no mínimo tão extremo quanto o que observamos se a hipótese nula fosse verdadeira. Um exemplo simples pode deixar isso muito mais claro. Detesto ter que fazer isso com você, porém imagine mais uma vez que você foi encarregado de achar um ônibus perdido (em parte por causa dos seus valentes esforços no capítulo anterior). Só que agora você está trabalhando em período integral para os pesquisadores do estudo Changing Lives, e eles lhe deram alguns dados excelentes para ajudar nas informações para o seu trabalho. Cada ônibus operado pelos organizadores do estudo tem aproximadamente sessenta passageiros, então podemos tratar os passageiros de qualquer ônibus como uma amostra aleatória tirada da população total do Changing Lives. Você é despertado de manhã cedo pela notícia de que um ônibus na área de Boston foi sequestrado por um grupo terrorista pró-obesidade.* Sua missão é descer de um helicóptero sobre o teto do ônibus em movimento, esgueirar-se para dentro pela saída de emergência e aí determinar furtivamente se os passageiros são os participantes do estudo Changing Lives, apenas baseado nos seus pesos. (Falando sério, não é mais implausível que as tramas dos filmes de ação, sendo muito mais educativo.)

Quando o helicóptero decola da base de comando, você recebe uma metralhadora, várias granadas, um relógio que também funciona como câmera de alta resolução e os dados que calculamos no capítulo anterior sobre o peso médio e o erro padrão para amostras tiradas dos participantes do Changing Lives. Qualquer amostra aleatória de sessenta participantes terá um peso médio esperado de 74 quilos e um desvio padrão de dezesseis quilos, uma vez que estes são a média e o desvio padrão para todos os participantes do estudo (a população). Com esses dados, podemos calcular o erro padrão para a média da amostra: $s/\sqrt{n} = 16/\sqrt{60} = 16/7{,}75 = 2{,}1$. No controle da missão, a seguinte distribuição é escaneada para dentro da sua retina direita, de modo que você possa consultá-la depois de penetrar no ônibus em movimento e pesar secretamente todos os passageiros.

* Esse exemplo é inspirado em fatos reais. Obviamente muitos detalhes foram modificados por razões de segurança nacional. Não posso nem confirmar nem negar meu próprio envolvimento.

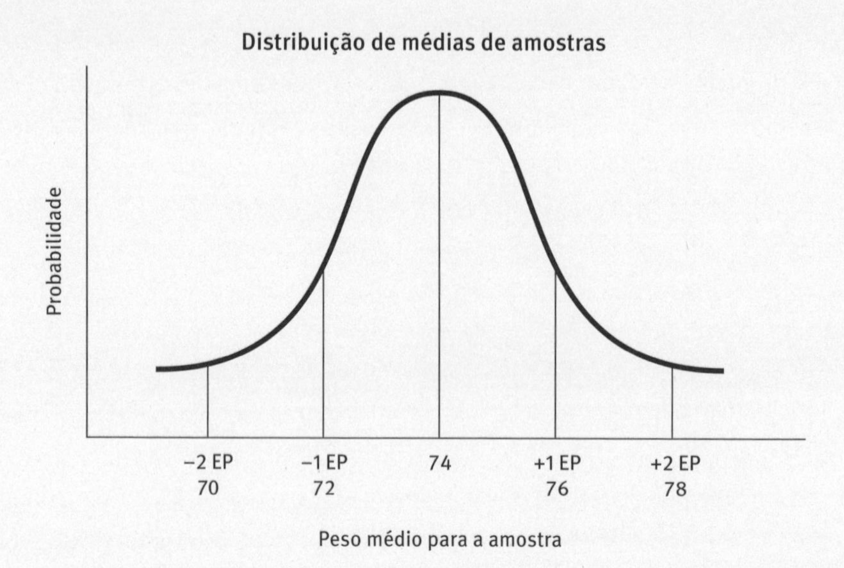

Como mostra a distribuição acima, devemos esperar que aproximadamente 95% de todas as amostras de sessenta pessoas tiradas dos participantes do Changing Lives tenham peso médio dentro de dois erros padrões em relação à média da população, ou aproximadamente entre setenta quilos e 78 quilos.* Inversamente, apenas cinco vezes em cem uma amostra de sessenta pessoas escolhidas aleatoriamente entre os participantes do Changing Lives teria uma peso médio maior que 78 quilos e menor que setenta quilos. (Você está conduzindo o que é conhecido como teste de hipótese de "duas caudas" – ou "bicaudal"; a diferença entre este e um teste de hipótese de "uma cauda" – ou "unicaudal" – será coberta no apêndice no fim deste capítulo.) Os seus orientadores na força-tarefa de contraterrorismo decidiram que 0,05 é o nível de significância para a sua missão. Se o peso médio dos sessenta passageiros no ônibus sequestrado for acima de 78 ou abaixo de setenta, então você rejeitará a hipótese nula de que o ônibus contém participantes do Changing Lives, aceitará a hipótese alternativa de que o ônibus contém sessenta pessoas que se dirigem para outro lugar e aguardará novas ordens.

* Para ser preciso, 95% de todas as médias de amostras estarão dentro de *1,96 erro padrão* acima ou abaixo da média da população.

Você tem sucesso em pousar e entrar no ônibus em movimento e secretamente pesar todos os passageiros. O peso médio para essa amostra de sessenta pessoas é 62 quilos, o que cai a mais de dois erros padrões abaixo da média. (Outra pista importante é que todos os passageiros são crianças vestindo camisetas do "Acampamento de Hóquei Glendale".)

Pelas instruções da sua missão, você pode rejeitar a hipótese nula de que aquele ônibus contém uma amostra aleatória de sessenta participantes do estudo Changing Lives a um nível de significância 0,05. Isso significa que (1) o peso médio no ônibus cai numa faixa que esperaríamos observar apenas cinco vezes em cem se a hipótese nula fosse verdadeira e aquele fosse realmente um ônibus cheio de passageiros do Changing Lives; (2) você pode rejeitar a hipótese nula no nível de significância 0,05; e (3) em média, 95 vezes em cem você terá rejeitado corretamente a hipótese nula, e cinco vezes em cem você estará errado, o que no caso significa que você concluiu que aquele *não* é o ônibus do Changing Lives, quando na verdade é. Essa amostra do pessoal do Changing Lives simplesmente acontece de ter um peso médio particularmente alto ou baixo em relação à média geral dos participantes do estudo.

A missão ainda não acabou. Sua superiora no controle da missão (papel desempenhado por Angelina Jolie na versão cinematográfica deste exemplo) lhe pede para calcular o valor-p para o seu resultado. O valor-p é a probabilidade específica de obter um resultado no mínimo tão extremo quanto o que você observou se a hipótese nula for verdadeira. O peso médio dos passageiros desse ônibus é 62 quilos, o que corresponde a 5,7 erros padrões abaixo da média dos participantes do estudo. A probabilidade de se obter um resultado pelo menos tão extremo se essa fosse realmente uma amostra de participantes do Changing Lives é de menos de 0,0001. (Num documento de pesquisa, isso seria registrado como $p<0,0001$.) Completada sua missão, você salta do ônibus em movimento e pousa a salvo no assento do passageiro de um conversível passando pela pista adjacente.

[Esta história também tem um final feliz. Quando os terroristas pró-obesidade ficam sabendo mais sobre o Festival Internacional da Salsicha na cidade, concordam em abandonar a violência e trabalhar pacificamente para promover a obesidade expandindo e divulgando festivais de salsicha ao redor do mundo.]

Se o nível de significância de 0,05 parece um tanto arbitrário, é porque ele de fato é. Não existe um único limiar estatístico padronizado para rejeitar uma hipótese nula. Tanto 0,01 como 0,1 também são limiares razoavelmente comuns para fazer o tipo de análise descrito acima.

Obviamente, rejeitar uma hipótese nula no nível 0,01 (o que significa que há menos de uma chance em cem de observar um resultado nessa faixa se a hipótese nula fosse verdadeira) carrega mais peso estatístico do que rejeitar a hipótese nula no nível 0,1 (o que significa que há menos de uma chance em dez de observar esse resultado se a hipótese nula fosse verdadeira). Os prós e contras dos diferentes níveis de significância serão discutidos mais adiante neste capítulo. Por enquanto, o importante é que, quando podemos rejeitar uma hipótese nula com um nível de significância razoável, os resultados são ditos "estatisticamente significativos".

Eis o que isso significa na vida real. Quando você lê no jornal que as pessoas que comem vinte bolinhos de farelo de trigo por dia têm taxas menores de câncer de cólon do que pessoas que não comem quantidades prodigiosas de farelo de trigo, a pesquisa acadêmica subjacente provavelmente verificou algo do tipo: (1) em algum grande conjunto de dados, os pesquisadores determinaram que indivíduos que comiam pelo menos vinte bolinhos de farelo de trigo por dia tinham uma incidência menor de câncer de cólon do que indivíduos que não relatavam comer tanto farelo. (2) A hipótese nula dos pesquisadores foi que comer bolinhos de farelo de trigo não tem impacto no câncer de cólon. (3) A disparidade dos resultados de câncer de cólon entre aqueles que comiam montes de farelo e aqueles que não comiam não podia ser explicada facilmente pelo puro acaso. Mais especificamente, se comer bolinhos de farelo de trigo não tem real ligação com câncer de cólon, a probabilidade de se ter uma diferença tão grande na incidência de câncer entre comedores e não comedores de farelo de trigo por mero acaso é inferior a algum limiar, tal como 0,05. (Esse limiar deve ser estabelecido pelos pesquisadores *antes* de fazerem sua análise estatística para evitar a escolha posterior de um limiar conveniente para fazer com que os resultados pareçam significativos.) (4) O artigo acadêmico provavelmente contém uma conclusão dizendo algo nesta linha: "Encontramos uma ligação estatisticamente significativa entre o consumo diário de vinte ou mais bolinhos de farelo de trigo e uma redução na incidência de câncer de cólon. Esses resultados são significativos no nível 0,05."

Quando mais tarde eu ler a respeito do estudo no *Chicago Sun-Times* enquanto tomo meu café da manhã de ovos com bacon, a manchete provavelmente será mais direta e interessante: "Vinte bolinhos de farelo de trigo por dia ajudam a prevenir o câncer de cólon." No entanto, a manchete do jornal, embora muito mais interessante que o artigo acadêmico, poderá também apresentar uma séria inacurácia. O estudo na realidade não alega que comer bolinhos de trigo reduz o risco de o indivíduo ter câncer de cólon; apenas mostra uma correlação negativa entre o consumo desses bolinhos e a incidência de câncer de cólon num grande conjunto de dados. Essa associação estatística não é suficiente para provar que tais bolinhos *causam* a melhora no resultado da saúde. Afinal, o tipo de pessoa que come bolinhos de farelo de trigo (especialmente vinte por dia!) pode fazer várias outras coisas que reduzem o risco de câncer, tais como comer menos carne vermelha, exercitar-se regularmente, fazer exames regulares para detectar câncer, e assim por diante. (Esse é o "viés do usuário saudável" do Capítulo 7.) Será que podemos atribuir esses resultados à ação dos bolinhos de farelo ou a outros comportamentos ou atributos pessoais compartilhados por pessoas que comem uma porção de bolinhos de farelo de trigo por dia? Essa distinção entre correlação e causalidade é crucial para uma interpretação adequada dos resultados estatísticos. Revisitaremos mais adiante no livro essa ideia de que "correlação não equivale a causalidade".

Devo também ressaltar que a significância estatística não diz nada a respeito do *tamanho* dessa associação. Pessoas que comem montes de bolinhos de farelo de trigo podem ter uma incidência menor de câncer de cólon, mas quanto menor? A diferença nos índices de câncer de cólon para comedores e não comedores de farelo de trigo pode ser trivial; a constatação de uma significância estatística significa apenas que o efeito observado, por menor que seja, não é provável de ocorrer por coincidência. Suponha que você se depare com um estudo bem planejado que descobriu uma relação positiva estatisticamente significativa entre comer uma banana antes dos exames escolares e obter uma nota mais alta na parte de matemática do exame. Uma das primeiras perguntas que você deseja fazer é: qual é o tamanho desse efeito? Poderia facilmente ser 0,9 ponto; num teste com um escore médio de quinhentos, esse número não muda a vida de ninguém. No Capítulo 11, voltaremos a essa distinção crucial entre *tamanho* e *significância* quando se trata de interpretar resultados estatísticos.

Nesse meio-tempo, a descoberta de que "não há associação estatisticamente significativa" entre duas variáveis quer dizer que qualquer relação entre as duas variáveis pode ser razoavelmente explicada apenas pelo acaso. O *New York Times* publicou uma denúncia bombástica sobre empresas de tecnologia oferecendo a preço baixo programas que elas alegam melhorar o desempenho de alunos, quando os dados sugerem outra coisa.[3] Segundo o artigo, a Carnegie Mellon University vende um programa chamado Cognitive Tutor com esta temerária alegação: "Currículos matemáticos revolucionários. Resultados revolucionários." Todavia, uma avaliação do Cognitive Tutor conduzida pelo Departamento de Educação dos Estados Unidos concluiu que o produto "não tem efeitos discerníveis" nos resultados dos exames de alunos do ensino médio. (O *Times* sugere que a campanha de marketing apropriada deveria ser "Currículos matemáticos indistintos. Resultados não provados".) Na verdade, um estudo de dez produtos de softwares programados para melhorar o domínio de matérias como matemática ou leitura descobriu que nove deles "não têm efeitos estatisticamente significativos nos resultados dos exames". Em outras palavras, pesquisadores federais não podem descartar o mero acaso como causa de qualquer variação no desempenho de estudantes que usam esses produtos e estudantes que não usam.

DEIXE-ME FAZER uma pausa para lembrar a você por que tudo isso tem importância. Uma matéria no *Wall Street Journal* em maio de 2011 trazia a manchete: "Descoberta relação entre autismo e tamanho do cérebro". Essa é uma descoberta importante, pois as causas do transtorno do espectro autista permanecem vagas. A primeira frase da matéria do *Wall Street Journal*, que resumia um artigo publicado na revista *Archives of General Psychiatry*, reporta: "Crianças com autismo têm cérebros maiores do que crianças sem o distúrbio, e o crescimento parece ocorrer antes dos dois anos de idade, segundo um novo estudo divulgado na segunda-feira."[4] Com base em exames de imagem do cérebro conduzidos em 59 crianças com autismo e 38 crianças sem autismo, pesquisadores na Universidade da Carolina do Norte reportaram que crianças com autismo têm cérebros que são até 10% maiores que os das crianças da mesma idade sem autismo.

Eis a questão médica relevante: existe uma diferença fisiológica nos cérebros de crianças pequenas que têm o espectro do autismo? Se sim, essa descoberta pode levar a uma melhor compreensão do que causa o distúrbio e como ele pode ser tratado ou prevenido.

E eis a questão estatística relevante: os pesquisadores podem fazer inferências abrangentes sobre o espectro do autismo em geral que estejam baseadas num estudo de um grupo aparentemente pequeno de crianças com autismo (59) e um grupo de controle ainda menor (38) – meros 97 sujeitos ao todo? A resposta é sim. Os pesquisadores concluíram que a probabilidade de observar as diferenças no tamanho total do cérebro que descobriram em suas duas amostras seria meramente de duas chances em mil ($p = 0{,}002$) se de fato não houvesse diferença real no tamanho do cérebro entre crianças com e sem autismo na população geral.

Fui atrás do estudo original na *Archives of General Psychiatry*.[5] Os métodos usados por esses pesquisadores não são mais sofisticados que os conceitos que cobrimos até aqui. Vou lhe proporcionar um rápido passeio pelos fundamentos desse resultado social e estatisticamente significativo. Primeiro, você deve reconhecer que cada grupo de crianças, as 59 com autismo e as 38 sem autismo, constitui uma amostra razoavelmente grande extraída das respectivas populações – crianças com e sem autismo. As amostras são grandes o bastante para que se aplique o teorema do limite central. Se você já tentou bloquear o conteúdo do último capítulo na sua cabeça, vou lembrá-lo do que diz o teorema do limite central: (1) as médias de amostras para qualquer população estarão distribuídas aproximadamente numa distribuição normal em torno da média real da população; (2) devemos esperar que a média e o desvio padrão da amostra sejam aproximadamente iguais à média e ao desvio padrão da população de onde a amostra é retirada; e (3) aproximadamente 68% das médias das amostras se situam dentro de um erro padrão em relação à média da população, aproximadamente 95%, dentro de dois erros padrões em relação à média da população, e assim por diante.

Numa linguagem menos técnica, tudo isso quer dizer que qualquer amostra deve se parecer bastante com a população da qual é tirada; embora cada amostra seja diferente, seria relativamente raro que a média de uma amostra adequadamente retirada se desvie bastante da média para a população relevante subjacente. Similarmente, seria de esperar também que duas amostras tiradas da mesma população se parecessem bastante entre si. Ou, pensando na situação de modo um pouco diferente, se temos duas amostras com médias extremamente desiguais, a explicação mais provável é que venham de populações diferentes.

Eis aqui um rápido exemplo intuitivo. Suponha que a sua hipótese nula seja que jogadores profissionais de basquete masculino tenham a mesma altura média que o resto da população masculina adulta. Você seleciona ao acaso uma amostra de cinquenta jogadores de basquete profissionais e uma amostra de cinquenta homens que não jogam basquete profissional. Suponha que a altura média da sua amostra de jogadores seja de 1,98 metro e a altura média dos não jogadores seja de 1,75 metro (uma diferença de 23 centímetros). Qual é a probabilidade de observar uma diferença tão grande na altura média entre as duas amostras se de fato não houver diferença na altura média entre jogadores de basquete profissionais e todos os outros homens na população geral? A resposta não técnica: muito, muito, muito baixa.*

* Existem duas hipóteses alternativas possíveis. Uma é que os jogadores de basquete profissionais são mais altos que a população masculina geral. A outra é meramente que os jogadores de basquete profissionais tenham uma altura média diferente da população masculina em geral (deixando aberta a possibilidade de haver jogadores de basquete que possam na realidade ser mais baixos que outros homens). Essa distinção tem um pequeno impacto quando se realizam testes de significância e se calculam valores-p. Ela é explicada em textos mais avançados e não é importante para a nossa discussão geral aqui.

O artigo da pesquisa sobre autismo tem a mesma metodologia básica. O artigo compara diversas medições de tamanhos de cérebro entre as amostras de crianças. (As medições do cérebro foram feitas com imagens de ressonância magnética aos dois anos e mais uma vez entre os quatro e cinco anos.) Vou me ater apenas a uma medição, o volume total do cérebro. A hipótese nula dos pesquisadores presumivelmente foi que não há diferenças anatômicas nos cérebros de crianças com autismo e sem autismo. A hipótese alternativa é que os cérebros de crianças com transtorno do espectro autista são fundamentalmente diferentes. Tal descoberta ainda deixaria uma porção de perguntas, mas apontaria uma direção para futuras investigações.

Nesse estudo, as crianças com transtorno do espectro autista tinham um volume cerebral médio de 1.310,4 centímetros cúbicos; enquanto as crianças no grupo de controle tinham um volume cerebral médio de 1.238,8 centímetros cúbicos. Portanto, a diferença no volume cerebral médio entre os dois grupos é de 71,6 centímetros cúbicos. Qual é a probabilidade desse resultado se de fato não houver diferença no tamanho médio do cérebro na população em geral entre crianças que têm transtorno do espectro autista e crianças que não têm?

Você deve se lembrar do último capítulo que podemos criar um erro padrão para cada uma das nossas amostras: $s/\sqrt{n}$, onde *s* é o desvio padrão da amostra e n é o número de observações. O artigo da pesquisa nos fornece esses números. O erro padrão para o volume cerebral total das 59 crianças na amostra com transtorno do espectro autista é treze centímetros cúbicos; o erro padrão para o volume cerebral total na amostra de 38 crianças do grupo de controle é dezoito centímetros cúbicos. Você se lembrará de que o teorema do limite central nos diz que, para 95 amostras em cem, a média da amostra vai se situar dentro de dois erros padrões da média real da população, num ou noutro sentido.

Como resultado, podemos inferir a partir da nossa amostra que 95 vezes em cem o intervalo de 1.310,4 centímetros cúbicos ± 26 (que corresponde a dois erros padrões) conterá o volume cerebral médio para *todas* as crianças com transtorno do espectro autista. Essa expressão é chamada de intervalo de confiança. Podemos dizer com 95% de confiança que a faixa de 1.284,4 até 1.336,4 centímetros cúbicos contém o volume cerebral total médio para crianças na população geral com transtorno do espectro autista.

Usando a mesma metodologia, podemos dizer com 95% de confiança que o intervalo de 1.238,8 ± 36, ou entre 1.202,8 e 1.274,8 centímetros cúbicos, incluirá o volume cerebral médio para crianças na população geral que não tem transtorno do espectro autista.

Sim, aqui há um bocado de números. Talvez você tenha acabado de arremessar o livro para o outro lado da sala.* Se não o fez, ou se foi pegar o livro de volta, o que você deve notar é que os nossos intervalos de confiança não se sobrepõem. O *limite inferior* do nosso intervalo de confiança de 95% para o tamanho cerebral médio de crianças com autismo na população geral (1.284,4 centímetros cúbicos) ainda é mais alto que o *limite superior* para o intervalo de confiança de 95% para o tamanho cerebral médio de crianças pequenas sem autismo na população (1.274,8 centímetros cúbicos), como ilustra o diagrama a seguir.

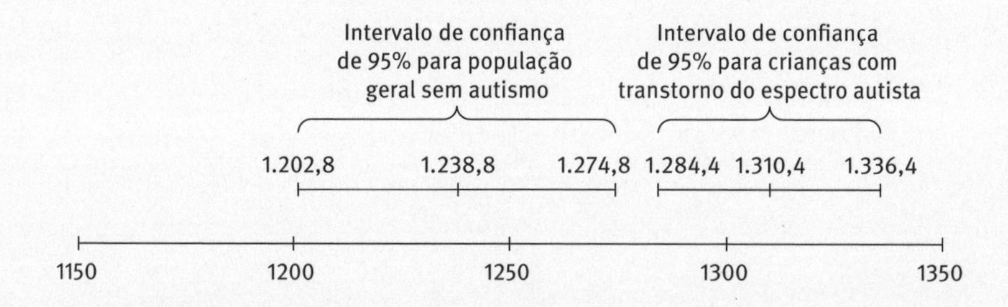

Essa é a primeira pista de que pode haver uma diferença anatômica subjacente nos cérebros de crianças pequenas com transtorno do espectro autista. Contudo, é apenas uma pista. Todas essas inferências baseiam-se em dados referentes a menos de cem crianças. Talvez tenhamos somente amostras excêntricas.

Um último procedimento estatístico pode materializar tudo isso. Se estatística fosse um evento olímpico como patinação artística, esta seria a

* Confesso que uma vez rasguei um livro de estatística ao meio por pura frustração.

apresentação final, após a qual os fãs eufóricos jogam buquês de flores sobre o gelo. Podemos calcular a probabilidade exata de observar uma diferença de médias no mínimo tão grande (1.310,4 versus 1.238,8 centímetros cúbicos) se realmente não houver diferença no tamanho do cérebro entre crianças com transtorno do espectro autista e todas as outras na população geral. Podemos achar um valor-p para a diferença observada entre as médias.

Para evitar que você volte a jogar o livro através da sala, pus a fórmula no apêndice deste capítulo. A intuição é simples e direta. Se pegarmos duas amostras grandes da mesma população, seria de esperar que tenham médias bastante similares. Na verdade, o nosso melhor palpite é que tenham médias idênticas. Por exemplo, se fôssemos selecionar cem jogadores da NBA e eles tivessem uma altura média de 1,98 metro, então eu esperaria que outra amostra aleatória de cem jogadores da NBA tivesse uma média próxima a 1,98 metro. Ok, talvez as duas amostras tivessem uma diferença de quatro ou cinco centímetros. Mas é menos provável que as médias das duas amostras tenham uma diferença de dez centímetros – e menos provável ainda que tenham uma diferença de quinze ou vinte centímetros. Acontece que podemos calcular um erro padrão para a diferença entre as médias das duas amostras; esse erro padrão nos dá uma medida da dispersão que podemos esperar, em média, quando subtraímos a média de uma amostra da média da outra. (Como eu disse antes, a fórmula está no apêndice do capítulo.) O importante é que podemos usar esse erro padrão para calcular a probabilidade de que ambas as amostras provenham da mesma população. Eis como funciona:

1. Se duas amostras são tiradas da mesma população, o nosso melhor palpite é que a diferença entre suas médias seja zero.
2. O teorema do limite central nos diz que, em amostras repetidas, a *diferença entre duas médias* estará distribuída aproximadamente como uma distribuição normal. (Cá entre nós, você já está adorando o teorema do limite central ou não?)
3. Se as duas amostras realmente provêm da mesma população, então, em cerca de 68 casos em cem, a diferença entre as médias das duas amostras

estará dentro de um erro padrão de zero. E, em cerca de 95 casos em cem, a diferença entre as médias das duas amostras estará dentro de dois erros padrões de zero. E em 99,7 casos em cem, a diferença estará dentro de três erros padrões de zero – que acaba sendo o que motiva a conclusão do artigo de pesquisa sobre autismo com o qual começamos.

Conforme observado anteriormente, a diferença no tamanho cerebral médio entre a amostra de crianças com transtorno do espectro autista e o grupo de controle é de 71,6 centímetros cúbicos. O erro padrão para esta diferença é 22,7, o que significa que a diferença entre as médias das duas amostras é maior do que três erros padrões a partir de zero; um resultado tão (ou mais) extremo seria esperado apenas duas vezes em mil se essas amostras são tiradas de uma população idêntica.

No artigo publicado na revista *Archives of General Psychiatry*, os autores reportam um valor-p de 0,002, conforme mencionei antes. Agora você sabe de onde surgiu esse valor!

APESAR DE TODAS as maravilhas da inferência estatística, existem também algumas armadilhas significativas. Elas derivam do exemplo que introduziu este capítulo: meu desconfiado professor de estatística. O poderoso processo de inferência estatística baseia-se na probabilidade, não em algum tipo de certeza cósmica. Não queremos mandar gente para a cadeia pelo equivalente a tirar dois *royal flushes** seguidos; isso *pode* acontecer, mesmo que a pessoa não esteja trapaceando. Como resultado, temos um dilema fundamental quando se trata de qualquer tipo de teste de hipótese.

Essa realidade estatística ganhou repercussão em 2011 quando o *Journal of Personality and Social Psychology* preparava-se para publicar um artigo acadêmico que, à primeira vista, era parecido com milhares de outros artigos acadêmicos.[6] Um professor de Cornell propôs explicitamente uma

* No pôquer, sequência máxima de cartas de um mesmo naipe. (N.T.)

hipótese nula, conduziu um experimento para testá-la e então rejeitou-a a um nível de significância de 0,05 com base nos resultados experimentais. O resultado causou um grande alvoroço, tanto em círculos científicos como nos principais veículos de mídia como o *New York Times*.

Basta dizer que artigos no *Journal of Personality and Social Psychology* em geral não atraem grandes manchetes jornalísticas. O que exatamente tornou esse estudo tão controverso? O pesquisador em questão estava testando a capacidade humana de exercitar percepção extrassensorial, ou PES. A hipótese nula era que a PES não existe; a hipótese alternativa era que seres humanos têm sim poderes extrassensoriais. Para estudar essa questão, o pesquisador recrutou uma grande amostra de participantes para examinar duas "cortinas" postadas numa tela de computador. Um programa colocava aleatoriamente uma foto erótica atrás de uma ou outra cortina. Em tentativas repetidas, os participantes do estudo foram capazes de escolher a cortina com a foto erótica 53% das vezes, enquanto a probabilidade diz que isso aconteceria apenas 50% das vezes. Por causa do grande tamanho da amostra, o pesquisador pôde rejeitar a hipótese nula de que a percepção extrassensorial não existe e, em vez disso, aceitar a hipótese alternativa de que a percepção extrassensorial pode possibilitar às pessoas pressentir eventos futuros. A decisão de publicar o artigo foi amplamente criticada com argumentos de que um único evento estatisticamente significativo pode com facilidade ser produto do acaso, sobretudo quando não há nenhuma outra evidência para corroborar ou mesmo explicar o achado. O *New York Times* sintetizou as críticas: "Alegações que desafiam quase toda lei da ciência são por definição extraordinárias e, portanto, requerem evidências extraordinárias. A negligência de levar isso em consideração – como análises convencionais em ciências sociais fazem – faz com que muitos achados pareçam bem mais significativos do que realmente são."

Uma resposta para esse tipo de absurdo poderia ser estabelecer um limiar mais rigoroso para definir a significância estatística, tal como 0,001.*

* Outra resposta seria tentar replicar os resultados em estudos adicionais.

Mas isso cria um problema em si. Escolher o nível apropriado de significância estatística envolve uma inerente escolha e suas consequências.

Se o nosso ônus de prova para rejeitar a hipótese nula for baixo demais (por exemplo, 0,1), vamos nos perceber rejeitando periodicamente a hipótese nula quando de fato ela é verdadeira (como eu desconfio ter sido o caso no estudo de PES). Em jargão estatístico, isso é conhecido como erro Tipo I. Considere o exemplo de um tribunal americano, onde a hipótese nula é que o réu não é culpado e o limiar para rejeitar a hipótese nula é "culpado além de uma dúvida razoável". Suponha que relaxemos esse limiar para algo como "um forte palpite de que o sujeito fez aquilo". Isso irá assegurar que mais criminosos acabem indo para a cadeia – e também mais pessoas inocentes. Num contexto estatístico, equivale a ter um nível de significância relativamente baixo, como 0,1.

Bem, uma chance em dez não é algo extremamente improvável. Considere esse desafio no contexto de aprovar uma nova droga para o câncer. Para cada dez drogas que aprovamos com esse ônus de prova estatística relativamente baixo, uma delas não funciona realmente e mostrou resultados promissores nos testes apenas por acaso. (Ou, no exemplo do tribunal, para cada dez réus considerados culpados, um deles era na realidade inocente.) Um erro Tipo I envolve rejeitar equivocadamente uma hipótese nula. Embora a terminologia seja um tanto contraintuitiva, isso também é conhecido como "falso positivo". Eis um meio de conciliar o jargão: quando você vai ao médico e faz exames para detectar alguma doença, a hipótese nula é de que você não tenha a doença. Se os resultados do laboratório podem ser usados para rejeitar a hipótese nula, diz-se que você testou positivo. E se você testou positivo e na realidade não está doente, então é um falso positivo.

Em todo caso, quanto menor o ônus estatístico para rejeitar a hipótese nula, mais provável que a rejeição aconteça. Obviamente, preferiríamos não aprovar drogas para o câncer ineficazes nem mandar réus inocentes para a cadeia.

Mas aqui há uma tensão. Quanto mais alto o limiar para rejeitar a hipótese nula, mais provável é que fracassemos em rejeitar uma hipótese nula que deveria ser rejeitada. Se exigirmos cinco testemunhas oculares para condenar todo réu criminoso, então uma porção de réus culpados será erroneamente solta. (É claro que menos inocentes irão para a cadeia.) Se adotarmos o nível de significância 0,001 nos testes clínicos para todas as novas drogas para câncer, então de fato minimizaremos a aprovação de drogas ineficazes. (Há apenas uma chance em mil de rejeitar erradamente a hipótese nula de que a droga seja mais efetiva que um placebo.) Todavia introduzimos o risco de não aprovar muitas drogas efetivas porque colocamos o sarrafo da aprovação muito alto. Esse é conhecido como erro Tipo II, ou falso negativo.

Que tipo de erro é pior? Depende das circunstâncias. A questão mais importante é que você reconheça a escolha e as consequências. Não existe "almoço grátis" em estatística. Considere as seguintes situações não estatísticas, todas elas envolvendo uma escolha entre erros Tipo I e Tipo II.

1. Filtros de spam. A hipótese nula é que qualquer mensagem de e-mail específica *não* é spam. O seu filtro de spam busca indícios que podem ser usados para rejeitar a hipótese nula para qualquer e-mail específico, tais como enormes listas de distribuição ou expressões do tipo "aumento de pênis". Um erro Tipo I seria excluir uma mensagem que não seja realmente spam (um falso positivo). Um erro Tipo II seria deixar passar pelo filtro um spam para sua caixa de entrada (um falso negativo). Se pesarmos os custos de deixar de receber uma mensagem importante em relação aos custos de receber ocasionais mensagens sobre vitaminas à base de ervas, a maioria das pessoas provavelmente tenderia a permitir erros Tipo II. Um filtro de spam idealmente projetado deveria requerer um grau relativamente alto de certeza antes de rejeitar a hipótese nula de que uma mensagem para você seja legítima e bloqueá-la.
2. Detecção de câncer. Temos numerosos testes para detecção precoce de câncer, tais como mamografias (para câncer de mama), teste de PSA (câncer de próstata) e até mesmo exames de ressonância magnética computadorizada de corpo inteiro para qualquer coisa que pareça suspeita. A hipótese nula para qualquer um que passe por um exame de detecção

é que não haja câncer presente. A premissa sempre tem sido de que um erro Tipo I (um falso positivo que acabe não sendo nada) é muito mais preferível a um erro Tipo II (um falso negativo que deixa de diagnosticar um câncer). Historicamente, a tendência em relação a exames de detecção de câncer tem sido oposta à do exemplo do spam. Médicos e pacientes estão dispostos a tolerar uma quantidade razoável de erros Tipo I (falsos positivos) para evitar a possibilidade de um erro Tipo II (falhar num diagnóstico de câncer). Mais recentemente, os especialistas em políticas de saúde pública começaram a questionar essa visão por causa dos elevados custos e sérios efeitos colaterais associados com falsos positivos.

3. Captura de terroristas. Nem um erro Tipo I nem um erro Tipo II é aceitável nessa situação, e é por isso que a sociedade continua debatendo sobre o equilíbrio apropriado entre combater o terrorismo e proteger as liberdades civis. A hipótese nula é que um indivíduo não é terrorista. Como no contexto do crime comum, não queremos cometer um erro Tipo I e mandar gente inocente para a prisão de Guantánamo. Contudo, num mundo com armas de destruição em massa, deixar livre mesmo um único terrorista (erro do Tipo II) pode ser literalmente catastrófico. É por isso – quer você aprove ou não – que os Estados Unidos mantêm suspeitos de terrorismo na prisão de Guantánamo com base em menos evidências do que seria exigido para condená-los numa corte criminal comum.

A inferência estatística não é mágica nem infalível, mas é uma ferramenta extraordinária para dar sentido ao mundo. Podemos adquirir grande percepção de muitos fenômenos da vida apenas determinando a explicação mais provável. A maioria de nós faz isso o tempo todo (por exemplo, "Penso que o aluno de faculdade desmaiado no chão cercado de latas de cerveja bebeu demais" em vez de "Penso que o aluno de faculdade desmaiado no chão cercado de latas de cerveja foi envenenado por terroristas").

A inferência estatística apenas formaliza o processo.

APÊNDICE AO CAPÍTULO 9

Cálculo do erro padrão para uma diferença de médias

Fórmula para comparar duas médias:

$$\frac{\overline{x} - \overline{y}}{\sqrt{\frac{s_x^2}{n_x} + \frac{s_y^2}{n_y}}}$$

⟶ o numerador fornece o valor da diferença entre as médias

⟶ o denominador fornece o erro padrão para uma diferença entre as médias das duas amostras

onde:

$\overline{x}$ = média da amostra x

$\overline{y}$ = média da amostra y

s_x = desvio padrão para a amostra x

s_y = desvio padrão para a amostra y

n_x = número de observações na amostra x

n_y = número de observações na amostra y

Nossa hipótese nula é que as médias das duas amostras são iguais. A fórmula acima calcula a diferença observada nas médias em relação ao tamanho do erro padrão para a diferença nas médias. Mais uma vez, apoiamo-nos fortemente na distribuição normal. Se as médias da população subjacente forem verdadeiramente iguais, então seria de esperar que a diferença nas médias das amostras seja menor que um erro padrão cerca de 68% das vezes; menos de dois erros padrões, cerca de 95% das vezes; e assim por diante.

No exemplo do autismo apresentado no capítulo, a diferença da média entre as duas amostras foi de 71,6 centímetros cúbicos, com um erro padrão de 22,7. A razão dessa diferença observada é de 3,15, o que significa que as duas amostras têm médias separadas por mais de três erros padrões. Como foi observado no capítulo, a probabilidade de se obter amostras com tal diferença de médias se as populações subjacentes tiverem a mesma média é muito, muito pequena. Especificamente, a probabilidade de observar uma diferença de médias que seja 3,15 erros padrões ou mais é de 0,002.

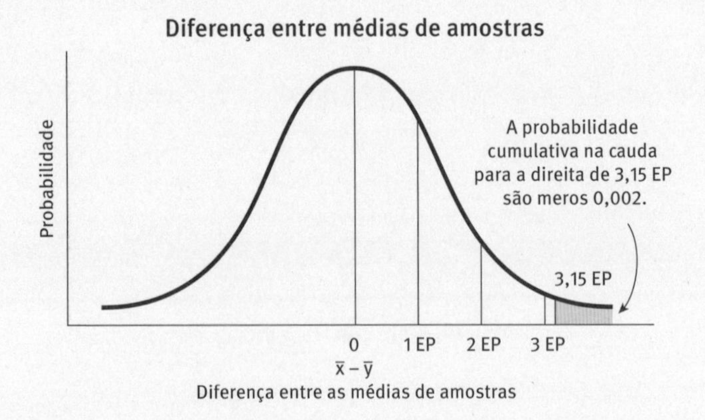

Teste de hipótese de uma ou duas caudas (uni ou bicaudal)

Este capítulo introduziu a ideia de usar amostras para testar se jogadores de basquete profissional *têm a mesma altura* que a população geral. Deixei de lado um detalhe. A nossa hipótese nula é que os jogadores de basquete têm a mesma altura que os homens na população geral. O que deixei de lado é que temos duas hipóteses alternativas possíveis.

Uma hipótese alternativa é que os jogadores de basquete profissional têm uma altura diferente da população masculina como um todo; eles podem ser mais altos que os outros homens da população ou mais baixos. Essa foi a abordagem que você adotou quando entrou no ônibus sequestrado e pesou os passageiros para determinar se eram participantes do estudo Changing Lives. Você podia rejeitar a hipótese nula de os passageiros do ônibus serem participantes do estudo se o peso médio deles fosse significativamente superior à média geral dos participantes do Changing Lives *ou* se fosse significativamente inferior (como acabou sendo o caso). A nossa segunda hipótese alternativa é que os jogadores de basquete profissional são em média mais altos que os outros homens da população. Nesse caso, o conhecimento anterior que temos sobre essa questão nos diz que os jogadores de basquete não podem ser mais baixos que a população geral. A distinção entre as duas hipóteses alternativas determinará se fazemos um teste de hipótese unicaudal ou um teste de hipótese bicaudal.

Em ambos os casos, vamos supor que faremos um teste com nível de significância 0,05. Rejeitaremos a nossa hipótese nula se observarmos uma diferença nas alturas entre as duas amostras que ocorreria cinco vezes em cem ou menos se todos os caras tivessem realmente a mesma altura. Até aqui, tudo bem.

É aqui que as coisas começam a ficar um pouquinho mais matizadas. Quando a nossa hipótese alternativa é que jogadores de basquete são mais altos que outros homens, nós fazemos um *teste de hipótese unicaudal.* Medimos a diferença na altura média entre a nossa amostra de jogadores de basquete e a nossa amostra de homens comuns. Sabemos que se a nossa hipótese nula for verdadeira, então observaremos uma diferença que é de 1,64 erro padrão ou mais apenas em cinco vezes em cem. Nós rejeitamos a nossa hipótese nula se o nosso resultado cair nessa faixa, como mostra o diagrama a seguir.

Diferença entre as médias de amostras (medida em erros padrões)

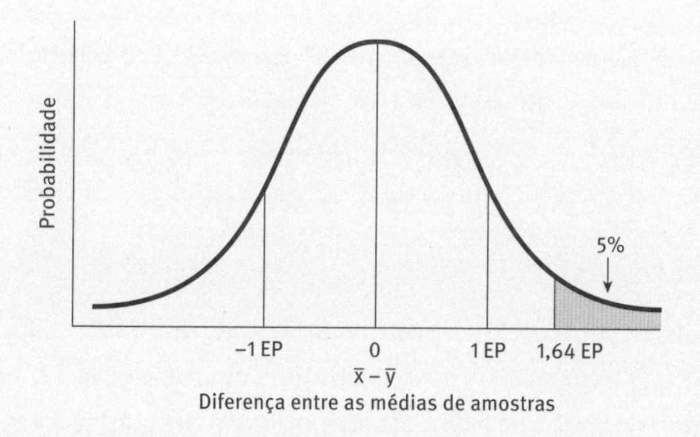

Agora revisitemos a outra hipótese alternativa – de que jogadores de basquete profissional pudessem ser mais altos ou mais baixos que a população geral. Nossa abordagem geral é a mesma. Mais uma vez, rejeitaremos nossa hipótese nula de jogadores de basquete serem da mesma altura que a população geral se obtivermos um resultado que ocorreria apenas cinco vezes em cem ou menos se realmente não houvesse diferença de altura. No entanto, há algo de diferente: precisamos considerar agora a possibilidade de jogadores de basquete serem mais baixos que a população geral. Portanto, rejeitaremos nossa hipótese nula se a nossa amostra de jogadores profissionais tiver uma altura média que seja significativamente superior *ou inferior* que a altura média para a nossa amostra de homens comuns.

Isso requer um *teste de hipótese bicaudal*. Os pontos de corte para rejeitar a nossa hipótese nula serão diferentes porque agora precisamos levar em conta a possibilidade de uma diferença grande nas médias de amostras em ambas as direções: positiva ou negativa. Mais especificamente, a faixa na qual rejeitaremos a nossa hipótese nula foi dividida em duas caudas. Ainda rejeitaremos a nossa hipótese nula se tivermos um resultado que ocorreria apenas 5% das vezes ou menos se os jogadores de basquete tivessem a mesma altura que a população geral; só que agora temos dois jeitos diferentes de poder rejeitar a hipótese nula.

Rejeitaremos a nossa hipótese nula se a altura média para a amostra de jogadores for tão maior que a média para homens comuns que observaríamos esse resultado apenas *2,5 vezes em cem* se os jogadores de basquete tivessem realmente a mesma altura que todo mundo.

E rejeitaremos a nossa hipótese nula se a altura média para a amostra de jogadores for tão menor que a média para homens comuns que observaríamos esse resultado apenas 2,5 vezes em cem se os jogadores de basquete tivessem realmente a mesma altura que todo mundo.

Juntas, essas duas contingências somam 5%, como ilustra o gráfico a seguir.

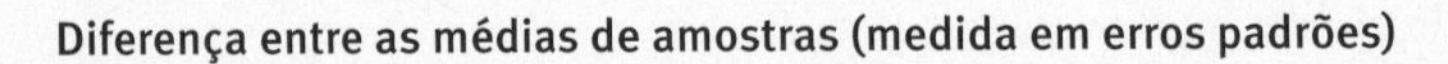

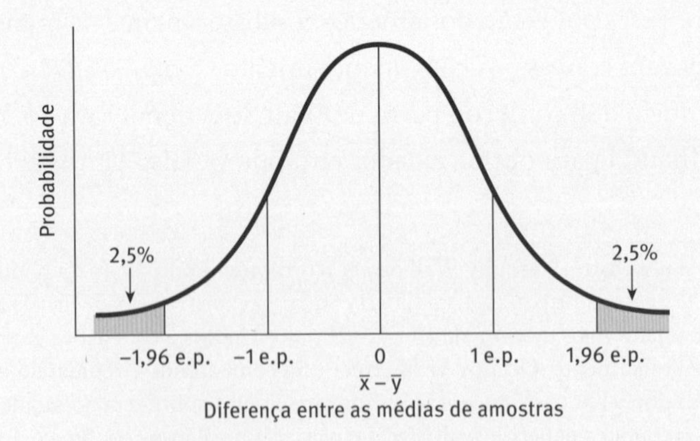

O julgamento deve informar se o tipo de teste de hipótese mais apropriado para a análise que está sendo conduzida deve ser uni ou bicaudal.

10. Pesquisas

Como sabemos que 64% dos americanos são a favor da pena de morte (com uma margem de erro de ± 3%)

No final de 2011, o *New York Times* publicou uma reportagem de primeira página dizendo que "um profundo senso de ansiedade e dúvida a respeito do futuro paira sobre a nação".[1] A matéria mergulhava na psique dos Estados Unidos, oferecendo à opinião pública insights sobre tópicos que iam do desempenho da administração Obama à distribuição de riqueza. Eis um retrato do que os americanos tinham a dizer no outono de 2011:

- Chocantes 89% dos americanos disseram não confiar em que o governo estivesse fazendo a coisa certa, o mais alto nível de falta de confiança já registrado.
- Dois terços do público disseram que a riqueza deveria ser distribuída mais equitativamente no país.
- Quarenta e três por cento dos americanos disseram que de maneira geral concordavam com as posições do movimento *Occupy Wall Street*, um protesto amorfo que começou perto de Wall Street em Nova York e estava se espalhando para outras cidades em todo o país.* Uma porcentagem

* Segundo seu website, "Occupy Wall Street é um movimento de força popular que começou em 17 de setembro de 2011, na Liberty Square, no distrito financeiro de Manhattan, e se espalhou para mais de cem cidades dos Estados Unidos e com ações em mais de 1,5 mil cidades globalmente. Occupy Wall Street está combatendo e revidando o corrosivo poder dos maiores bancos e corporações multinacionais sobre o processo democrático, assim como repudia o papel de Wall Street em criar um colapso econômico que causou a maior recessão em gerações. O movimento é inspirado pelos levantes populares no Egito e na Tunísia e visa expor como o 1% mais rico da população está ditando as regras de uma economia global injusta que está levando nosso futuro à bancarrota".

ligeiramente mais alta, 46%, disse que as opiniões das pessoas envolvidas no movimento Occupy Wall Street "refletem de maneira geral as opiniões da maioria dos americanos".

- Quarenta e seis por cento dos americanos aprovavam a maneira como Barack Obama cumpria sua função como presidente – e idênticos 46% desaprovavam seu desempenho na função.
- Meros 9% do público aprovavam a forma como o Congresso cumpria sua função.
- Mesmo que as primárias presidenciais fossem começar em apenas dois meses, cerca de 80% dos eleitores nas primárias republicanas disseram que "ainda era muito cedo para dizer quem eles iriam apoiar".

Esses são números fascinantes que proporcionaram uma significativa percepção das opiniões americanas um ano antes da corrida presidencial. Contudo, alguém poderia razoavelmente se perguntar: como sabemos de tudo isso? Como podemos tirar conclusões tão abrangentes sobre a posição de centenas de milhões de adultos? E como sabemos se essas conclusões abrangentes são acuradas?

A resposta, obviamente, é que conduzimos pesquisas. Ou, como no exemplo anterior, o *New York Times* e a CBS News podem fazer uma pesquisa. (O fato de duas organizações noticiosas concorrentes colaborarem num projeto como esse é o primeiro indício de que conduzir uma pesquisa nacional metodologicamente sólida não é algo barato.) Não tenho dúvida de que você esteja familiarizado com resultados de pesquisas. Pode ser menos óbvio que a metodologia de pesquisas de opinião é simplesmente uma forma de inferência estatística. Uma enquete (ou sondagem) é uma inferência sobre as opiniões de alguma população que se baseia nas opiniões expressadas por alguma amostra extraída dessa população.

O poder das pesquisas de opinião provém da mesma fonte dos nossos exemplos anteriores: o teorema do limite central. Se pegarmos uma amostra grande, representativa, dos eleitores americanos (ou qualquer outro grupo), podemos pressumir razoavelmente que a nossa amostra se parecerá muito com a população da qual foi tirada. Se exatamente metade dos americanos adultos desaprova o casamento gay, nosso melhor palpite sobre as posições de uma amostra representativa de mil americanos é que cerca da metade deles desaprovará o casamento gay.

Inversamente – e mais importante do ponto de vista de uma pesquisa –, se temos uma amostra representativa de mil americanos que se sentem de determinada maneira, tais como os 46% que desaprovam o desempenho do presidente Obama na sua função, então podemos inferir a partir dessa amostra que a população geral provavelmente se sente da mesma maneira. Na verdade, podemos calcular a probabilidade de os resultados da nossa amostra se desviarem exageradamente das verdadeiras posturas da população. Quando você lê que uma pesquisa tem uma "margem de erro" de ± 3%, esse é simplesmente o mesmo tipo de intervalo de confiança de 95% que calculamos no capítulo anterior. Nossa "confiança de 95%" significa que se conduzirmos cem pesquisas diferentes em amostras tiradas da mesma população, podemos esperar que as respostas obtidas da nossa amostra em 95% das pesquisas estejam dentro de três pontos percentuais em um sentido ou no outro em relação ao verdadeiro sentimento da população. No contexto da questão da aprovação da presidência na pesquisa *New York Times*/CBS, podemos ter 95% de confiança de que a verdadeira proporção de todos os americanos que desaprovam o desempenho do presidente Obama se situa na faixa entre 46 ± 3%, ou entre 43 e 49%. Se você ler as letras miúdas da pesquisa *New York Times*/CBS (e eu incito você a fazê-lo), é bem isso que ela diz: "Teoricamente, em dezenove casos de vinte, os resultados gerais baseados em tais amostras poderão diferir por não mais que três pontos percentuais em qualquer direção daquilo que se obteria buscando entrevistar todos os americanos adultos."

Uma diferença fundamental entre uma pesquisa de opinião e outras formas de amostragem é que a amostra estatística que nos importa não será uma média (por exemplo, 85 quilos), e sim uma porcentagem ou proporção (por exemplo, 47% dos eleitores, ou 0,47). Em outras circunstâncias, o processo é idêntico. Quando temos uma amostra grande, representativa (a pesquisa), devemos esperar que a proporção de entrevistados que se sintam de determinada maneira na amostra (por exemplo, os 9% que acham que o Congresso está fazendo um bom trabalho) seja aproximadamente igual à proporção de todos os americanos que sentem a mesma coisa. Isso não é diferente de presumir que o peso médio para uma amostra de mil homens americanos deve ser aproximadamente igual ao peso médio de todos os homens americanos. Contudo, esperamos alguma variação na porcentagem que aprova o trabalho do Congresso de uma amostra para outra, da mesma forma que esperamos alguma variação no peso médio quando pegamos diferentes amostras aleatórias de mil homens. Se o *New York Times* e a CBS tivessem conduzido uma segunda pesquisa – fazendo as mesmas perguntas para uma nova amostra de mil adultos americanos –, é bastante improvável que os resultados da segunda pesquisa tivessem sido idênticos aos resultados da primeira. Por outro lado, não devemos esperar que as respostas da nossa segunda amostra divirjam muito das respostas dadas pela primeira. (Retornando a uma metáfora usada antes, se você provar uma colherada de sopa, mexer a panela e aí provar de novo, as duas colheradas terão sabor similar.) O erro padrão é o que nos diz quanta dispersão podemos esperar nos nossos resultados de uma amostra para outra, que, no caso em questão, seria de uma pesquisa para outra.

A fórmula para calcular um erro padrão para uma porcentagem ou proporção é um pouco diferente da fórmula introduzida anteriormente; a intuição é a mesma. Para qualquer amostra aleatória adequadamente extraída, o erro padrão é igual a $\sqrt{p(1-p)/n}$, onde p é a proporção de entrevistados expressando uma opinião específica, $(1-p)$ é a proporção de entrevistados expressando uma opinião diferente, e n é o número total de entrevistados na amostra. Você deve perceber que o erro padrão diminui à medida que o tamanho da amostra aumenta, já que n está no denominador. O erro padrão também tende a ser menor quando p e $(1-p)$ estiverem distantes. Por exemplo, o erro padrão será menor para uma pesquisa na qual 95% dos entrevistados expressam certa opinião do que para uma pesquisa na qual as opiniões tendem a se dividir cinquenta–cinquenta. Isso é apenas matemática, pois (0,05) (0,95) = 0,047, enquanto (0,5) (0,5) = 0,25; um número menor no numerador da fórmula leva a um erro padrão menor.

Como exemplo, suponha que uma simples "pesquisa de boca de urna" com quinhentos eleitores representativos num dia de votação conclua que 53% votaram no candidato republicano, 45% dos eleitores votaram no democrata e 2% apoiaram o candidato de um terceiro partido. Se usarmos o candidato republicano como nossa proporção de interesse, o erro padrão para essa pesquisa seria $\sqrt{(0{,}53)(1-0{,}53)/500} = \sqrt{(0{,}53)(0{,}47)/500} = \sqrt{(0{,}25)/500}$ $= \sqrt{0{,}0005} = 0{,}02236$.

Para simplificar, arredondaremos o erro padrão para essa pesquisa de boca de urna para 0,02. Até aqui, isso não passa de um número. Vamos avançar para entender por que esse número tem importância. Imagine que as urnas acabam de ser fechadas e que você trabalha para uma rede de televisão que está ansiosa para declarar um vencedor na corrida antes que os resultados totais estejam disponíveis. Você é agora o decifrador de dados oficial da rede (tendo lido dois terços deste livro), e a sua produtora quer saber se é possível "dar o resultado" com base na pesquisa de boca de urna.

Você explica que a resposta depende do grau de confiança que o pessoal da rede gostaria de ter no anúncio – ou, mais especificamente, que risco estão dispostos a correr de estarem errados. Lembre-se, o erro padrão nos dá o senso da frequência que podemos esperar que nossa proporção da amostra (ou pesquisa de boca de urna) se situe razoavelmente perto da proporção verdadeira da população (o resultado da eleição). Sabemos que aproximadamente 68% das vezes podemos esperar que a proporção da amostra – neste caso, os 53% de eleitores que disseram ter votado no candidato republicano – esteja dentro de um erro padrão do verdadeiro resultado final. Consequentemente, você diz à produtora "com 68% de confiança" que a sua amostra, que indica o republicano com 53% dos votos ± 2%, ou entre 51 e 55%, capta a verdadeira votação do candidato republicano. Ao mesmo tempo, a mesma pesquisa de boca de urna indica que o candidato democrata obteve 45% dos votos. Se presumirmos que o cômputo dos votos do candidato democrata tem o mesmo erro padrão (uma simplificação que explicarei num minuto), podemos dizer com 68% de confiança que a amostra de boca de urna, que aponta o democrata com 45% dos votos ± 2%, ou entre 43 e 47%, reflete a verdadeira votação democrata. Segundo esse cálculo, o republicano é o vencedor.

O setor gráfico da emissora corre para fazer uma vistosa imagem tridimensional que você pode exibir na tela para os telespectadores:

Republicano 53%
Democrata 45%
Independente 2%
(Margem de erro 2%)

De início, a sua produtora fica impressionada e empolgada, em grande parte porque o gráfico acima é em 3-D, multicolorido e capaz de girar em volta da tela. No entanto, quando você explica que aproximadamente 68 vezes em cem os resultados da sua pesquisa de boca de urna estarão dentro de um erro padrão do verdadeiro resultado da eleição, a produtora, que foi duas vezes enviada pela justiça para programas de contenção de raiva, ressalta a matemática óbvia – 32 vezes em cem a sua pesquisa *não estará* dentro de um erro padrão do verdadeiro resultado da eleição. E aí?

Você explica que há duas possibilidades: (1) o candidato republicano poderia ter recebido *ainda mais* votos que a sua pesquisa predisse e, nesse caso, você ainda teria acertado o resultado da eleição; ou (2) há uma probabilidade razoavelmente alta de que o candidato democrata tenha recebido bem mais votos que a sua pesquisa reportou e, nesse caso, o seu vistoso gráfico multicolorido, giratório, em 3-D, teria informado o vencedor errado.

A sua produtora joga uma caneca de café contra a parede e usa diversas expressões que violam a sua condicional. Ela berra: "Como podemos ter uma [censurado] de certeza de que temos a [censurado] de um resultado certo?"

Sempre guru da estatística, você ressalta que não pode ter certeza de nenhum resultado até que os votos sejam contados. No entanto, em vez disso, você pode oferecer um intervalo de confiança de 95%. Nesse caso, o seu gráfico multicolorido, giratório, em 3-D, estará errado, em média, apenas cinco vezes em cem.

A sua produtora acende um cigarro e parece relaxar. Você decide não mencionar a proibição de fumar no local de trabalho, pois da última vez isso foi catastrófico. No entanto, você comunica sim uma má notícia. O único jeito de a emissora ter mais confiança nos resultados da pesquisa é ampliando a "margem de erro". E, quando você faz isso, não há mais um vencedor claro na eleição. Você mostra à sua chefe o novo gráfico vistoso:

Republicano 53%
Democrata 45%
Independente 2%
(Margem de erro 4%)

Sabemos pelo teorema do limite central que aproximadamente 95% de proporções da amostra se situam dentro de *dois erros padrões* da verdadeira proporção na população (que neste caso é 4%). Portanto, se quisermos ter mais confiança nos resultados da nossa pesquisa, temos de ser menos ambiciosos no que estamos predizendo. Como ilustrado acima (sem cor nem efeito 3-D), num nível de confiança de 95%, a emissora de TV pode anunciar que o candidato republicano obteve 53% dos votos ± 4%, ou entre 49 e 57%. Ao mesmo tempo, o candidato democrata obteve 45% dos votos ± 4%, ou seja, entre 41 e 49%.

Sim, agora você tem um novo problema. Com 95% de nível de confiança, você não pode rejeitar a possibilidade de que os dois candidatos estejam empatados com 49% dos votos cada. Essa é uma consequência inevitável da sua escolha; o único jeito de ter mais certeza de que os resultados da sua pesquisa sejam mais consistentes com o resultado da eleição *sem dados novos* é fazer uma predição mais comedida. Pense num contexto não estatístico. Suponha que você diz a um amigo que "tem bastante certeza" de que Thomas Jefferson foi o terceiro ou quarto presidente. Como você pode ter mais confiança no seu conhecimento histórico? Sendo menos específico. Você tem "certeza absoluta" de que Thomas Jefferson foi um dos primeiros cinco presidentes.

A SUA PRODUTORA lhe diz para encomendar pizza e preparar-se para ficar trabalhando a noite toda. A esta altura, a boa fortuna estatística lhe sorri. Os resultados de uma segunda pesquisa de boca de urna passam pela sua mesa, agora com uma amostra de 2 mil eleitores. Esses resultados mostram o seguinte: candidato republicano: 52%; democrata: 45%; independente: 3%. A sua produtora fica agora absolutamente histérica, pois essa pesquisa sugere que a diferença entre os candidatos se reduziu, dificultando ainda mais uma consistente definição antecipada da corrida. Mas espere! Você ressalta (heroicamente) que o tamanho da amostra (2 mil) é quatro vezes maior que a amostra da primeira pesquisa. Como resultado, o erro padrão encolherá significativamente. O novo erro padrão para o candidato republicano é $\sqrt{(0{,}52)(0{,}48)/2.000}$, que é 0,01.

Se a sua produtora ainda se sente confortável com um nível de confiança de 95%, você pode declarar o candidato republicano vencedor. Com o seu novo erro padrão de 0,01, os intervalos com 95% de confiança para os candidatos são os seguintes: republicano: 52 ± 2, ou entre 50 e 54% dos votos; democrata: 45 ± 2, ou entre 43 e 47% dos votos. Não há mais sobreposição entre os dois intervalos de confiança. Você pode então ir ao ar e predizer que o candidato republicano é o vencedor, sendo que mais de 95 vezes em cem você estará correto.*

Mas o caso é ainda melhor que isso. O teorema do limite central nos diz que 99,7% das vezes uma proporção da amostra estará dentro de três erros padrões da real proporção na população. Neste exemplo de eleição, nossos intervalos de confiança de 99,7% para os dois candidatos são os seguintes: republicano: 52 ± 3%, ou entre 49 e 55%; democrata: 45 ± 3%, ou entre 42 e 48%. Se você informar que o candidato republicano ganhou,

* Seria de esperar que o cômputo real dos votos no candidato republicano caiam fora do intervalo de confiança da pesquisa aproximadamente 5% das vezes. Nesses casos, sua votação real seria menos de 50% ou mais de 54%. No entanto, se ele tiver mais de 54% dos votos, sua emissora não errou em declará-lo vencedor. (Vocês só subestimaram sua margem de vitória.) Como resultado, a probabilidade de que sua pesquisa os leve a declarar erradamente que o candidato republicano é o vencedor é de apenas 2,5%.

há apenas uma minúscula chance de que você e sua produtora sejam demitidos, graças à sua nova amostra de 2 mil eleitores.

Você deve perceber que uma amostra maior contribui para um encolhimento do erro padrão, e é por isso que grandes pesquisas nacionais podem acabar com resultados impressionantemente acurados. Por outro lado, amostras menores obviamente geram erros padrões maiores e, portanto, um intervalo de confiança maior (ou "margem de erro", para usar o jargão das pesquisas). As letras miúdas na pesquisa *New Yor Times*/CBS ressaltam que a margem de erro para perguntas sobre as primárias republicanas é de cinco pontos percentuais, em comparação com três pontos percentuais para as outras perguntas da pesquisa. Essas perguntas foram direcionadas apenas a votantes autodeclarados nas primárias ou caucus republicanos. De modo que o tamanho da amostra para esse subgrupo de perguntas caiu para 455 (em comparação com 1.650 adultos para o total da pesquisa).

COMO DE HÁBITO, simplifiquei um monte de coisas neste capítulo. Você pode ter reconhecido que, no exemplo eleitoral acima, os candidatos republicano e democrata deveriam ter cada um o seu próprio erro padrão. Pense outra vez na fórmula: $EP = \sqrt{p(1-p)/n}$. O tamanho da amostra, *n*, é o mesmo para ambos os candidatos, mas *p* e *(1 – p)* serão ligeiramente diferentes. Na segunda pesquisa de boca de urna (com a amostra de 2 mil eleitores), o erro padrão para o republicano é $\sqrt{(0{,}52)\,(0{,}48)/2.000} = 0{,}01117$ e para o democrata, $EP = \sqrt{(0{,}45)\,(0{,}55)/2.000} = 0{,}01112$. É claro que, para todos os intentos e propósitos, esses dois números são iguais. Por esse motivo, adotei uma convenção comum, que é adotar o erro padrão mais alto dos dois e usá-lo para todos os candidatos. Diante de qualquer eventualidade, isso irá conferir uma pequena margem de cautela extra aos nossos intervalos de confiança.

Muitas pesquisas nacionais que fazem múltiplas perguntas vão um passo além. No caso da pesquisa *New York Times*/CBS, o erro padrão deveria ser tecnicamente diferente para cada pergunta, dependendo da resposta. Por exemplo, o erro padrão para o resultado apontando que 9% do público aprova a maneira como o Congresso cumpre a sua função deveria ser mais baixo que o erro padrão para a pergunta concluindo que 46% do público aprova como o presidente Obama tem cumprido seu papel, pois (0,09) (0,91) é menos do que (0,46) (0,54) – 0,0819 versus 0,2484. (A intuição por trás dessa fórmula é explicada num apêndice do capítulo.)

Como seria igualmente confuso e inconveniente ter um erro padrão diferente para cada pergunta, pesquisas dessa natureza costumam estipular que a proporção da amostra para cada pergunta é 0,5 (ou 50%) – gerando o maior erro padrão possível para qualquer tamanho de amostra – e aí adotar esse erro padrão para calcular a margem de erro da amostragem para toda a pesquisa.*

Quando feitas adequadamente, pesquisas são instrumentos extraordinários. Segundo Frank Newport, editor-chefe da Organização Gallup, uma pesquisa com mil pessoas pode fornecer percepções acuradas e significativas das opiniões do país inteiro. Estatisticamente falando, ele está certo. Mas, para obter esses resultados acurados e significativos, precisamos conduzir uma pesquisa de forma adequada e então interpretar os resultados de maneira correta, sendo que é muito mais fácil falar do que fazer essas duas coisas. Resultados inconsistentes de pesquisas geralmente não provêm de imperícia matemática ao calcular os erros padrões. Resultados incorretos de pesquisa costumam vir de uma amostra viesada, ou de perguntas malformuladas, ou ambas as coisas. O mantra "entra lixo, sai lixo" aplica-se com vigor redobrado quando se trata de amostragem de opinião pública. Abaixo encontram-se questões metodológicas fundamentais para serem feitas ao se conduzir uma pesquisa ou ao revisar o trabalho de outros.

Essa é uma amostra acurada da população cujas opiniões estamos tentando mensurar? Muitos desafios comuns relativos a dados foram discutidos no Capítulo 7. Não obstante, apontarei mais uma vez o perigo de um viés de seleção, particularmente autosseleção. Qualquer pesquisa que dependa de indivíduos

* A fórmula para calcular o erro padrão de uma pesquisa que apresentei aqui pressupõe que a pesquisa seja conduzida com uma amostra aleatória da população. Institutos de pesquisa sofisticados podem se desviar desse método de amostragem e, nesse caso, a fórmula para calcular o erro padrão também mudará ligeiramente. A metodologia básica, porém, é a mesma.

que se apresentam para uma amostra, tal como um programa de rádio com participação dos ouvintes ou uma pesquisa voluntária via internet, irá captar apenas as opiniões daqueles que fazem esforço para manifestá-las. Estes estão propensos a ser os indivíduos com opiniões particularmente fortes sobre determinado assunto, ou os que têm muito tempo livre. Nenhum desses grupos tem probabilidade de ser representativo do público como um todo. Uma vez apareci como convidado num programa de rádio com participação de ouvintes. Um dos participantes do programa declarou enfaticamente no ar que as minhas opiniões eram "tão erradas" que ele tinha encostado o carro no acostamento da via expressa para achar um telefone público e ligar registrando a sua discordância. Gosto de pensar que os ouvintes que não encostaram seus carros para ligar para o programa tinham outra opinião.

Qualquer método de colher opinião que sistematicamente exclua alguns segmentos da população também é propenso a um viés. Por exemplo, telefones celulares introduziram uma hoste de novas complexidades metodológicas. Institutos profissionais de pesquisa se desdobram para reunir uma amostra representativa da população relevante. A pesquisa *New York Times*/CBS baseou-se em entrevistas por telefone conduzidas durante seis dias com 1.650 adultos, 1.475 dos quais disseram estar registrados para votar.

Só posso tentar adivinhar o resto da metodologia, mas a maioria das pesquisas profissionais utiliza alguma variante das seguintes técnicas. Para garantir que os adultos que atendam ao telefone sejam representativos da população, o processo começa pela probabilidade – uma variação de tirar bolinhas de uma urna. Um computador escolhe aleatoriamente um conjunto de troncos de telefonia fixa. (Um tronco é um código de área mais os três primeiros dígitos do número de telefone.) Escolhendo de modo aleatório entre 69 mil troncos residenciais no país, cada um proporcionalmente à sua participação no total de números telefônicos, a pesquisa tem probabilidade de obter uma distribuição geográfica genericamente representativa da população. Como explicam as letras miúdas: "Os troncos foram escolhidos de modo a assegurar que cada região do país estivesse representada proporcionalmente à sua participação em todos os números telefônicos." Para cada tronco selecionado, o computador adicionava quatro dígitos ao acaso. Como resultado, tanto números listados quanto não listados acabam na lista final de casas a serem chamadas. A pesquisa também incluía "uma digitação aleatória de telefones celulares".

Para cada número, um adulto é designado como respondente por um "procedimento aleatório", tal como pedir para falar com o adulto mais jovem presentemente em casa. Esse processo foi refinado de modo a produzir uma amostra de respondentes que se assemelhasse à população adulta em termos de idade e gênero. Mais importante, o entrevistador tentava fazer múltiplas chamadas em horas diferentes do dia e da noite para conseguir alcançar cada número telefônico escolhido. Essas tentativas repetidas – chegando até dez ou doze chamadas para o mesmo número – são parte importante para se obter uma amostra não viesada. Obviamente, seria mais barato e mais fácil fazer ligações ao acaso para diferentes números até uma quantidade suficientemente grande de adultos ter atendido ao telefone e respondido às perguntas relevantes. Contudo, tal amostra seria viesada para pessoas com maior probabilidade de estar em casa e atender ao telefone: desempregados, idosos, e assim por diante. Não haveria problema em fazer isso se a sua intenção for classificar os resultados da sua pesquisa da seguinte maneira: o índice de aprovação do presidente Obama é de 46% entre desempregados, idosos e outras pessoas ansiosas para atender a ligações telefônicas.

Um indicador da validade de uma pesquisa é a taxa de resposta: que proporção de respondentes que foram escolhidos para serem contatados acabou completando a pesquisa ou sondagem? Uma taxa de respostas baixa pode ser um sinal de advertência para um potencial viés na amostragem. Quanto mais gente houver optado por não responder à pesquisa, ou que simplesmente não é possível contatar, maior a possibilidade de que esse grupo grande seja diferente sob algum aspecto material daqueles que sim responderam às perguntas. Pesquisadores podem testar o "viés de não resposta" analisando dados disponíveis sobre os respondentes que não conseguiram contatar. Será que vivem numa área específica? Estão se recusando a responder por algum motivo específico? Têm probabilidade de pertencer a um grupo racial, étnico ou de renda específico? Esse tipo de análise pode determinar se uma baixa taxa de resposta afetará ou não os resultados da pesquisa.

As perguntas foram formuladas de uma maneira que suscite informações acuradas sobre o tópico de interesse? Solicitar opinião pública envolve mais nuances do que mensurar notas de testes ou botar participantes numa balança para aferir seu peso. Resultados de enquetes podem ser extremamente sensíveis à maneira como a pergunta é feita. Vamos pegar um exemplo aparentemente simples. Que proporção de americanos apoia a pena capital? Como sugere o subtítulo do capítulo, uma sólida e consistente maioria de americanos aprova a pena de morte. Segundo o Gallup, todos os anos desde 2002, mais de 60% dos americanos têm se declarado a favor da pena de morte para uma pessoa condenada por assassinato. A porcentagem de americanos que apoia a punição capital tem flutuado numa faixa relativamente estreita de um máximo de 70% em 2003 para um mínimo de 64% em vários momentos diferentes. Os dados da pesquisa são claros: americanos apoiam a pena de morte por larga margem.

Ou não. O apoio americano à pena de morte baixa *quando prisão perpétua sem condicional é oferecida como alternativa.* Em 2006, uma pesquisa do Gallup revelou que apenas 47% dos americanos julgavam a pena de morte como punição apropriada para assassinato, contra 48% que preferiam prisão perpétua.[2] Esse não é apenas um factoide estatístico para distrair convidados num jantar; significa que não há mais apoio majoritário para a pena capital quando a prisão perpétua sem condicional é uma alternativa plausível. Quando solicitamos a opinião pública, a formulação da pergunta e a escolha da linguagem podem ser de suma importância.

Políticos frequentemente exploram esse fenômeno usando pesquisas e grupos focais para testar "palavras que funcionam". Por exemplo, os eleitores estão mais inclinados a apoiar "relaxamento fiscal" do que "corte de impostos", mesmo que as duas expressões descrevam a mesma coisa. De forma similar, os eleitores estão menos preocupados com "mudanças climáticas" do que estão com "aquecimento global", mesmo que o aquecimento global seja uma forma de mudança climática. Obviamente os políticos tentam manipular as respostas dos eleitores escolhendo palavras não neutras. Se os responsáveis por pesquisas querem ser considerados agentes honestos gerando resultados legítimos, precisam evitar utilizar uma linguagem capaz de afetar a acurácia da informação coletada. Da mesma forma, se houver intenção de comparar as respostas ao longo do tempo – por exemplo, como os consumidores se sentem em relação à economia hoje em comparação com como se sentiam um ano atrás –, então as perguntas que suscitem essa informação ao longo do tempo devem ser as mesmas, ou muito parecidas.

Institutos de pesquisa como o Gallup muitas vezes conduzem um "teste com amostras divididas" no qual variações de uma pergunta são testadas em diferentes amostras para avaliar como pequenas mudanças no enunciado afetam as respostas dos participantes da pesquisa. Para especialistas como Frank Newport, do Gallup, as respostas a cada pergunta apresentam dados significativos, mesmo quando essas respostas parecem inconsistentes.[3] O fato de a postura americana em relação à pena capital mudar drasticamente quando se oferece a prisão perpétua sem condicional como opção nos revela algo importante. O ponto-chave, diz Newport, é situar qualquer resultado de pesquisa dentro do contexto. Nenhuma pergunta ou pesquisa isolada pode captar plenamente a profundidade da opinião pública num assunto complexo.

Os participantes da pesquisa estão dizendo a verdade? Fazer pesquisa é como namorar pela internet: sempre há um pouquinho de margem de manobra para a veracidade da informação fornecida. Sabemos que as pessoas ocultam parcialmente a verdade, particularmente quando as perguntas feitas são embaraçosas ou delicadas. Os respondentes podem exagerar sua renda ou inflar o número de vezes que costumam ter sexo no mês. Podem não admitir que não votam. Podem hesitar em expressar opiniões que sejam impopulares ou socialmente inaceitáveis. Por todos esses motivos, mesmo as pesquisas planejadas com o maior cuidado dependem da integridade das respostas dos participantes.

Pesquisas eleitorais dependem crucialmente de separar aqueles que vão votar no dia da eleição dos que não vão. (Se estamos tentando detectar o provável vencedor de uma eleição, não damos importância às opiniões de qualquer um que não vá votar.) Indivíduos muitas vezes dizem que vão votar porque acham que é o que os pesquisadores querem ouvir. Estudos comparativos entre declarações de participação numa eleição e os registros eleitorais consistentemente revelam que de ¼ a ⅓ dos respondentes afirmam que votaram quando na verdade não o fizeram.[4] Um meio de minimizar esse viés potencial é perguntar se o respondente votou na última eleição ou nas várias últimas eleições. Respondentes que consistentemente votaram no passado têm maior probabilidade de votar no futuro. Da mesma maneira, se houver receio de que os respondentes possam hesitar em expressar uma resposta socialmente inaceitável, tal como uma opinião negativa sobre um grupo étnico ou racial, a pergunta pode ser formulada de um modo mais sutil, como perguntar "se pessoas que você conhece" têm essa opinião.

Uma das pesquisas mais delicadas de todos os tempos foi um estudo conduzido pelo Centro Nacional de Pesquisa de Opinião (Norc, na sigla em inglês), da Universidade de Chicago, chamado "A organização social da sexualidade: práticas sexuais nos Estados Unidos", que rapidamente ficou conhecido como "Estudo do sexo".[5] A descrição formal do estudo incluía expressões como "a organização dos comportamentos que constituem transações sexuais" e "comportamento e parcerias sexuais ao longo do curso vital". (Não tenho ao menos certeza do que quer dizer "curso vital".) Estou supersimplificando quando escrevo que a pesquisa buscou documentar quem está fazendo o que com quem – e com que frequência. O propósito do estudo, publicado em 1995, não era meramente nos esclarecer acerca do comportamento sexual dos nossos vizinhos (embora em parte fosse isso), mas também avaliar como o comportamento sexual nos Estados Unidos tinha propensão de afetar a disseminação do HIV/Aids.

Se americanos hesitam em admitir que não votam, você pode imaginar o quão dispostos estão de descrever seu comportamento sexual, em especial quando pode envolver atividade ilícita, infidelidade ou coisas realmente esquisitas. A metodologia do Estudo do Sexo era impressionante. A pesquisa baseava-se em entrevistas de noventa minutos feitas com 3.342 adultos escolhidos como representativos da população adulta dos Estados Unidos. Aproximadamente 80% dos respondentes escolhidos completaram a pesquisa, levando os autores a concluir que os achados são um informativo acurado do comportamento sexual americano (ou pelo menos o que faziam em 1995).

Como você já sofreu por todo um capítulo falando de metodologia de pesquisa, e agora quase um livro inteiro sobre estatística, você tem direito a uma rápida olhada no que eles descobriram (sendo que nada é particularmente chocante). Como observou um resenhista: "Há muito menos comportamento sexual acontecendo do que poderíamos pensar."[6]

- As pessoas geralmente fazem sexo com outras parecidas com elas mesmas. Noventa por cento dos casais eram da mesma raça, religião, classe social e grupo etário geral.
- O respondente típico envolvia-se em atividade sexual "algumas vezes por mês", apesar de haver uma ampla variação. O número de parceiros sexuais desde os dezoito anos variava de zero a mais de mil.
- Cerca de 5% dos homens e 4% das mulheres relataram alguma atividade sexual com parceiro do mesmo gênero.
- Oitenta por cento dos respondentes tiveram no ano anterior um parceiro sexual ou nenhum.
- Respondentes com um parceiro sexual eram mais felizes do que aqueles sem nenhum ou com múltiplos parceiros.[7]
- Um quarto dos homens casados e 10% das mulheres casadas relataram ter atividade sexual extraconjugal.
- A maioria das pessoas faz do jeito antigo: intercurso vaginal era a atividade mais atraente para homens e mulheres.

Uma resenha do Estudo do Sexo fazia uma crítica simples, mas contundente: a conclusão de que a acurácia da pesquisa representa as práticas sexuais dos adultos nos Estados Unidos "pressupõe simultaneamente que os respondentes da pesquisa do Norc espelhavam a população da qual foram tirados e que deram respostas acuradas".[8] Essa sentença poderia condensar também a mensagem deste capítulo inteiro. À primeira vista, a coisa mais suspeita em relação a pesquisas é que as opiniões de tão poucos possam nos dizer algo sobre as opiniões de tantos. *Mas essa é a parte fácil.* Um dos princípios mais básicos em estatística é que uma amostra adequada se parecerá com a população da qual é tirada. O verdadeiro desafio de uma pesquisa é duplo: encontrar e ter acesso a essa amostra adequada e extrair informações desse grupo representativo de uma forma que reflita acuradamente o que seus membros acreditam.

APÊNDICE AO CAPÍTULO 10

Por que o erro padrão é maior quando p e $(1 - p)$ estão próximos de 50%?

Eis aqui a intuição para o motivo de termos um erro padrão mais alto quando a fração que dá uma determinada resposta (p) está perto de 50% (que, como simples questão de matemática, significa que $1 - p$ também estará perto de 50%). Imaginemos que você esteja conduzindo duas pesquisas em Dakota do Norte. A primeira destina-se a medir a composição de republicanos e democratas no estado. Suponha que a composição política real na população de Dakota do Norte seja igualmente dividida cinquenta–cinquenta, mas a sua pesquisa encontra 60% de republicanos e 40% de democratas. Os seus resultados têm uma disparidade de dez pontos percentuais, o que é uma larga margem. Contudo, você gerou esse erro grande sem fazer nenhum erro absurdamente grande na coleta de dados. Você superestimou os republicanos em relação à verdadeira incidência deles na população em 20% [$(60 - 50)/50$]. E, ao fazê-lo, também subestimou os democratas em 20% [$(40 - 50)/50$]. Isso pode acontecer, mesmo com uma metodologia de pesquisa decente.

A sua segunda pesquisa é projetada para medir a fração de americanos nativos na população de Dakota do Norte. Suponha que a verdadeira proporção de americanos nativos em Dakota do Norte seja 10%, enquanto não nativos formam 90% da população do estado. Agora vamos discutir o quanto a sua coleta de dados teria sido ruim para gerar um erro de amostragem de dez pontos percentuais. Isso poderia acontecer de dois modos. Primeiro, você poderia descobrir que 0% da população é de americanos nativos e 100% de americanos não nativos. Ou poderia descobrir que 20% da população é de americanos nativos e 80% de não nativos. Em um dos casos você deixou de contar *todos os americanos nativos*; enquanto no outro, achou *o dobro da sua verdadeira incidência na população.* Esses são erros de amostragem realmente terríveis. Em ambos os casos, a sua estimativa erra em 100%: ou [$^{(0-10)}/_{10}$] ou [$^{(20-10)}/_{10}$]. E se você deixasse de contar apenas 20% dos americanos nativos – o mesmo grau de erro que aconteceu na pesquisa republicanos-democratas –, seus resultados seriam 8% de americanos nativos e 92% de não nativos, com apenas dois pontos percentuais de diferença em relação à verdadeira divisão da população.

Quando p e $1-p$ estão perto de 50%, erros de amostragem relativamente pequenos adquirem a magnitude de grandes erros absolutos no resultado da pesquisa.

Quando ou p ou $1-p$ estão mais perto de zero, ocorre o contrário. Mesmo erros de amostragem relativamente grandes produzem erros absolutos pequenos no resultado da pesquisa.

O mesmo erro de amostragem de 20% distorceu o resultado da pesquisa republicanos-democratas em dez pontos percentuais, enquanto distorceu a pesquisa sobre americanos nativos em apenas dois pontos percentuais. Uma vez que o erro padrão numa pesquisa é medido em termos absolutos (por exemplo, ± 5%), a fórmula reconhece que esse erro é provavelmente maior quando p e $1-p$ estão perto de 50%.

11. Análise de regressão

O elixir milagroso

Será que estresse no emprego pode matar você? Sim. Há fortes evidências de que os rigores no trabalho podem levar a uma morte prematura, em especial de doença cardíaca. Mas não é o tipo de estresse que você talvez está imaginando. CEOs, que rotineiramente precisam tomar decisões de suma importância que determinam a sorte de suas empresas, correm um risco significativamente *menor* que suas secretárias, que obedientemente atendem ao telefone e executam outras tarefas conforme são instruídas. Como isso pode fazer algum sentido? Acontece que o tipo de estresse mais perigoso está associado a ter "baixo controle" sobre as próprias responsabilidades. Diversos estudos envolvendo milhares de funcionários públicos britânicos (os estudos Whitehall) descobriram que trabalhadores que têm pouco controle sobre suas atribuições – o que significa que têm pouco a dizer sobre quais serviços executar ou como esses serviços são executados – têm uma taxa de mortalidade significativamente mais alta do que outros trabalhadores no funcionalismo público com maior autoridade na tomada de decisões. Segundo essa pesquisa, não é o estresse associado a responsabilidades importantes que vai matar você; é o estresse associado a lhe dizerem o que fazer enquanto você tem pouco a dizer sobre como e quando fazer.

Este não é um capítulo sobre estresse no emprego, doenças cardíacas ou funcionários públicos britânicos. A questão relevante concernente aos estudos Whitehall (e outros similares) é como os pesquisadores podem chegar a tal conclusão. Nitidamente, esse não é um experimento aleatório. Não podemos designar seres humanos arbitrariamente a diferentes empregos, forçá-los a trabalhar nesses empregos por muitos anos para então mensurar qual é a maior taxa de mortalidade. (Considerações éticas à parte, distribuir empregos de maneira aleatória acabaria gerando um caos no serviço civil britânico.) Em vez disso, os pesquisadores coletaram detalhados dados longitudinais de milhares de indivíduos nesse serviço; esses dados podem ser analisados para identificar associações significativas, tais como uma ligação entre empregos de "baixo controle" e doença cardíaca coronária.

Uma associação simples não é suficiente para concluir que certos tipos de emprego são ruins para a saúde. Se meramente observamos que trabalhadores de baixo escalão na hierarquia do serviço civil britânico têm maior taxa de doenças cardíacas, nossos resultados seriam confundidos por outros fatores. Por exemplo, é de esperar que trabalhadores de baixo escalão tenham menos educação do que funcionários que ocupam postos mais altos na burocracia da empresa. Eles podem ter mais propensão a fumar (talvez por causa de sua frustração no trabalho). Podem ter tido uma infância menos saudável, o que reduziu suas perspectivas de emprego. Ou seu salário mais baixo pode reduzir seu acesso a serviços de saúde. E assim por diante. O ponto é que qualquer estudo que simplesmente compare resultados em termos de saúde num grupo grande de trabalhadores britânicos – ou em qualquer outro grupo grande – não nos dirá realmente muita coisa. Outras fontes de variação nos dados têm probabilidade de obscurecer a relação na qual estamos interessados. Será que "baixo controle no emprego" está realmente provocando doenças cardíacas? Ou será alguma combinação de outros fatores que casualmente são compartilhados pelas pessoas com baixo controle no emprego, e nesse caso podemos estar completamente enganados quanto à verdadeira ameaça à saúde pública.

A análise de regressão é a ferramenta estatística que nos ajuda a lidar com esse desafio. Especificamente, a análise de regressão nos permite quantificar a relação entre uma variável específica e um resultado que nos interessa enquanto *controlamos outros fatores*. Em outras palavras, podemos isolar o efeito de uma variável, como ter certo tipo de emprego, enquanto mantemos os efeitos das outras variáveis constantes. Os estudos Whitehall usaram análise de regressão para medir os impactos sobre a saúde que o baixo controle no emprego tem entre pessoas que são similares em outros aspectos, como fumar. (Trabalhadores de baixo escalão efetivamente fumam mais que seus superiores; isso explica uma quantidade relativamente pequena da variação em doenças cardíacas através da hierarquia do Whitehall.)

A maioria dos estudos sobre os quais você lê nos jornais é baseada em análise de regressão. Quando pesquisadores concluem que crianças que passam muito tempo em creches são mais propensas a problemas comportamentais no ensino fundamental que crianças que passam esse tempo em casa, o estudo não designou aleatoriamente milhares de crianças pequenas a creches ou a ficarem em casa com um dos pais. Nem simplesmente comparou o comportamento no ensino fundamental de crianças que tiveram experiências diferentes na primeira infância sem reconhecer que essas populações provavelmente também são diferentes em outros aspectos fundamentais. Diferentes famílias tomam decisões distintas em relação a como cuidar dos filhos *porque são diferentes*. Alguns lares têm os dois pais presentes; outros não têm. Alguns têm os dois pais trabalhando; outros não têm. Alguns lares são mais ricos e mais cultos que outros. Todas essas coisas afetam a decisão de como cuidar dos filhos *e afetam o desempenho das crianças dessas famílias no ensino fundamental*. Quando feita adequadamente, a análise de regressão pode ajudar-nos a estimar os efeitos das creches separadamente de outras coisas que afetam crianças pequenas: renda familiar, estrutura familiar, educação parental, e assim por diante.

Agora, há duas expressões essenciais na última sentença. A primeira é "quando feita adequadamente". De posse dos dados adequados e com acesso a um computador pessoal, uma criança de seis anos pode usar um programa de estatística básica para gerar resultados de regressão. O computador pessoal tornou possível realizar a parte mecânica da análise de regressão quase sem nenhum esforço. O problema é que a mecânica da análise de regressão não é a parte difícil; a parte difícil é determinar quais variáveis devem ser consideradas na análise e como isso pode ser feito da melhor maneira. A análise de regressão é uma daquelas ferramentas de poder sofisticadas. É relativamente fácil de usar, mas difícil de usar bem – e potencialmente perigosa quando usada de forma inadequada.

A segunda expressão importante acima é "ajudar-nos a estimar". Nosso estudo de creches infantis não nos dá a resposta "certa" para a relação entre creches e subsequente desempenho escolar. Em vez disso, quantifica a relação observada *para um grupo particular de crianças durante um particular período de tempo*. Podemos tirar conclusões que possam ser aplicadas a uma população mais ampla? Sim, mas confrontaremos as mesmas limitações e qualificações que temos com qualquer outro tipo de inferência. Primeiro, a nossa amostra tem que ser representativa da população que nos interessa. Um estudo com 2 mil crianças pequenas na Suécia não nos dirá muita coisa sobre as melhores políticas para educação na primeira infância na área rural do México. Segundo, haverá variação de uma amostra para outra. Se fizermos múltiplos estudos sobre crianças e cuidados infantis, cada estudo produzirá achados ligeiramente distintos, mesmo se as metodologias forem todas sólidas e similares.

A análise de regressão é semelhante à pesquisa de opinião. A boa notícia é que, se temos uma grande amostra representativa e uma metodologia sólida, a relação que observamos para os nossos dados da amostra provavelmente não deve se desviar muito da verdadeira relação para a população como um todo. Se 10 mil pessoas que se exercitam três ou mais vezes por semana têm índices de doenças cardiovasculares acentuadamente mais baixos do que 10 mil pessoas que não se exercitam (mas são semelhantes em todos os outros aspectos importantes), então temos muito boas chances de verificar uma associação similar entre a prática de exercícios e saúde cardiovascular para uma população mais ampla. É por isso que fazemos esses estudos. (O objetivo ao final do estudo não é dizer àqueles que não se exercitam e estão doentes que eles deveriam ter se exercitado.)

A má notícia é que não estamos provando definitivamente que exercício previne doenças cardíacas. Em vez disso, estamos rejeitando a hipótese nula de que exercícios não têm ligação com doenças cardíacas, com base num limiar estatístico escolhido antes que o estudo tenha sido conduzido. Especificamente, os autores do estudo informariam que, se a prática de exercícios não tivesse relação com a saúde cardiovascular, então a probabilidade de observar uma diferença tão acentuada na incidência de doenças cardíacas entre os que se exercitam e os que não se exercitam nessa grande amostra seria menos de cinco em cem, ou abaixo de algum outro limiar de significância estatística.

Façamos uma breve pausa para emitir nosso primeiro grande sinal de alerta. Suponha que esse estudo particular tenha comparado um grupo grande de indivíduos que jogam squash regularmente com um grupo de igual tamanho de pessoas que não fazem exercício algum. Jogar squash constitui um bom exercício cardiovascular. No entanto, sabemos também que jogadores de squash tendem a ser suficientemente ricos para serem sócios de clubes com quadras de squash. Indivíduos ricos em geral têm maior acesso a atendimento de saúde, o que também pode contribuir para a saúde cardiovascular. Se a nossa análise for desleixada, podemos atribuir os benefícios de saúde a jogar squash quando na verdade o benefício real está associado a ser rico o bastante para jogar squash (e, nesse caso, jogar polo também estaria associado a uma saúde melhor, apesar de o cavalo fazer a maior parte do trabalho).

Ou talvez a causalidade opere no sentido oposto? Será que ter um coração saudável "causa" exercício? Sim. Indivíduos enfermos, particularmente os que têm alguma forma incipiente de doença cardíaca, acham muito mais difícil se exercitar. Sem dúvida terão menos propensão a jogar squash com regularidade. Mais uma vez, se a análise for desleixada ou supersimplificada, a alegação de que exercício é bom para a sua saúde pode simplesmente refletir o fato de que pessoas que já estão doentes acham difícil fazer exercícios. Nesse caso, jogar squash não deixa ninguém mais saudável; meramente separa os saudáveis dos não saudáveis.

Há tantas armadilhas potenciais na regressão que dediquei o próximo capítulo aos erros mais escandalosos. Por enquanto, vamos focar naquilo que pode dar certo. A análise de regressão tem a surpreendente capacidade de isolar uma relação estatística que nos interessa, tal como entre o grau de controle no emprego e doenças cardíacas, ao mesmo tempo que leva em conta outros fatores que poderiam confundir essa relação.

Como é exatamente que isso funciona? Se sabemos que funcionários públicos britânicos de baixo escalão fumam mais que seus superiores, como podemos discernir que parte da sua pobre saúde cardiovascular deve-se aos empregos de baixo nível e que parte deve-se ao fumo? Esses dois fatores parecem inextricavelmente entrelaçados.

A análise de regressão (feita adequadamente) pode desentrelaçá-los. Para explicar a intuição, preciso começar com a ideia básica subjacente a todas as formas de análise de regressão – desde as relações estatísticas mais simples até os modelos complexos compilados por ganhadores do Prêmio Nobel. Em essência, a análise de regressão busca encontrar o "melhor encaixe" para uma relação linear entre duas variáveis. Um exemplo simples é a relação entre altura e peso. Pessoas mais altas tendem a pesar mais – embora obviamente esse não seja sempre o caso. Se pusermos num gráfico as alturas e pesos de um grupo de alunos de graduação, você pode se lembrar do que foi apresentado no Capítulo 4:

Se lhe fosse pedido que descrevesse o padrão, você poderia dizer algo mais ou menos do tipo "O peso parece aumentar com a altura". Essa não é uma afirmação terrivelmente sagaz ou específica. A análise de regressão nos dá a possibilidade de ir além e "encaixar uma reta" que melhor descreva uma relação linear entre as duas variáveis.

Muitas retas possíveis são amplamente consistentes com os dados de altura e peso. Mas como sabemos qual é a *melhor* reta para esses dados? Na verdade, como exatamente definimos "melhor"? A análise de regressão usa tipicamente uma metodologia chamada mínimos quadrados ordinários, ou MQO. Os detalhes técnicos, inclusive por que o MQO produz o melhor encaixe, serão deixados para um livro mais avançado. O ponto-chave reside na parte dos "mínimos quadrados" do nome; o MQO encaixa a reta que minimiza a soma dos residuais elevados ao quadrado. Não é tão complicado quanto parece. Cada observação nos nossos dados de altura e peso tem um residual, que é a distância vertical a partir da reta de regressão, exceto para aquelas observações que se situam diretamente em cima da reta, para as quais o residual vale zero. (No diagrama abaixo, o residual é mostrado para uma pessoa hipotética A.) Deveria ser intuitivo que quanto maior a soma geral dos residuais, pior é o encaixe da reta. O único detalhe não intuitivo no MQO é que a fórmula pega o *quadrado* de cada residual antes de somar todos (o que aumenta o peso dado a observações particularmente distantes da reta de regressão, ou os "*outliers*" – os extremos).

Os mínimos quadrados ordinários "encaixam" a reta que minimiza a soma dos residuais ao quadrado, conforme ilustrado abaixo.

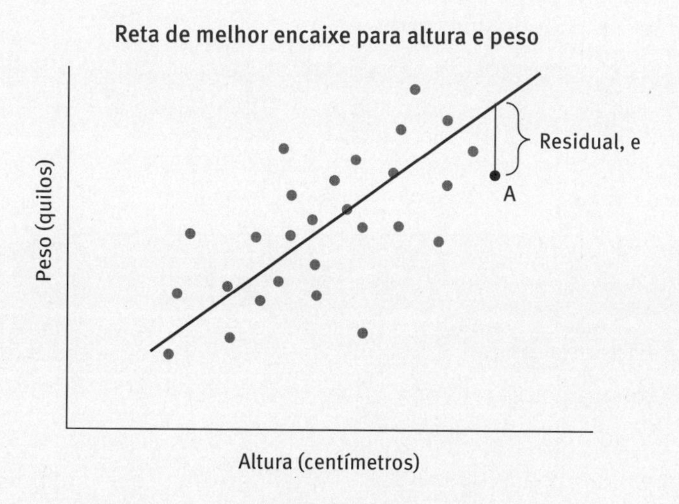

Se os detalhes técnicos lhe deram dor de cabeça, você estará desculpado se entender apenas o ponto principal, que é o seguinte: os mínimos quadrados ordinários nos dão a melhor descrição de uma relação linear entre duas variáveis. O resultado não é somente uma reta, mas, como você pode se recordar da geometria do ensino médio, uma equação que descreve essa reta. Esta é conhecida como equação de regressão e assume a seguinte forma: y = a + bx, onde y é o peso em quilos; a é a intersecção da reta com o eixo y (valor de y quando x = 0); b é a inclinação da reta; e x é a altura em centímetros. A inclinação da reta que encaixamos, b, descreve a "melhor" relação linear entre altura e peso para essa amostra, conforme definida pelos mínimos quadrados ordinários.

A reta de regressão com certeza não descreve perfeitamente toda observação nos dados. Mas é a melhor descrição que podemos obter para o que é claramente uma relação significativa entre altura e peso. Significa também que toda observação pode ser explicada como PESO = a + b(ALTURA) + e, onde e é um "residual" que capta a variação no peso de cada indivíduo que não é explicada pela altura. Finalmente, significa que o nosso melhor palpite para o peso de qualquer pessoa no conjunto de dados seria a + b(ALTURA). Mesmo que a maioria das observações não se situe exatamente em cima da reta de regressão, o residual ainda tem um valor esperado de zero, uma vez que qualquer pessoa na amostra tem a mesma probabilidade de pesar mais ou de pesar menos do que prediz a equação de regressão.

Basta de jargão teórico! Vamos dar uma olhada em alguns dados reais de altura e peso provenientes do estudo Changing Lives, embora eu deva antes clarificar alguma terminologia básica. A variável que está sendo explicada – o peso, nesse caso – é conhecida como variável dependente (porque depende de outros atores). As variáveis que estamos usando para explicar a nossa variável dependente são conhecidas como variáveis explicativas, pois explicam o resultado que nos interessa. (Só para dificultar mais as coisas, as variáveis explicativas às vezes também são chamadas de variáveis independentes ou variáveis de controle.) Comecemos usando a altura para explicar o peso entre os participantes do Changing Lives; posteriormente adicionaremos outros fatores explicativos potenciais.* Há 3.537

* Você deve considerar esse exercício uma "diversão com dados", em vez de uma exploração impositiva de qualquer uma das relações descritas nas equações de regressão subsequentes. O propósito aqui é fornecer um exemplo intuitivo de como a análise de regressão funciona, não fazer uma pesquisa significativa nos pesos dos cidadãos americanos.

participantes adultos no estudo Changing Lives. Esse é o nosso número de observações, ou n. (Às vezes um artigo de pesquisa pode dizer que n = 3.537.) Quando traçamos uma regressão simples nos dados do Changing Lives com o peso como variável dependente e a altura como única variável explicativa, obtemos os seguintes resultados:

$$\text{peso} = -60 + (0{,}8) \times \text{altura em centímetros}$$

a = −60. Esta é a intersecção com o eixo y, que não tem significado particular em si. (Se você interpretar literalmente, uma pessoa que mede zero centímetro de altura pesaria sessenta quilos negativos; obviamente isso é absurdo em vários níveis.) Esse número também é conhecido como a constante, porque é o ponto de partida para calcular o peso para todas as observações no estudo.

b = 0,8. Nossa estimativa para b = 0,8 é conhecida como coeficiente de regressão, ou, em jargão estatístico, "o coeficiente sobre a altura", porque nos dá a melhor estimativa para a relação entre altura e peso entre os participantes do Changing Lives. O coeficiente de regressão tem uma interpretação conveniente: um acréscimo de uma unidade na variável independente (altura) está associado a um acréscimo de 0,8 unidade na variável dependente (peso). Para a nossa amostra de dados, isso significa que um aumento de um centímetro na altura está associado a um aumento de 0,8 quilo no peso. Logo, se não tivéssemos nenhuma outra informação, nosso melhor palpite para o peso de uma pessoa que tem 1,75 metro (175 centímetros) no estudo Changing Lives seria −60 + 0,8 × 175 = 80 quilos.

Essa é a nossa recompensa, pois agora quantificamos o melhor encaixe para a relação linear entre altura e peso para os participantes do Changing Lives. As mesmas ferramentas básicas podem ser usadas para explorar relações mais complexas e questões socialmente mais significativas. Para qualquer coeficiente de regressão, você geralmente estará interessado em três coisas: sinal, tamanho e significância.

Sinal. O sinal (positivo ou negativo) do coeficiente para uma variável independente nos diz o sentido da associação com a variável dependente (o resultado que estamos tentando explicar). No caso simples acima, o coeficiente sobre a altura é positivo. Pessoas mais altas tendem a pesar mais. Algumas relações funcionam no sentido oposto. Eu esperaria que a associação entre exercício e peso fosse negativa. Se o estudo Changing Lives incluísse dados sobre algo como "quilômetros corridos por mês", tenho praticamente certeza de que o coeficiente sobre "quilômetros corridos" seria negativo. Correr mais está associado a pesar menos.

Tamanho. Qual é o tamanho do efeito observado entre a variável independente e a variável dependente? É de uma magnitude relevante? Nesse caso, cada centímetro da altura está associado a 0,8 quilo, que é uma porcentagem considerável do peso corporal de uma pessoa típica. Numa explicação sobre por que algumas pessoas pesam mais que outras, a altura é nitidamente um fator importante. Em outros estudos, poderemos achar uma variável explicativa que tenha impacto estatisticamente significativo no nosso resultado de interesse – o que significa que o efeito observado provavelmente não é produto do acaso –, mas esse efeito poderá ser tão pequeno a ponto de ser considerado trivial ou *socialmente insignificante*. Por exemplo, suponha que estejamos examinando determinantes de renda. Por que algumas pessoas ganham mais dinheiro que outras? As variáveis explicativas são provavelmente coisas como educação, anos de experiência profissional, e assim por diante. Num grande conjunto de dados, os pesquisadores poderão também descobrir que pessoas com dentes mais brancos ganham US$86 por ano a mais que outros trabalhadores, ceteris paribus. ("Ceteris paribus" é latim e significa "as outras coisas sendo iguais".) O coeficiente positivo e estatisticamente significativo sobre a variável "dentes mais brancos" pressupõe que os indivíduos sendo comparados são similares em outros aspectos: mesma educação, mesma experiência profissional, e assim por diante. (Daqui a um instante explicarei como realizamos esse impressionante feito.) Nossa análise estatística demonstrou que dentes mais brancos estão associados a US$86 de acréscimo na renda anual e que esse achado não parece ser mera coincidência. Isso significa que (1) rejeitamos a hipótese nula de que dentes brancos realmente não têm associação alguma com a renda, com alto grau de confiança; e (2) se analisarmos outras amostras de dados, provavelmente descobriremos uma relação similar entre dentes bonitos e renda mais alta.

E daí? Achamos um resultado estatisticamente expressivo, mas não que seja particularmente significativo. Para começar, US$86 por ano não é uma quantia capaz de mudar a vida de ninguém. Do ponto de vista de políticas públicas, US$86 também é provavelmente menos do que custaria para branquear os dentes de um indivíduo todo ano, então não podemos sequer recomendar que trabalhadores jovens façam tal investimento. E, embora esteja me antecipando um capítulo, eu também ficaria preocupado com alguns sérios problemas metodológicos. Por exemplo, ter dentes perfeitos pode estar associado a outros traços de personalidade que expliquem a vantagem nos rendimentos; o efeito de rendimentos pode ser causado pelo tipo de gente que se preocupa com os dentes, não com os dentes em si. Por enquanto, o ponto é que devemos tomar nota do tamanho da associação que observamos entre a variável explicativa e o nosso resultado de interesse.

Significância. Será que o resultado observado é uma aberração baseada numa amostra de dados peculiar ou será que reflete uma associação significativa provável de ser observada para a população como um todo? Essa é a mesma pergunta básica que estamos fazendo ao longo dos últimos diversos capítulos. No contexto de altura e peso, pensamos que observaríamos uma associação positiva similar em outras amostras que sejam representativas da população? Para responder a essa pergunta, usamos as ferramentas básicas de inferência que já foram introduzidas. Nosso coeficiente de regressão baseia-se numa relação observada entre altura e peso para uma amostra particular de dados. Se fôssemos testar outra amostra grande de dados, quase com certeza obteríamos uma associação ligeiramente diferente entre altura e peso e, portanto, um coeficiente diferente. A relação entre altura e peso observada nos dados Whitehall (envolvendo os funcionários públicos britânicos) é provavelmente distinta da relação entre altura e peso observada nos participantes do estudo Changing Lives. No entanto, sabemos pelo teorema do limite central que a média para uma amostra grande, adequadamente tirada, em geral não se desviará muito da média da população como um todo. De maneira semelhante, podemos presumir que a relação observada entre variáveis como altura e peso em geral não oscilará muito de uma amostra para outra, pressupondo que essas amostras sejam grandes e adequadamente tiradas da mesma população.

Pense na intuição: é bastante improvável (embora ainda assim possível) que viéssemos a descobrir que cada centímetro de altura está associado a 0,8 quilo adicional entre os participantes do Changing Lives, mas que não existe associação entre altura e peso em alguma outra amostra representativa de 3 mil adultos americanos.

Isso deve proporcionar a você o primeiro lampejo de como testaremos se os nossos resultados de regressão são estatisticamente significativos ou não. Como em pesquisas de opinião e outras formas de inferência, podemos calcular um erro padrão para o coeficiente de regressão. O erro padrão é uma medida da dispersão provável que observaríamos no coeficiente se fôssemos conduzir a análise de regressão em amostras repetidas tiradas da mesma população. Se fôssemos medir e pesar outra amostra de 3 mil americanos, poderíamos descobrir na análise subsequente que cada centímetro de altura está associado com 0,7 quilo. Se fizéssemos a mesma coisa com outra amostra de 3 mil americanos, poderíamos descobrir que cada centímetro está associado com um quilo. Mais uma vez, a distribuição normal é nossa amiga. Para amostras grandes de dados, tais como o nosso conjunto de dados do Changing Lives, podemos presumir que os nossos vários coeficientes estarão distribuídos normalmente em torno da "verdadeira" associação entre altura e peso na população adulta americana. Com essa premissa, podemos calcular um erro padrão para o coeficiente de regressão que nos dê um senso de quanta dispersão podemos esperar nos coeficientes de uma amostra para outra. Não vou me aprofundar na fórmula de calcular o erro padrão aqui, não só porque nos desviará para uma direção que envolve muita matemática, mas também porque todos os pacotes básicos de estatística podem fazer os cálculos para você.

Todavia, devo advertir que, quando estamos trabalhando com uma amostra pequena de dados – tal como um grupo de vinte adultos em vez das mais de 3 mil pessoas no estudo Changing Lives –, a distribuição normal não está mais disposta a ser nossa amiga. Especificamente, se conduzimos repetidamente análises de regressão em diferentes amostras pequenas, não podemos mais presumir que os nossos vários coeficientes estarão distribuídos normalmente em torno da "verdadeira" associação entre altura e peso na população adulta americana. Em vez disso, nossos coeficientes ainda estarão distribuídos em torno da "verdadeira" associação entre altura e peso para a população adulta americana naquela que é conhecida como distribuição t. (Basicamente, a distribuição t é mais dispersa que a distribuição normal e, portanto, tem "caudas mais gordas".) Nada mais muda; qualquer pacote básico de estatística resolverá facilmente a complexidade adicional associada com o uso de distribuições t. Por esse motivo, a distribuição t será explicada mais detalhadamente no apêndice do capítulo.

Mantendo por enquanto o foco em amostras maiores (e, portanto, na distribuição normal), o fundamental é compreender por que o erro padrão tem importância. Da mesma maneira que ocorre nas pesquisas de opinião e outras formas de inferência, esperamos que mais da metade dos nossos coeficientes de regressão se situe dentro de um erro padrão a partir do verdadeiro parâmetro da população.* Aproximadamente 95% se situarão dentro de dois erros padrões. E assim por diante. Com isso, quase chegamos lá, porque agora podemos fazer um pouquinho de teste de hipótese. (Falando sério, você achou mesmo que já tinha se livrado dos testes de hipótese?) Uma vez que temos um coeficiente e um erro padrão, podemos testar a hipótese nula de que não existe de fato nenhuma relação entre a variável explicativa e a variável dependente (o que quer dizer que a verdadeira associação entre as duas variáveis na população é zero).

No nosso exemplo simples de altura e peso, podemos testar a probabilidade de descobrir na nossa amostra do Changing Lives que cada centímetro está associado com 0,8 quilo se não existir realmente nenhuma associação

* "Parâmetro" é um nome rebuscado para qualquer estatística que descreva uma característica de alguma população; o peso médio de todos os homens adultos é um parâmetro dessa população. Igualmente é o desvio padrão. Nesse exemplo, a associação verdadeira entre altura e peso para a população é o parâmetro dessa população.

entre altura e peso na população geral. Calculei a regressão usando um programa básico de estatística; o erro padrão sobre o coeficiente da altura é 0,05. Isso significa que, se fôssemos fazer essa análise repetidamente – digamos com cem amostras diferentes –, então seria de esperar que o nosso coeficiente de regressão estivesse dentro de dois erros padrões do verdadeiro parâmetro da população aproximadamente 95 vezes em cem.

Podemos, portanto, expressar os nossos resultados de duas maneiras diferentes, porém correlatas. Primeiro, podemos construir um intervalo de confiança de 95%. Podemos dizer que 95 vezes em cem esperamos que o nosso intervalo de confiança, que é 0,8 ± 0,05, contenha o verdadeiro parâmetro da população. Esse intervalo varia entre 0,75 e 0,85. Um pacote básico de estatística calculará também esse intervalo. Segundo, podemos ver que o nosso intervalo de confiança de 95% para a verdadeira associação entre altura e peso não inclui o zero. Logo, podemos rejeitar a hipótese nula de que não existe *nenhuma associação* entre altura e peso para a população geral num nível de confiança de 95%. Esse resultado pode ser expresso também como sendo estatisticamente significativo no nível 0,05; há somente 5% de chance de estarmos errados rejeitando a hipótese nula.

Na verdade, nossos resultados são ainda mais extremos que isso. O erro padrão (0,05) é extremamente baixo em relação ao tamanho do coeficiente (0,8). Uma regra prática grosseira é que o coeficiente tem probabilidade de ser estatisticamente significativo quando é pelo menos o dobro do valor do erro padrão.* Um pacote de estatística também calcula o valor-p, que nesse caso é 0,000, o que significa que essencialmente há zero chance de obter um resultado tão (ou mais) extremo quanto o que observamos se não houver uma associação real entre altura e peso na população geral. Lembre-se, não *provamos* que pessoas mais altas pesam mais na população geral, meramente mostramos que os nossos resultados para a amostra do Changing Lives seriam extremamente anômalos se esse não fosse o caso.

---

* Quando a hipótese nula é que o coeficiente de regressão é zero (como é o caso mais frequente), a razão entre o coeficiente de regressão observado e o erro padrão é conhecida como *estatística t*. Isso também será explicado no apêndice do capítulo.

Nossa análise de regressão básica produz ainda outra estatística digna de nota: o R^2, que é uma medida do tamanho total de variação explicado pela equação de regressão. Sabemos que temos uma ampla variação de peso na nossa amostra do Changing Lives. Muitas das pessoas na amostra pesam mais que a média para o grupo todo; muitas pesam menos. O R^2 nos diz quanto dessa variação em torno da média está associado apenas com diferenças de altura. No nosso caso, a resposta é 0,25, ou 25%. O ponto mais significativo pode ser que 75% da variação em peso para a nossa amostra permanece inexplicada. Existem claramente outros fatores além da altura que poderiam nos ajudar a entender os pesos dos participantes do Changing Lives. É aí que as coisas ficam mais interessantes.

Admito que comecei este capítulo vendendo a análise de regressão como o elixir milagroso da pesquisa em ciências sociais. Até aqui tudo que fiz foi usar um pacote de estatística e um conjunto impressionante de dados para demonstrar que gente alta pesa mais que gente baixa. Uma breve ida a um shopping provavelmente convenceria você da mesma coisa. Agora que você entende os fundamentos, podemos liberar o poder real da análise de regressão. É hora de botar os pneus de corrida!

Conforme prometi, a análise de regressão nos permite deslindar relações complexas nas quais fatores múltiplos afetam algum resultado que nos interessa, tal como renda, resultados de testes ou doenças do coração. Quando incluímos múltiplas variáveis na equação de regressão, a análise nos dá uma estimativa da associação linear entre *cada* variável explicativa e a variável dependente, enquanto mantemos outras variáveis dependentes constantes, ou "controlamos" esses outros fatores. Vamos nos ater por enquanto ao peso. Encontramos uma associação entre altura e peso; sabemos que há outros fatores que podem ajudar a explicar o peso (idade, sexo, alimentação, exercício, e assim por diante). A análise de regressão (frequentemente chamada análise de regressão múltipla quando há mais de uma variável explicativa envolvida, ou análise de regressão multivariada) nos dá um coeficiente para cada variável explicativa incluída na equação de regressão. Em outras palavras, *entre as pessoas que têm o mesmo sexo e idade,* qual é a relação entre idade e peso? Como temos mais de uma variável explicativa, não podemos mais representar esses dados num gráfico de duas dimensões. (Tente imaginar um gráfico que represente o peso, sexo, altura e idade de cada participante do estudo Changing Lives.) Contudo, a metodologia básica é igual à do nosso exemplo simples de altura e peso. Quando adicionarmos variáveis explicativas, um pacote estatístico calculará os coeficientes de regressão que minimizam a soma total dos residuais ao quadrado para a equação de regressão.

Trabalhemos por enquanto com os dados do Changing Lives; depois voltarei para lhe dar uma explicação intuitiva sobre como essa separação estatística do mar Vermelho pode funcionar. Podemos começar adicionando mais uma variável à equação que explica os pesos dos participantes do Changing Lives: idade. Quando escrevemos a regressão incluindo tanto altura quanto idade como variáveis explicativas para o peso, eis o que obtemos:

$$\text{PESO} = -66 + 0{,}82 \times (\text{ALTURA EM CENTÍMETROS}) + 0{,}05 \times (\text{IDADE EM ANOS})$$

O coeficiente sobre a idade é 0,05. Isso pode ser interpretado como significando que cada ano adicional na idade é associado a 0,05 quilo (cinquenta gramas) adicional no peso, *mantendo a altura constante*. Em qualquer grupo de pessoas que tenham a mesma altura, aquelas que são dez anos mais velhas em média pesarão 0,5 quilo a mais. Não é um efeito enorme, mas é consistente com o que tendemos a ver na vida. O coeficiente é significativo no nível 0,05.

Você pode ter notado que o coeficiente sobre a altura aumentou ligeiramente. Incluindo a idade na nossa regressão, temos uma compreensão mais refinada da relação entre altura e peso. Entre pessoas da mesma idade na nossa amostra, ou "mantendo a idade constante", cada centímetro adicional na altura está associado com 0,82 quilo a mais no peso.

Vamos adicionar mais uma variável: sexo. Esta será levemente diferente porque o sexo pode ter apenas duas possibilidades: masculino ou feminino. Como colocar M ou F numa regressão? A resposta é que usamos

o que se chama de variável binária, ou variável simulada (*dummy variable*).*
No nosso conjunto de dados, entramos com 1 quando os participantes forem do sexo feminino e com 0 para os participantes do sexo masculino. (Não há intenção aqui de qualquer julgamento de valor.) O coeficiente de sexo pode ser então interpretado como o efeito que o fato de ser mulher exerce sobre o peso, ceteris paribus. O coeficiente é –2,2, o que não constitui surpresa. Podemos interpretar esse número como significando que, para indivíduos de mesma altura e idade, as mulheres tipicamente pesam 2,2 quilos a menos que os homens. Agora podemos começar a ver parte do poder da análise de regressão múltipla. Sabemos que mulheres tendem a ser mais baixas que homens, mas o nosso coeficiente leva isso em conta, pois já controlamos a altura. O que isolamos aqui é o efeito de ser mulher. A nova regressão fica:

PESO = −54 + 0,79 × (ALTURA EM CENTÍMETROS) +
0,06 × (IDADE EM ANOS) − 2,2 (SE FOR DO SEXO FEMININO)

Nossa melhor estimativa para o peso de uma mulher de 53 anos com 1,62 metro de altura é: −54 + 0,79 × (162) + 0,06 × (53) − 2,2 = −54 + 128 + 3,2 − 2,2 = 75 quilos.

E o nosso melhor palpite para um homem de 35 anos com 1,88 metro de altura é: −54 + 0,79 × (188) + 0,06 × (35) = −54 + 147,9 + 2,1 = 96 quilos. Pulamos o último termo na nossa regressão (−2,2), pois não se trata de uma mulher.

AGORA podemos começar a testar coisas que são mais interessantes e menos previsíveis. Que tal educação? Como ela poderia afetar o peso? Eu faria a hipótese de que indivíduos mais bem-educados têm mais consciência sobre a saúde e, portanto, pesarão menos, ceteris paribus. E também ainda não testamos nenhuma medida de exercício; presumo que, mantendo ou-

* Usa-se em português também o termo "variável dummy". (N.T.)

tros fatores constantes, as pessoas na amostra que fazem mais exercício pesarão menos.

E a pobreza? Será que ser pobre nos Estados Unidos tem efeitos que se manifestam no peso? O estudo Changing Lives pergunta se os participantes recebem vale-alimentação, que é uma boa medida de pobreza nos Estados Unidos. Finalmente, estou interessado em raça. Sabemos que pessoas negras têm diferentes experiências de vida nos Estados Unidos *por causa da raça*. Há fatores culturais e de moradia associados à raça nos Estados Unidos que têm implicações para o peso. Muitas cidades ainda se caracterizam por um alto grau de segregação racial; afro-americanos podem ter maior probabilidade do que outros moradores de viver em "desertos alimentares", que são áreas com acesso limitado a mercearias que vendem frutas, verduras e outros produtos frescos.

Podemos usar a análise de regressão para separar os efeitos independentes de cada um dos fatores explicativos potenciais descritos acima. Por exemplo, podemos isolar a associação entre raça e peso, mantendo constantes outros atores socioeconômicos, como histórico educacional e pobreza. *Entre pessoas que terminaram o ensino médio e são elegíveis para receber vale-alimentação, qual é a associação estatística entre peso e ser negro?*

A esta altura, a nossa equação de regressão é tão longa que seria um trambolho imprimir aqui os resultados inteiros. Artigos acadêmicos costumam inserir grandes tabelas para sintetizar os resultados das várias equações de regressão. Incluí uma tabela com os resultados completos dessa equação de regressão no apêndice deste capítulo. Entrementes, eis os destaques do que acontece quando adicionamos educação, exercício, pobreza (medida pelo recebimento de vale-alimentação) e raça à nossa equação.

Todas as nossas variáveis originais (altura, idade e sexo) ainda são significativas. Os coeficientes mudam pouco quando adicionamos novas variáveis explicativas. Todas as nossas novas variáveis são estatisticamente significantes num nível 0,05. O R^2 sobre a regressão subiu de 0,25 para 0,29. (Lembre-se, um R^2 de 0 significa que a nossa equação de regressão não é melhor que a média para predizer o peso de qualquer indivíduo na amostra; um R^2 de 1 significa que a equação de regressão prediz perfeitamente o peso de toda pessoa na amostra.) Grande parte da variação de peso entre os indivíduos permanece inexplicada.

A educação revela ser negativamente associada com o peso, conforme a minha hipótese. Entre os participantes no estudo Changing Lives, cada ano de educação é associado com −0,6 quilo.

Não é surpresa que o exercício também tenha uma associação negativa com o peso. O estudo Changing Lives inclui um índice que avalia cada participante conforme seu nível de atividade física. Os indivíduos que estão no quintil inferior para atividade física pesam, em média, 2,1 quilos a mais que outros adultos na amostra, ceteris paribus. Os que se encontram no quintil inferior para atividade física pesam, em média, perto de 4,1 quilos a mais que os adultos no quintil superior para atividade física.

Indivíduos que recebem vale-alimentação (o sinal de pobreza nessa regressão) são mais pesados que outros adultos. Portadores de vale-alimentação pesam em média 2,6 quilos a mais que outros participantes do Changing Lives, ceteris paribus.

A variável raça revela-se particularmente interessante. Mesmo que se controlem todas as outras variáveis descritas até este ponto, a raça ainda influi muito quando se trata de explicar o peso. Os adultos negros não hispânicos na amostra do Changing Lives pesam, em média, aproximadamente 4,5 quilos a mais que outros adultos na amostra. Quatro quilos e meio é muito peso, tanto em termos absolutos quanto em comparação com os efeitos de outras variáveis explicativas na equação de regressão. Não é uma esquisitice dos dados. O valor-p da variável *dummy* para negros não hispânicos é 0,000 e o intervalo de confiança de 95% se estende de 3,5 a 7,3 quilos.

O que está acontecendo? Sinceramente, não tenho a menor ideia. Deixe-me reiterar um ponto que ficou soterrado numa nota de rodapé anterior: estou aqui só brincando com dados para ilustrar como funciona a análise de regressão. A análise aqui apresentada é para a verdadeira pesquisa acadêmica o que o hóquei de rua é para a Liga Nacional Americana de Hóquei (NHL, na sigla em inglês). Se este fosse um projeto de pesquisa real, haveria semanas ou meses de análise complementar para sondar esse achado. O que posso dizer é que demonstrei por que a análise de regressão múltipla é a melhor ferramenta que temos para encontrar padrões significativos em grandes e complexos conjuntos de dados. Começamos com um exercício ridiculamente banal: quantificar a relação entre altura e peso. Não demorou muito para estarmos metidos até os joelhos em assuntos de real relevância social.

Nessa linha, posso lhes oferecer um estudo real que utilizou a análise de regressão para sondar um assunto socialmente significativo: discriminação de gênero no local de trabalho. O curioso em relação à discriminação é que ela é difícil de observar diretamente. Nenhum empregador jamais afirma explicitamente que alguém está recebendo salário menor por causa de sua raça ou gênero, ou que alguém não foi contratado por razões discriminatórias (o que presumivelmente deixaria a pessoa em outro emprego com um salário mais baixo). Em vez disso, o que observamos são diferenças de pagamento por raça e gênero que podem ser resultado de discriminação: brancos ganham mais que negros; homens ganham mais que mulheres; e assim por diante. O desafio metodológico é que essas diferenças observadas podem ser também resultantes de diferenças subjacentes entre os trabalhadores que nada têm a ver com discriminação no local de trabalho, tais como o fato de mulheres tenderem a optar mais por trabalho em período parcial. Quanto dessa diferença de salários se deve a fatores associados à produtividade no emprego, e quanto da diferença, se houver, se deve à discriminação na força de trabalho? Ninguém pode alegar que se trata de uma questão trivial.

A análise de regressão pode nos ajudar na resposta. Entretanto, a nossa metodologia será ligeiramente mais arredondada do que foi na nossa análise explicando o peso. Como não podemos medir discriminação diretamente, examinaremos outros fatores que tradicionalmente explicam os salários, tais como educação, experiência, campo ocupacional, entre outros. Discriminação é um caso circunstancial: se uma diferença salarial significativa continuar a prevalecer depois de se controlarem os outros fatores que tipicamente explicam os salários, a discriminação é uma provável culpada. Quanto maior a porção inexplicada de qualquer diferença salarial, mais desconfiados devemos ficar. Como exemplo, vamos dar uma olhada num artigo de três economistas que examinam as trajetórias salariais de uma amostra de aproximadamente 2,5 mil homens e mulheres que se graduaram com MBA da Booth School of Business da Universidade de Chicago.[1] Ao se graduarem, homens e mulheres têm salários anuais médios iniciais muito semelhantes: US$130 mil para os homens e US$115 mil para as mulheres. No entanto, dez anos depois na força de trabalho, abriu-se uma enorme fenda: as mulheres estão ganhando em média espantosos 45% menos que seus colegas de classe do sexo masculino: US$243 mil versus US$442 mil. Numa amostra mais ampla, de mais de 18 mil graduados de MBA que entraram na força de trabalho entre 1990 e 2006, ser mulher está associado a um ganho 29% mais baixo. O que acontece com as mulheres uma vez que começam a trabalhar?

Segundo os autores do estudo (Marianne Bertrand, da Booth School of Business, Claudia Goldin e Lawrence Katz, de Harvard), discriminação *não* é uma explicação provável para a maior parte da diferença. A diferença salarial em gênero vai sumindo à medida que os autores adicionam mais variáveis explicativas à análise. Por exemplo, os homens pegam mais cursos de finanças em programas de MBA e se graduam com médias de notas mais altas. Quando esses dados são incluídos como variáveis de controle na equação de regressão, a porção inexplicada da diferença entre salários de homens e mulheres cai para 19%. Quando são adicionadas à equação variáveis que levam em conta a experiência profissional pós-MBA, particularmente períodos fora da força de trabalho, a porção inexplicada da diferença salarial entre homens e mulheres cai para 9%. E quando são adicionadas variáveis explicativas para outras características de trabalho, tais como tipo de empregador e horas trabalhadas, a porção inexplicada para a diferença salarial em termos de gênero cai para menos de 4%.

Para trabalhadores que têm participado da força de trabalho por mais de dez anos, os autores conseguem explicar, em última instância, tudo exceto 1% da diferença salarial com fatores não relacionados com discriminação no emprego.* Eles concluem: "Identificamos três razões aproximadas para a grande e crescente diferença nos ganhos: diferenças em qualificação anteriores à graduação no MBA; diferenças em termos de interrupção de carreira; e diferenças em horas semanais trabalhadas. Esses três determinantes podem explicar o grosso das diferenças salariais em gênero ao longo dos anos que se seguem ao término do MBA."

ESPERO TER CONVENCIDO você do valor da análise de regressão múltipla, particularmente os insights de pesquisa que brotam de se poder isolar o efeito de uma variável explicativa enquanto controlamos os outros fatores envolvidos. Ainda não forneci uma explicação intuitiva para como funciona esse "elixir milagroso" estatístico. Quando usamos análise de regressão para avaliar a relação entre educação e peso, ceteris paribus, como um pacote estatístico mantém sob controle os fatores como altura, sexo, idade e renda quando sabemos que os nossos participantes do Changing Lives *não* são idênticos nesses outros aspectos?

Para lhe dar uma noção de como podemos isolar o efeito sobre o peso de uma única variável, digamos, educação, imagine a seguinte situação: suponha que todos os participantes do Changing Lives sejam reunidos num mesmo lugar – Framingham, Massachusetts, por exemplo. Agora imagine que homens e mulheres sejam separados. Suponha também que tanto homens como mulheres sejam divididos por altura. Haverá uma sala para homens de 1,80 metro de altura. Na sala ao lado, estarão reuni-

* Forças discriminatórias mais amplas na sociedade podem afetar as carreiras que mulheres escolhem ou o fato de estarem mais propensas que os homens a interromper suas carreiras para cuidar de filhos. No entanto, esses importantes tópicos são distintos da questão mais restrita de as mulheres estarem sendo pagas menos que os homens para fazerem o mesmo tipo de serviço.

dos os homens de 1,81 metro, e assim por diante para ambos os gêneros. Se tivermos participantes suficientes no estudo, podemos subdividir cada uma dessas salas por renda. Acabaremos tendo uma porção de salas, cada uma contendo indivíduos que são idênticos em todos os aspectos, *exceto educação e peso, que são as duas variáveis que nos interessam*. Haveria uma sala para homens de 45 anos com 1,65 metro que ganham de US$30 mil a US$40 mil por ano. Ao lado, estariam mulheres de 45 anos com 1,65 metro de altura que ganham de US$30 mil a US$40 mil por ano. E assim por diante (por diante e por diante).

Ainda assim haverá alguma variação em peso dentro de cada sala; pessoas do mesmo sexo e altura com a mesma renda ainda assim terão pesos de valores diferentes – embora presumivelmente deva haver muito menos variação no peso em cada sala do que na amostra total. Nossa meta agora é ver quanto da variação restante do peso em cada sala pode ser explicada pela educação. Em outras palavras, qual é a melhor relação linear entre educação e peso em cada sala?

O desafio final, porém, é que não queremos coeficientes diferentes em cada "sala". O principal ponto desse exercício é calcular um único coeficiente que melhor expresse a relação entre educação e peso para a amostra toda, mantendo os outros fatores constantes. O que gostaríamos de calcular é o coeficiente único para a educação que possamos usar *em toda sala* para minimizar a soma dos residuais ao quadrado para todas as salas combinadas. Que coeficiente para a educação minimiza o quadrado do peso inexplicado para cada indivíduo em todas as salas? Este torna-se o nosso coeficiente de regressão porque é a melhor explicação da relação linear entre educação e peso para essa amostra quando mantemos sexo, idade e renda constantes.

Como aparte, você pode ver por que grandes conjuntos de dados são tão úteis. Eles nos permitem controlar muitos fatores e ao mesmo tempo dispor de muitas observações em cada "sala". Obviamente um computador pode fazer tudo isso numa fração de segundo sem distribuir milhares de pessoas em montes de salas diferentes.

Vamos encerrar o capítulo onde começamos, com a conexão entre estresse no emprego e doença cardíaca coronária. Os estudos Whitehall de funcionários públicos britânicos buscaram mensurar a associação entre escalão de emprego e morte por doença cardíaca coronária nos anos subsequentes. Um dos primeiros estudos acompanhou 17.530 funcionários por 7,5 anos.[2] Os autores concluíram que: "Homens nos escalões mais baixos de emprego eram mais baixos, mais pesados em relação à sua altura, tinham pressão sanguínea mais elevada, maior taxa de glicose no sangue, fumavam mais e relatavam menos atividade física em horas de lazer do que homens nos escalões mais altos. Todavia, mesmo fazendo-se o desconto da influência de todos esses fatores, incluindo ainda colesterol no sangue, sobre a mortalidade, ainda era forte a associação entre o escalão de emprego e mortalidade [devida a doença cardíaca coronária]." O "desconto" a que eles se referem para esses outros fatores de risco conhecidos é feito por meio da análise de regressão.* O estudo demonstra que, mantendo os outros fatores de saúde constantes (inclusive altura, que é um indicador representativo para saúde e nutrição na primeira infância), trabalhar num emprego de "baixo escalão" pode literalmente nos matar.

Ceticismo é sempre uma boa primeira reação. Escrevi no início do capítulo que empregos de "baixo controle" são ruins para a saúde. Isso pode ou não ser sinônimo de estar na base do totem administrativo. Um estudo

* Esses estudos diferem ligeiramente das equações de regressão introduzidas anteriormente neste capítulo. O resultado de interesse, ou variável dependente, é binária nesses estudos. O participante ou tem ou não tem algum tipo de problema de saúde relacionado com o coração durante o período do estudo. Como resultado, os pesquisadores empregaram uma ferramenta chamada regressão logística multivariada. A ideia básica é a mesma que no modelo dos mínimos quadrados ordinários descrito neste capítulo. Cada coeficiente expressa o efeito de uma variável explicativa particular sobre a variável dependente, enquanto são mantidos constantes os efeitos das outras variáveis no modelo. A diferença-chave é que todas as variáveis na equação afetam a *probabilidade* de um evento acontecer, como ter um ataque do coração durante o período de estudo. Nesse estudo, por exemplo, os trabalhadores no grupo de baixo controle no emprego têm uma probabilidade 1,99 vez maior de ter "qualquer evento coronário" durante o período de estudo que trabalhadores no grupo de alto controle no emprego, mantidos constantes todos os outros fatores de risco.

usando uma segunda amostra de 10.308 funcionários públicos britânicos buscou aprofundar-se nessa distinção.[3] Os trabalhadores foram mais uma vez divididos em escalões administrativos – alto, intermediário e baixo –, só que dessa vez os participantes também receberam um questionário de quinze itens que avaliava o nível de "controle ou latitude de decisão". O questionário incluía perguntas como "Você tem escolha para decidir como fazer seu serviço?" e respostas categóricas (variando de "nunca" para "frequentemente") para afirmações do tipo "Eu posso decidir quando fazer um intervalo". Os pesquisadores descobriram que trabalhadores de "baixo controle" tinham um risco muito mais alto de desenvolver alguma doença cardíaca coronária no decorrer do estudo do que os trabalhadores de "alto controle". Contudo, os pesquisadores também descobriram que trabalhadores com rigorosas exigências no emprego não tinham maior risco de desenvolver doença cardíaca e tampouco trabalhadores que informaram baixos níveis de apoio social no emprego. Falta de controle parece ser o assassino, literalmente.

Os estudos Whitehall têm duas características tipicamente associadas com uma pesquisa robusta. Primeira, os resultados foram replicados em outros lugares. Na literatura sobre saúde pública, a ideia de "baixo controle" evoluiu para se tornar um termo conhecido como "estresse no emprego", que caracteriza empregos com "elevadas exigências psicológicas na carga de trabalho" e "baixa latitude de decisão". Entre 1981 e 1993, foram publicados 36 estudos sobre o assunto; a maioria encontrou uma significativa associação positiva entre estresse no emprego e doença cardíaca.[4]

Segunda, os pesquisadores buscaram e encontraram evidência biológica corroboradora para explicar o mecanismo pelo qual esse tipo de estresse particular no emprego gera uma saúde ruim. Condições de trabalho que envolvem exigências rigorosas, mas baixo controle, podem provocar respostas fisiológicas (tais como liberação de hormônios relacionados com o estresse) que aumentam o risco de doença cardíaca no longo prazo. Mesmo a pesquisa animal desempenha algum papel;

macacos e babuínos de baixa posição hierárquica (que guardam certa semelhança com os funcionários públicos na base da cadeia de autoridade) têm diferenças fisiológicas em relação a seus semelhantes de status elevado, diferenças essas que os colocam em condição de maior risco cardiovascular.[5]

Todo o resto sendo igual, é melhor não ser um babuíno de baixo status, que é um ponto que procuro enfatizar para os meus filhos com a maior frequência possível, particularmente meu filho. A mensagem mais ampla aqui é que a análise de regressão é indiscutivelmente a ferramenta mais importante que os pesquisadores possuem para encontrar padrões significativos em grandes conjuntos de dados. Geralmente não podemos fazer experimentos controlados para entender sobre discriminação no emprego ou fatores que causam doença cardíaca. Nossas percepções acerca desses assuntos socialmente significativos, bem como muitos outros, provêm das ferramentas estatísticas apresentadas neste capítulo. Na verdade, não seria exagero dizer que uma alta proporção de toda a pesquisa importante feita em ciências sociais no último meio século (particularmente desde o advento de computadores poderosos baratos) se baseia na análise de regressão.

A análise de regressão amplifica enormemente o método científico; como resultado, somos mais saudáveis, seguros e bem informados.

Então, o que possivelmente poderia sair errado com essa poderosa e impressionante ferramenta? Continue lendo.

APÊNDICE AO CAPÍTULO 11

A distribuição t

A vida fica um pouquinho mais complicada quando fazemos a nossa análise de regressão (ou outras formas de inferência estatística) com uma amostra pequena de dados. Suponha que estivéssemos analisando a relação entre peso e altura com base numa amostra de apenas 25 adultos, em vez de usar um conjunto de dados enorme como o estudo Changing Lives. A lógica sugere que devemos ter menos confiança em generalizar os nossos resultados para a população adulta inteira a partir de uma amostra de 25 do que a partir de uma amostra de 3 mil. Um dos temas ao longo deste livro tem sido que amostras menores tendem a gerar mais dispersão nos resultados. Nossa amostra de 25 ainda nos dará informação significativa, como daria uma amostra de cinco ou dez – mas quão significativa?

A distribuição t responde a essa pergunta. Ao analisarmos a associação entre altura e peso para repetidas amostras de 25 adultos, não podemos mais presumir que os vários coeficientes obtidos para altura estejam distribuídos normalmente em torno do "verdadeiro" coeficiente para a altura na população adulta. Eles ainda estarão distribuídos em torno do coeficiente verdadeiro para toda a população, *mas o formato dessa distribuição não será a nossa familiar curva normal em forma de sino.* Em vez disso, temos de pressupor que repetidas amostras de 25 produzirão mais dispersão ao redor do coeficiente verdadeiro da população – e portanto uma distribuição com "caudas mais grossas". E repetidas amostras de dez produzirão uma dispersão ainda maior – e portanto caudas ainda mais grossas. A distribuição t é na verdade uma série, ou "família", de funções de densidade de probabilidade que variam segundo o tamanho da nossa amostra. Especificamente, quanto mais dados temos na nossa amostra, mais "graus de liberdade" temos ao determinar a distribuição apropriada em relação à qual avaliamos os nossos resultados. Numa aula mais avançada, você aprenderá exatamente como calcular graus de liberdade; para o nosso propósito, eles são quase iguais ao número de observações da amostra. Por exemplo, uma análise de regressão básica com uma amostra de dez e uma única variável explicativa tem nove graus de liberdade. Quanto mais graus de liberdade temos, mais confiantes podemos ficar de que nossa amostra representa a população real, e "mais compacta" será a nossa distribuição, como ilustra o diagrama a seguir.

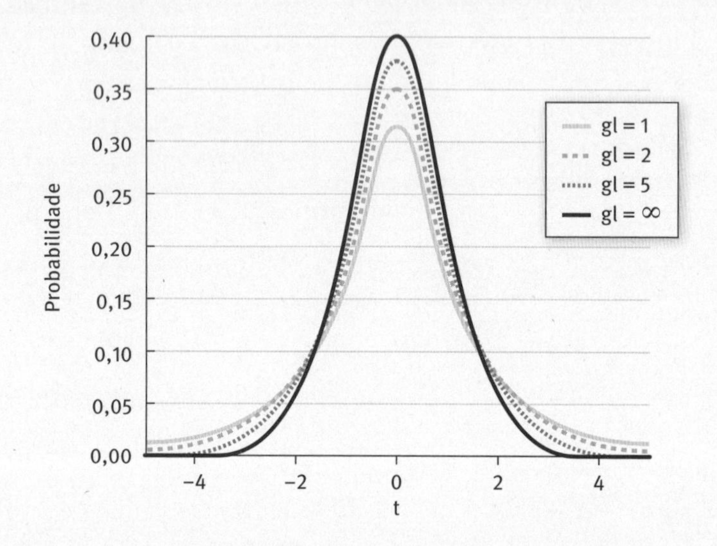

Quando o número de graus de liberdade fica maior, a distribuição t converge para a distribuição normal. É por isso que, quando estamos trabalhando com grandes conjuntos de dados, podemos usar a distribuição normal para os nossos diversos cálculos.

A distribuição t meramente acrescenta detalhes ao mesmo processo de inferência estatística que temos usado ao longo do livro. Continuamos formulando uma hipótese nula para então testá-la considerando alguns dados observados. Se os dados que observamos são altamente improváveis caso a hipótese nula fosse verdadeira, então rejeitamos a hipótese nula. A única coisa que muda com a distribuição t são as probabilidades subjacentes para avaliar os resultados observados. Quanto mais "grossa" a cauda numa particular distribuição de probabilidade (por exemplo, a distribuição t para oito graus de liberdade), mais dispersão podemos esperar nos nossos dados observados como mero resultado do acaso e, portanto, menos confiantes podemos ficar em rejeitar a nossa hipótese nula.

Por exemplo, suponha que estejamos compondo uma equação de regressão e que a hipótese nula é que o coeficiente para uma variável particular seja zero. Uma vez obtidos os resultados da regressão, calcularíamos a estatística t, que é a razão entre o coeficiente observado e o erro padrão para esse coeficiente.* Essa estatística t é então avaliada em relação a qualquer que seja a distribuição t apropriada para o tamanho da amostra de dados (uma vez que é isso que determina em grande parte o número de graus de liberdade). Quando a estatística t é suficientemente grande, significando que o nosso coeficiente observado está longe do que prediria a hipótese nula, podemos rejeitar a hipótese nula em algum nível de significância estatística. Mais uma vez, esse é o mesmo processo básico de inferência estatística que estamos empregando ao longo do livro.

Quanto menos graus de liberdade (e, portanto, "mais grossas" as caudas da distribuição t relevante), mais alta terá de ser a estatística t para podermos rejeitar a hipótese nula em algum nível de significância. No exemplo de regressão hipotética descrito acima, se tivéssemos quatro graus de liberdade, precisaríamos de uma estatística t de pelo menos 2,13 para rejeitar a hipótese nula no nível 0,05 (num teste unicaudal).

No entanto, se tivermos 20 mil graus de liberdade (o que essencialmente nos permite usar a distribuição normal), precisaríamos apenas de uma estatística t de 1,65 para rejeitar a hipótese nula num nível 0,05 no mesmo teste unicaudal.

---

* A fórmula mais geral para calcular uma estatística t é a seguinte:

$$t_b = \frac{b - b_0}{EP_b}$$

onde *b* é o coeficiente observado, b_0 é a hipótese nula para esse coeficiente e EP_b é o erro padrão para o coeficiente *b* observado.

Equação de regressão para o peso

Variável	Coeficiente	Erro padrão	Estatística t	Valor-p (teste bicaudal)	Intervalo de confiança de 95%
Altura	0,78	0,035	21,4	0,000	0,71 a 0,85
Idade	0,04	0,01	2,2	0,026	0,02 a 0,06
Sexo	−2,59	0,75	−3,4	0,001	−4,09 a −1,09
Anos de formação educacional	−0,32	0,09	−3,5	0,000	−0,50 a −0,14
Quintil inferior de atividade física	1,68	0,63	2,6	0,009	0,42 a 2,94
Dummy por receber vale-alimentação	2,55	0,95	2,7	0,007	0,65 a 4,09
Negro não hispânico	4,41	0,59	7,2	0,000	3,23 a 5,59
Intersecção	−53				

12. Erros comuns de regressão

O rótulo de advertência obrigatório

Eis aqui uma das coisas mais importantes para lembrar ao fazer alguma pesquisa que envolva análise de regressão: tente não matar ninguém. Você pode até pôr um pequeno adesivo amarelo como lembrete no seu computador: "Não mate gente com a sua pesquisa." Porque algumas pessoas muito espertas já violaram inadvertidamente essa regra.

Começando nos anos 1990, o establishment médico consolidou-se em torno da ideia de que mulheres mais velhas deveriam tomar suplementos de estrogênio como proteção contra doenças cardíacas, osteoporose e outras condições associadas à menopausa.[1] Em 2001, o estrogênio estava sendo prescrito a cerca de 15 milhões de mulheres com base na crença de que as tornaria mais saudáveis. Por quê? Porque a pesquisa na época – utilizando a base metodológica exposta no capítulo anterior – sugeria que se tratava de uma estratégia médica sensata. Em particular, um estudo longitudinal de 122 mil mulheres (o Nurses' Health Study – Estudo de Saúde da Enfermagem) descobriu uma associação negativa entre suplementos de estrogênio e ataques do coração. Mulheres que tomavam estrogênio tinham um terço de ataques cardíacos das mulheres que não tomavam. Não era um punhado de adolescentes usando o computador do papai para ver pornografia e montar equações de regressão. O Estudo de Saúde da Enfermagem é gerido pela Escola de Medicina de Harvard e pela Escola de Saúde Pública de Harvard.

Nesse ínterim, cientistas e médicos elaboraram uma teoria médica explicando o porquê de suplementos hormonais poderem ser benéficos para a saúde da mulher. Os ovários produzem menos estrogênio à medida que a mulher envelhece; se o estrogênio é importante para o corpo, então compensar esse déficit em idade mais avançada pode proteger a saúde da mulher no longo prazo. Daí o nome do tratamento: terapia de reposição hormonal. Alguns pesquisadores chegaram mesmo a sugerir que homens mais velhos deveriam receber uma carga de estrogênio.[2]

E então, enquanto milhões de mulheres recebiam a prescrição da terapia de reposição hormonal, o estrogênio foi submetido à mais rigorosa forma de escrutínio científico: testes clínicos. Em vez de pesquisar um grande conjunto de dados em busca de associações estatísticas que podem ou não ser casuais, como fez o Estudo de Saúde da Enfermagem, um teste clínico consiste num experimento controlado. Uma amostra recebe um tratamento, tal como a reposição hormonal; outra amostra recebe um placebo. Testes clínicos mostraram que mulheres tomando estrogênio tinham uma incidência maior de doenças cardíacas, derrames, coágulos sanguíneos, câncer no seio e outros resultados adversos em termos de saúde. Os suplementos de estrogênio traziam sim alguns benefícios, mas estes eram sobrepujados de longe por outros riscos. A partir de 2002, os médicos foram aconselhados a não prescrever estrogênio para suas pacientes mais idosas. A *New York Times Magazine* fez uma pergunta delicada, mas socialmente significativa: quantas mulheres morreram prematuramente ou sofreram derrames ou tiveram câncer no seio porque estavam tomando uma pílula que seus médicos lhes prescreveram para mantê-las saudáveis?

A resposta: "uma estimativa razoável seria dezenas de milhares".[3]

A ANÁLISE DE REGRESSÃO é a bomba de hidrogênio do arsenal estatístico. Qualquer pessoa com um computador pessoal e um grande conjunto de dados pode ser pesquisador em sua própria casa ou cubículo. O que poderia possivelmente dar errado? Todo tipo de coisas. A análise de regressão provê respostas precisas para questões complicadas. Essas respostas podem ou não ser acuradas. Em mãos erradas, a análise de regressão produzirá resultados que são enganosos ou simplesmente errados. E, como ilustra o exemplo do estrogênio, *mesmo em mãos certas* essa poderosa ferramenta estatística pode nos levar a correr perigosamente na direção errada. O balanço deste capítulo explicará os "erros" de regressão mais comuns. Ponho "erros" entre aspas porque, como ocorre em todos os outros tipos de análise estatística, pessoas espertas podem deliberadamente explorar esses pontos metodológicos para fins nefastos.

Aqui está uma lista dos "sete abusos mais comuns" de uma ferramenta que é, em outras circunstâncias, extraordinária.

Usar regressão para analisar uma relação não linear.* Você alguma vez já leu o rótulo de advertência num secador de cabelo – a parte que avisa "Não use dentro da banheira"? E você pensa consigo mesmo: "Que idiota usa um secador de cabelo dentro da banheira?" *É um aparelho elétrico; não se usam aparelhos elétricos perto da água.* Eles não são projetados para isso. Se a análise de regressão tivesse um rótulo similar, diria: "Não use quando não houver associação linear entre as variáveis que você está analisando." Lembre-se, o coeficiente de regressão descreve a inclinação da "reta que melhor se encaixa" naqueles dados; uma linha não reta terá inclinações diferentes em pontos diferentes. Como exemplo, considere a seguinte relação hipotética entre o número de aulas de golfe que tomei durante um mês (uma variável explicativa) e a minha pontuação média para uma rodada de dezoito buracos durante aquele mês (a variável dependente). Conforme você pode ver pelo gráfico, não há nenhuma relação *linear* consistente.

Há um padrão, mas não pode ser descrito facilmente com uma única linha reta. As primeiras aulas de golfe parecem diminuir minha pontuação rapidamente. Há uma associação negativa entre aulas e meus escores para esse trecho; a inclinação é negativa. Mais aulas produzem escores mais baixos (o que no golfe é bom).

Quando chego então ao ponto em que estou gastando entre US$200 e US$300 por mês em aulas, estas parecem não ter absolutamente nenhum

---

* Existem métodos mais sofisticados que podem ser utilizados para adaptar a análise de regressão para uso com dados não lineares. Antes de usar essas ferramentas, porém, você precisa avaliar por que o uso da abordagem padrão dos quadrados mínimos ordinários com dados não lineares lhe dará um resultado significativo.

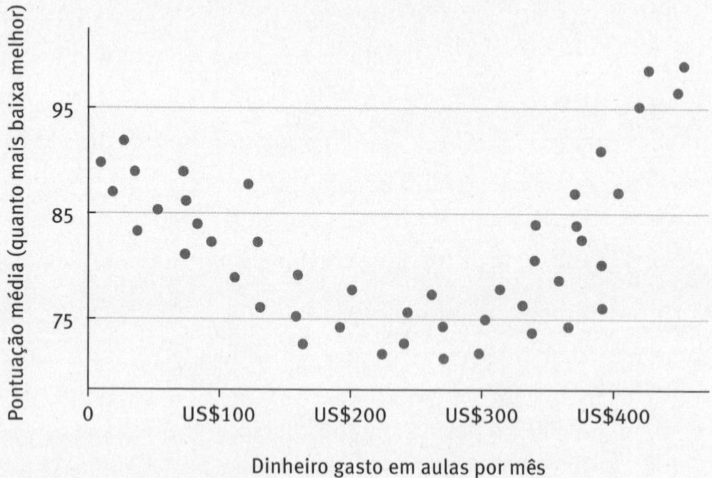

efeito. Não há uma associação clara ao longo desse trecho entre instrução adicional e os meus escores no golfe; a inclinação é zero.

E, finalmente, as aulas parecem se tornar contraproducentes. Uma vez já gastando US$300 mensais em aulas, a instrução adicional está associada a escores mais altos; nesse trecho, a associação é positiva. (Discutirei mais adiante no capítulo a possibilidade distinta de que a falta de destreza no golfe é que pode estar exigindo as aulas, e não o contrário.)

O ponto mais importante aqui é que não podemos sintetizar acuradamente a relação entre aulas e pontuação com um coeficiente único. A melhor interpretação do padrão descrito anteriormente é que as aulas de golfe possuem diversas relações lineares diferentes com a minha pontuação. Você pode ver isso; um pacote estatístico não vê. Se você alimentar uma equação de regressão com esses dados, o computador lhe dará um coeficiente único. Esse coeficiente não refletirá acuradamente a verdadeira relação entre as variáveis de interesse. Os resultados que você obtém serão o equivalente estatístico de usar um secador de cabelo na banheira.

A análise de regressão foi feita para ser usada quando a relação entre variáveis for linear. Um manual ou um curso avançado de estatística poderão orientá-lo a respeito das outras premissas que fundamentam a análise de regressão. Como ocorre com qualquer outra ferramenta, quanto mais nos desviamos de sua finalidade original de uso, menos efetiva, ou até mesmo potencialmente perigosa, ela será.

Correlação não é a mesma coisa que causalidade. A análise de regressão só pode demonstrar uma associação entre duas variáveis. Como mencionei antes, não podemos provar apenas com estatística que uma mudança numa variável esteja *causando* uma mudança na outra. Na verdade, uma equação de regressão negligente pode produzir uma associação grande e estatisticamente significativa entre duas variáveis que não têm nada a ver uma com a outra. Suponha que estivéssemos procurando causas potenciais para o aumento do índice de autismo nos Estados Unidos durante as duas últimas décadas. Nossa variável dependente – o resultado que estamos procurando explicar – seria alguma medida da incidência de autismo por ano, tal como o número de casos diagnosticados por cada mil crianças de certa idade. Se fôssemos incluir a renda anual per capita na China como variável explicativa, quase com certeza encontraríamos uma associação positiva e estatisticamente significativa entre o aumento de renda na China e o aumento do índice de autismo nos Estados Unidos nos últimos vinte anos.

Por quê? Porque ambos têm aumentado drasticamente no mesmo período. Contudo, duvido muito que uma recessão aguda na China reduziria o índice de autismo nos Estados Unidos. (Para ser justo, se eu observasse uma forte relação entre o rápido crescimento econômico na China e os índices de autismo *apenas na China*, poderia começar a buscar algum fator ambiental relacionado com crescimento econômico, tal como poluição industrial, que pudesse explicar a associação.)

O tipo de associação falsa entre duas variáveis que acabei de ilustrar é apenas um exemplo de um fenômeno mais geral conhecido como causalidade espúria. Há outros modos pelos quais uma associação entre A e B pode ser interpretada de maneira errada.

Causalidade reversa. Uma associação estatística entre A e B não prova que A causa B. Na verdade, é inteiramente plausível que B esteja causando A.

Aludi a essa possibilidade anteriormente no exemplo das aulas de golfe. Suponha que, quando construo um modelo complexo para explicar minha pontuação no golfe, a variável para aulas de golfe esteja consistentemente associada com resultados piores. Quanto mais aulas eu tomo, pior meu desempenho! Uma explicação é que devo ter um instrutor de golfe realmente muito, muito ruim. Uma explicação mais plausível é que tenho a tendência de tomar mais aulas quando estou jogando mal; meu golfe ruim está causando mais aulas, e não o contrário. (Há algumas correções metodológicas simples para um problema dessa natureza. Por exemplo, posso incluir as aulas de golfe em certo mês como variável explicativa para os resultados *no mês seguinte*.)

Como foi observado antes neste capítulo, a causalidade pode ocorrer em ambos os sentidos. Suponha que você faça uma pesquisa demonstrando que os estados que gastam mais dinheiro em educação no ensino fundamental e médio têm índices de crescimento econômico mais elevados que estados que gastam menos. Uma associação positiva e significativa entre essas duas variáveis não fornece nenhuma percepção de qual é o sentido em que a relação ocorre. Investimentos em educação fundamental e média podem causar crescimento econômico. Ou, por outro lado, estados com economias fortes podem se permitir gastar mais em educação fundamental e média, de modo que a economia forte poderia estar causando os gastos em educação. Ou, gastos em educação impulsionam o crescimento econômico, o que possibilita gastos em educação adicionais – a causalidade pode caminhar nos dois sentidos.

O ponto é que não devemos usar variáveis explicativas que possam ser afetadas pelo resultado que estamos tentando explicar, senão os resultados estarão irremediavelmente emaranhados. Por exemplo, seria inapropriado usar a taxa de desemprego numa equação de regressão explicando o crescimento do PIB, uma vez que o desemprego é claramente afetado pela taxa de crescimento do PIB. Ou, pensando no sentido inverso, uma análise de regressão que descubra que a redução do desemprego impulsiona o crescimento do PIB é uma descoberta tola e sem sentido, uma vez que impulsionar o crescimento do PIB geralmente é necessário para reduzir o desemprego.

Devemos ter razões para acreditar que as nossas variáveis explicativas afetam a variável dependente, e não o contrário.

Viés da variável omitida. Você deve ficar cético na próxima vez que vir uma manchete enorme proclamando: "Golfistas mais propensos a doenças do coração, câncer e artrite!" Eu não ficaria surpreso se os golfistas tivessem uma incidência mais alta de todas essas doenças do que não golfistas; desconfio também de que o golfe é provavelmente bom para a saúde porque é uma forma de socialização e exercício modesto. Como posso conciliar as duas afirmações? Muito facilmente. Qualquer estudo que tente medir os efeitos de jogar golfe sobre a saúde deve ter um controle adequado da idade. Em geral, as pessoas jogam mais golfe quando ficam mais velhas, particularmente quando se aposentam. Qualquer análise que deixe de fora a idade como uma variável explicativa deixará de levar em conta que jogadores de golfe, em média, são mais velhos que não golfistas. Não é o golfe que está matando as pessoas; é a velhice que está matando, e acontece que as pessoas gostam de jogar golfe enquanto isso ocorre. Desconfio que, ao inserir a idade na análise de regressão como variável de controle, iremos obter um resultado diferente. *Entre pessoas da mesma idade*, o golfe previne levemente doenças mais sérias. Uma diferença bastante grande.

Nesse exemplo, a idade é uma importante "variável omitida". Quando deixamos de fora a idade numa equação de regressão explicando doenças cardíacas ou algum outro resultado de saúde adverso, a variável "jogar golfe" assume *dois papéis explicativos*, em vez de apenas um. Ela nos conta o efeito de jogar golfe sobre a doença cardíaca, assim como nos conta o efeito de ser velho sobre a doença cardíaca (já que jogadores de golfe tendem a ser mais velhos que o resto da população). No jargão estatístico, diríamos que a variável golfe está "pegando" o efeito da idade. O problema é que esses dois efeitos estão misturados. Na melhor das hipóteses, nossos resultados serão uma mistura bagunçada. Na pior, pressupomos de forma errada que o golfe é ruim para a saúde, quando na verdade o oposto é provavelmente verdade.

Os resultados da regressão serão enganosos e inacurados se a equação de regressão deixar de fora alguma variável explicativa importante, particularmente se outras variáveis na equação "pegarem" esse efeito. Suponha que estejamos tentando explicar qualidade escolar. Esse é um resultado importante de se entender: o que faz com que as escolas sejam boas? Nossa variável dependente – a medida quantificável de qualidade – provavelmente seria a pontuação nos exames. É quase certo que examinaríamos os gastos escolares como uma variável explicativa na esperança de quantificar a relação entre gastos e pontuação. Será que escolas que gastam mais obtêm resultados melhores? Se o gasto da escola fosse a única variável explicativa, não tenho dúvida de que encontraríamos uma relação grande e estatisticamente significativa entre gastos e pontuação. Todavia, esse achado, e a implicação de que poderíamos sair gastando em busca de obter uma escola melhor, é profundamente falho.

Aqui há diversas variáveis muito significativas omitidas, mas a crucial é a educação dos pais. Famílias com maior grau de instrução tendem a viver em áreas abastadas que gastam muito dinheiro em suas escolas; tais famílias também tendem a ter filhos que se saem bem nos testes escolares (e famílias pobres têm maior probabilidade de ter alunos obrigados a lutar mais). Se não tivermos alguma medida do status socioeconômico do corpo estudantil como variável de controle, nossos resultados de regressão provavelmente mostrarão uma grande associação positiva entre gastos escolares e resultados de exames – quando na verdade esses resultados podem ser em função do tipo de alunos que entram pela porta da escola, e não do dinheiro que está sendo gasto no prédio.

Lembro-me de um professor de faculdade ressaltando que as notas do Teste de Raciocínio SAT estão altamente correlacionadas com o número de carros que a família possui. Ele insinuava que os exames, portanto, eram uma ferramenta injusta e inadequada para admissões universitárias. Tais exames têm suas falhas, mas a correlação entre resultados e carros da família não é a que mais me preocupa. Não me preocupo muito com que famílias ricas consigam colocar seus filhos na faculdade comprando três automóveis a mais. O número de carros na garagem da família é um indicador da sua renda, educação e outras medidas de status socioeconômico. Não é novidade o fato de que crianças ricas se saem melhor nos exames do SAT que crianças pobres. (Como foi observado anteriormente, o escore médio obtido na seção de leitura crítica dos exames SAT para alunos vindos de famílias com renda familiar acima de US$200 mil anuais é 134 pontos superior ao escore médio para alunos de famílias com renda abaixo de US$20 mil anuais.)[4] A maior preocupação deveria ser se tais exames são ou não "treináveis". Quanto os estudantes podem melhorar seus resultados tomando aulas particulares de preparação para as provas? Famílias abastadas são claramente mais capazes de mandar seus filhos para aulas preparatórias. Qualquer melhora causal entre essas aulas e os escores dos exames favoreceria estudantes de famílias ricas em relação aos menos privilegiados *de habilidades iguais* (que presumivelmente também poderiam ter melhorado seus resultados com aulas preparatórias, mas nunca tiveram essa oportunidade).

Variáveis explicativas altamente correlacionadas (multicolinearidade). Se uma equação de regressão inclui duas ou mais variáveis explicativas que são altamente correlacionadas entre si, a análise não será necessariamente capaz de discernir a verdadeira relação entre cada uma dessas variáveis e os resultados que estamos tentando explicar. Um exemplo deixará isto mais claro. Suponha que estejamos tentando avaliar o efeito do uso de drogas ilegais nos resultados do SAT. De modo específico, temos dados sobre se os participantes do nosso estudo já usaram cocaína e também se já usaram heroína. (É possível presumir que poderíamos ter igualmente outras variáveis de controle.) Qual é o impacto do uso de cocaína nos resultados dos exames, mantendo constantes outros fatores, inclusive o uso de heroína? E qual é o impacto do uso de heroína sobre os resultados dos exames, controlando o uso de cocaína e outros fatores?

Os coeficientes para uso de heroína e cocaína não poderiam de fato nos dizer isso. O desafio metodológico é que pessoas que usaram heroína provavelmente usaram também cocaína. Se pusermos ambas as variáveis na equação, teremos muito poucos indivíduos que só usaram uma droga e não a outra, o que nos deixa muito pouca variação nos dados que usamos para calcular seus efeitos independentes. Volte a pensar por um momento na imagem mental usada para explicar a análise de regressão no capítulo passado. Nós dividimos nossa amostra de dados em diferentes "salas" nas quais cada observação é idêntica com exceção de uma variável, o que então nos permite isolar o efeito dessa variável enquanto mantemos sob controle os outros fatores potenciais de confusão. Podemos ter na nossa amostra 692 indivíduos que usaram tanto cocaína quanto heroína. No entanto, podemos ter apenas três indivíduos que usaram cocaína, mas não heroína, e dois indivíduos que usaram heroína, mas não cocaína. Qualquer inferência sobre o efeito independente de apenas uma droga ou outra terá de se basear nessas amostras ínfimas.

Temos pouquíssima probabilidade de obter coeficientes significativos seja na variável da cocaína, seja na da heroína; e podemos também obscurecer a relação maior e mais importante entre os resultados nos exames e o uso de qualquer uma dessas drogas. Quando duas variáveis explicativas estão muito correlacionadas, os pesquisadores em geral usam uma ou outra na equação de regressão, ou podem criar algum tipo de variável composta, tal como "usou cocaína ou heroína". Por exemplo, quando os pesquisadores querem controlar o contexto socioeconômico geral do estudante, podem incluir variáveis tanto para "educação da mãe" como para "educação do pai", pois essa inclusão fornece uma compreensão importante no histórico do nível educacional da família. Porém, se o objetivo da análise de regressão é isolar o efeito da educação da mãe ou do pai, então colocar ambas as variáveis na equação tem mais propensão a confundir o assunto do que esclarecê-lo. A correlação entre as realizações educacionais de marido e esposa é tão elevada que não podemos depender da análise de regressão para nos dar coeficientes que isolem significativamente o efeito da educação de um dos dois (da mesma forma que é difícil separar o impacto do uso de cocaína do impacto do uso de heroína).

Extrapolar para além dos dados. A análise de regressão, como todas as formas de inferência estatística, destina-se a nos oferecer percepções sobre o mundo ao nosso redor. Buscamos padrões que permaneçam verdadeiros para a população mais ampla. *No entanto, nossos resultados são válidos apenas* *para uma população que seja similar à amostra sobre a qual foi feita a análise.* No último capítulo, criei uma equação de regressão para predizer o peso com base num número de variáveis independentes. O R^2 do meu modelo final foi 0,29, o que significa que foi feito um trabalho decente para explicar a variação de peso para uma amostra grande de indivíduos – sendo todos eles adultos.

Então, o que acontece se usarmos a nossa equação de regressão para predizer o peso provável de um recém-nascido? Experimentemos. Minha filha tinha 53 centímetros ao nascer. Vamos dizer que sua idade naquele momento era zero; não tinha educação nem fazia exercício. Era branca e do sexo feminino. A equação de regressão baseada nos dados do Changing Lives prevê que seu peso no nascimento deveria ter sido 8,9 quilos negativos. (Ela pesava 3,9 quilos.)

Os autores de um dos estudos Whitehall mencionado no último capítulo foram notavelmente explícitos ao formular sua restrita conclusão: "Baixo controle no ambiente de trabalho está associado a um aumento no risco de futura doença cardíaca coronária *entre homens e mulheres empregados em agências governamentais*"[5] (grifo meu).

Mineração de dados – "data mining" (variáveis demais). Se omitir variáveis importantes é um problema em potencial, então presume-se que adicionar a uma equação de regressão o maior número possível de variáveis deve ser a solução. Negativo.

Seus resultados podem ficar comprometidos se você incluir variáveis demais, especialmente variáveis explicativas alheias sem nenhuma justificação teórica. Por exemplo, *não se deve* planejar uma estratégia de pesquisa construída em torno da seguinte premissa: já que não conhecemos a causa do autismo, devemos inserir na equação de regressão a maior quantidade possível de potenciais variáveis explicativas, apenas para ver o que pode se revelar estatisticamente significativo; então talvez obtenhamos alguma resposta. Se você inserir um monte de variáveis fajutas numa equação de regressão, correrá o risco de que uma delas satisfaça o limiar de significância estatística por mero acaso. O perigo adicional é que essas variáveis fajutas nem sempre são facilmente reconhecíveis como tal. Pesquisadores astutos podem sempre construir uma teoria *a posteriori* para justificar por que uma variável curiosa, que na realidade é absurda, revela-se estatisticamente significativa.

Para enfatizar esse ponto, frequentemente faço o mesmo exercício de cara ou coroa que expliquei durante a discussão sobre probabilidade. Numa classe de mais ou menos quarenta alunos, faço cada um lançar uma moeda. Qualquer aluno que tire coroa é eliminado; o resto lança de novo. Na segunda rodada, aqueles que tiram coroa são novamente eliminados. Continuo as rodadas de lançamento da moeda até um aluno ter tirado cinco ou seis caras seguidas. Você deve se lembrar de algumas perguntas bobas que se seguiram, tipo: "Qual é o seu segredo? Está no seu pulso? Você pode nos ensinar a tirar cara o tempo todo? Talvez seja esse agasalho de Harvard que você está vestindo."

Obviamente a sequência de caras é pura sorte; todos os alunos acompanharam o feito. No entanto, não é necessariamente assim que o resultado poderia ser ou seria interpretado num contexto científico. A probabilidade de tirar cinco caras seguidas é de $1/32$, ou 0,03. Isso está confortavelmente abaixo do limiar de 0,05 que tipicamente usamos para rejeitar a hipótese nula. A nossa hipótese nula nesse caso é que o aluno não tem nenhum talento especial para tirar cara; a sequência fortuita de caras (que está sujeita a acontecer para pelo menos um aluno quando começo com um grupo grande) nos permite rejeitar a hipótese nula e adotar a hipótese alternativa: esse aluno tem uma habilidade especial para lançar uma moeda e tirar cara. Depois de ele ter conseguido esse feito impressionante, podemos estudá-lo em busca de indícios acerca do seu sucesso no lançamento de moedas – seu jeito de lançar, seu treinamento atlético, sua extraordinária concentração enquanto a moeda está no ar, e assim por diante. E tudo não passa de absurdo.

Esse fenômeno pode contaminar até mesmo uma pesquisa legítima. A convenção aceita é rejeitar uma hipótese nula quando observamos algo que aconteceria por acaso apenas uma vez em vinte ou menos se a hipótese nula fosse verdadeira. É claro que, se conduzirmos vinte estudos, ou se incluirmos vinte variáveis fajutas numa única equação de regressão, então, em média, obteremos um falso achado estatisticamente significativo. A *New York Times Magazine* captou maravilhosamente essa tensão numa citação de Richard Peto, um médico estatístico e epidemiologista: "A epidemiologia é tão linda e oferece uma perspectiva tão importante sobre a vida e a morte humanas, mas uma quantidade incrível de lixo é publicada."[6]

Mesmo os resultados de testes clínicos, que geralmente são experimentos aleatórios e, portanto, constituem o padrão-ouro da pesquisa médica, devem ser encarados com algum ceticismo. Em 2011, o *Wall Street Journal* publicou uma matéria de primeira página sobre o que descreveu como um dos "segredinhos sujos" da pesquisa médica: "A maioria dos resultados, inclusive aqueles que aparecem em revistas de primeira linha com revisão por pares, não podem ser reproduzidos."[7] (Uma revista com revisão por pares é aquela na qual estudos e artigos são revistos em busca de solidez metodológica por outros especialistas da mesma área antes de serem aprovados para publicação; tais veículos são considerados os guardiões da pesquisa acadêmica.) Um dos motivos para esse "segredinho sujo" é o viés de publicação positiva descrito no Capítulo 7. Se pesquisadores e revistas médicas prestam atenção a achados positivos e ignoram achados negativos, então podem muito bem publicar um estudo que aponte uma droga como sendo efetiva e ignorar os outros dezenove que atestam que essa mesma droga não tem efeito. Alguns testes clínicos também podem ter amostras pequenas (tais como no caso de doenças raras), o que amplifica as chances de que uma variação aleatória nos dados receba mais atenção do que merece. E, além disso, os pesquisadores podem ter algum viés consciente ou inconsciente, seja por causa de uma crença prévia fortemente sustentada ou porque um achado positivo seria melhor para sua carreira. (Ninguém fica rico ou famoso provando o que *não cura* o câncer.)

Por todas essas razões, uma quantidade chocante de pesquisa especializada acaba se revelando errada. John Ioannidis, um médico e epidemiologista grego, examinou 49 estudos publicados em três proeminentes revistas médicas.[8] Cada estudo havia sido citado na literatura médica pelo menos mil vezes. Todavia, aproximadamente ⅓ das pesquisas foi subsequentemente refutado por algum trabalho posterior. (Por exemplo, alguns dos estudos que ele examinou promoviam a terapia de reposição de estrogênio.) O dr. Ioannidis estima que aproximadamente metade dos artigos científicos publicados acaba se revelando errada.[9] Sua pesquisa foi publicada no *Journal of the American Medical Association*, uma das publicações nas quais os artigos por ele estudados haviam aparecido. Isso cria certa ironia de contradição: se a pesquisa do dr. Ioannidis está correta, então há uma boa chance de estar errada.

A ANÁLISE DE REGRESSÃO ainda assim é uma ferramenta estatística incrível. (Tudo bem, talvez minha descrição no capítulo anterior de que se trata de um "elixir milagroso" tenha sido um pouco hiperbólica.) A análise de regressão nos possibilita achar padrões básicos em grandes conjuntos de dados, e esses padrões muitas vezes são a chave para uma pesquisa importante em medicina e ciências sociais. A estatística nos dá parâmetros objetivos para avaliar esses padrões. Quando usada apropriadamente, a análise de regressão é uma parte importante do método científico. Considere este capítulo um rótulo de advertência obrigatório.

Todas as diversas advertências específicas nesse rótulo podem se resumir a duas lições fundamentais. Primeira, projetar uma boa equação de regressão – descobrindo quais variáveis devem ser examinadas e de onde devem vir os dados – é mais importante do que os cálculos estatísticos subjacentes. Esse processo é referido como estimando a equação, ou especificando uma boa equação de regressão. Os melhores pesquisadores são aqueles que sabem pensar logicamente sobre quais variáveis devem ser incluídas numa equação de regressão, o que pode estar faltando e como os eventuais resultados podem e devem ser interpretados.

Segunda, como a maior parte das outras inferências estatísticas, a análise de regressão constrói apenas um caso circunstancial. Uma associação entre duas variáveis é como uma impressão digital numa cena de crime. Ela aponta na direção certa, mas raramente é suficiente para uma condenação. (E às vezes uma impressão digital numa cena de crime *não* pertence a quem o perpetrou.) Qualquer análise de regressão necessita de uma fundamentação teórica: por que as variáveis explicativas estão na equação? Quais fenômenos de outras disciplinas podem explicar os resultados observados? Por exemplo, por que pensamos que usar roxo melhoraria o desempenho na parte de matemática de um exame ou comer pipoca pode ajudar a prevenir câncer de próstata? Os resultados precisam ser replicados, ou pelo menos consistentes com outros achados.

Mesmo um elixir milagroso não funciona se não tomado conforme a prescrição.

13. Avaliação de programas

Ir para Harvard mudará sua vida?

Pesquisadores brilhantes em ciências sociais não são brilhantes porque sabem fazer cálculos complexos de cabeça, nem porque ganham mais dinheiro no programa de perguntas e respostas *Jeopardy* do que pesquisadores menos brilhantes (embora ambas as façanhas possam ser verdade). Pesquisadores brilhantes – aqueles que mudam consideravelmente o nosso conhecimento sobre o mundo – são muitas vezes indivíduos ou equipes que encontram formas criativas de fazer experimentos "controlados". Para medir o efeito de qualquer tratamento ou intervenção, precisamos de alguma coisa em relação à qual mensurar. Como ir para Harvard mudaria sua vida? Bem, para responder a essa pergunta, temos de saber o que acontece com você depois que vai para Harvard – e o que acontece com você *depois que você não vai para Harvard*. Obviamente não podemos ter dados sobre ambas as situações. Contudo, pesquisadores espertos encontram meios de comparar algum tratamento (por exemplo, ir para Harvard) com seu contrafatual, que é o que teria acontecido na ausência desse tratamento.

Para ilustrar esse ponto, vamos ponderar sobre uma questão aparentemente simples: pôr mais polícia na rua contribui para deter a criminalidade? É uma questão de significância social, uma vez que o crime impõe custos tremendos à sociedade. Se uma presença policial maior reduz a criminalidade, seja impedindo sua ocorrência ou capturando e prendendo os bandidos, então investimentos num número maior de policiais podem ter grandes retornos. Por outro lado, policiais são relativamente caros; se tiverem pouco ou nenhum impacto sobre a redução da criminalidade, então a sociedade poderia fazer melhor uso de seus recursos em outra parte (talvez com investimentos em tecnologia de combate ao crime, tal como câmeras de vigilância).

O desafio é que a nossa questão aparentemente simples – qual é o efeito causal de uma quantidade maior de policiais sobre a criminalidade? – acaba se revelando muito difícil de responder. A esta altura do livro, você deveria reconhecer que não podemos responder a essa questão simplesmente examinando se jurisdições com maior número de policiais per capita têm índices de criminalidade menores. Zurique não é Los Angeles. Mesmo uma comparação entre grandes cidades americanas será profundamente falha; Los Angeles, Nova York, Houston, Miami, Detroit e Chicago são todos lugares diferentes com diferentes demografias e desafios em relação ao crime.

Nossa abordagem habitual seria tentar especificar uma equação de regressão que mantenha controle sobre essas diferenças. Ora, aqui nem mesmo uma análise de regressão múltipla poderá nos salvar. Se tentarmos explicar as taxas de criminalidade (nossa variável dependente) usando o número de policiais por habitante como variável explicativa (junto com outras controladas), teremos um sério problema de causalidade reversa. Temos um motivo teórico sólido para acreditar que colocar mais polícia na rua reduzirá o crime, mas é possível também que o crime possa "causar" mais policiais, no sentido de que as cidades que vivenciam ondas de crimes contratarão mais policiais. Poderíamos achar facilmente uma associação positiva, mas enganosa, entre criminalidade e polícia: os lugares com mais policiais têm os piores problemas de criminalidade. É claro, lugares com montes de médicos tendem a ter maior concentração de gente doente. Esses médicos não estão fazendo com que as pessoas fiquem doentes; eles estão localizados nos lugares onde são mais necessários (e ao mesmo tempo pessoas doentes se mudam para lugares onde podem receber cuidados médicos adequados). Desconfio que haja um número desproporcional de oncologistas e cardiologistas na Flórida; bani-los do estado não tornará a população de aposentados mais saudável.

Bem-vindo à avaliação de programas, que é o processo pelo qual buscamos mensurar os efeitos causais de alguma intervenção – qualquer coisa desde uma nova droga para o câncer até um programa de colocação profissional para pessoas que abandonaram a escola. Ou colocar mais polícia nas ruas. A intervenção que nos interessa é chamada tipicamente de "tratamento", embora a palavra seja usada no contexto estatístico com um sentido mais amplo que no linguajar habitual. Um tratamento pode ser um tratamento literal, algum tipo de intervenção médica, ou pode ser algo como frequentar a faculdade ou receber capacitação profissional após deixar a prisão. A questão é que estamos buscando isolar o efeito de um único fator; idealmente, gostaríamos de saber como o grupo que recebe o tratamento se sai em comparação com algum outro grupo cujos membros são idênticos em todos os outros aspectos, exceto o tratamento.

A avaliação de programas oferece um conjunto de ferramentas para isolar o efeito do tratamento quando causa e efeito são geralmente esquivos. Eis como Jonathan Klick e Alexander Tabarrok, pesquisadores da Universidade da Pensilvânia e da George Mason University, respectivamente, analisaram como colocar mais policiais nas ruas afeta a taxa de criminalidade. Sua estratégia de pesquisa fez uso do sistema de alerta contra terrorismo. Especificamente, Washington, D.C., responde a dias de "alerta elevado" contra terrorismo pondo mais policiais em certas áreas da cidade, pois a capital é um alvo terrorista natural. Podemos presumir que não haja relação entre o crime de rua e a ameaça terrorista, então esse aumento da presença policial em Washington não está relacionado com a taxa de criminalidade convencional, ou é "exógena". A sacada mais preciosa dos pesquisadores foi reconhecer aqui o experimento natural: o que acontece com o *crime comum* em dias de "alerta elevado" contra terrorismo?

A resposta: o número de crimes cometidos quando a ameaça terrorista era laranja (alerta elevado e mais polícia) era aproximadamente 7% mais baixo do que quando o alerta contra ameaça terrorista era amarelo (alerta elevado, mas sem precauções policiais adicionais). Os autores descobriram também que a redução na criminalidade era mais aguda no distrito policial que recebe maior atenção em dias de alerta elevado (porque inclui a Casa Branca, o Capitólio e o Passeio Nacional). A conclusão importante é que podemos responder a perguntas ardilosas, mas socialmente significativas – basta ser astuto em relação a elas. Eis algumas das abordagens mais comuns para isolar o efeito de um tratamento.

Experimentos randomizados* controlados. A maneira mais simples e direta de criar um grupo de tratamento e um grupo de controle é – espere só – criar um grupo de tratamento e um grupo de controle. Há dois grandes desafios para essa abordagem. Primeiro, há muitos tipos de experimento que não podemos realizar com pessoas. Essa restrição (espero) não vai desaparecer da noite para o dia. Como resultado, podemos fazer experimentos controlados com sujeitos humanos apenas quando há razão para acreditar que o efeito do tratamento tenha um resultado potencialmente positivo. Frequentemente, esse *não* é o caso (por exemplo, "tratamentos" como experimentos com drogas ou exclusão escolar), e é por isso que precisamos das estratégias introduzidas na exposição do capítulo.

Segundo, há muito mais variações entre pessoas do que entre ratos de laboratório. O efeito do tratamento que estamos testando poderia ser facilmente confundido por outras variações nos grupos de tratamento e controle, você pode ter pessoas altas e pessoas baixas, pessoas doentes e pessoas saudáveis, homens e mulheres, criminosos, alcoólatras, banqueiros de investimentos, e assim por diante. Como podemos assegurar que diferenças entre essas outras características não atrapalhem os resultados? Tenho uma boa notícia: essa é uma das raras circunstâncias na vida em que a melhor abordagem envolve o menor trabalho! O modo ideal de criar quaisquer grupos de tratamento e controle é distribuir os participantes do estudo aleatoriamente entre os dois grupos. A beleza da aleatoriedade é que ela geralmente distribui as variáveis não relacionadas com o tratamento mais ou menos equitativamente entre os dois grupos – tanto as características óbvias, como sexo, raça, idade e educação, quanto as características não observáveis que possam confundir os resultados.

Pense nisso: se temos mil mulheres na nossa amostra em perspectiva, então quando dividirmos a amostra aleatoriamente em dois grupos, o resultado mais provável é que quinhentas mulheres acabem em cada um

* A incorporação das variantes de *random* – "aleatório" – ao português já é fato em diversas áreas. O uso do termo "randomizado" já se consagrou no jargão estatístico, especialmente no campo da amostragem. (N.T.)

deles. Obviamente não podemos esperar que a divisão seja exata, porém mais uma vez a probabilidade é nossa amiga. A probabilidade de que um grupo fique com um número desproporcional de mulheres (ou um número desproporcional de indivíduos com qualquer outra característica) é baixa. Por exemplo, se temos uma amostra de mil pessoas, sendo metade mulheres, há menos de 1% de chance de obter menos de 450 mulheres num grupo ou no outro. Obviamente, quanto maior a amostra, mais efetiva será a aleatoriedade na criação de dois grupos amplamente semelhantes.

Testes médicos tipicamente almejam realizar experimentos randomizados controlados. Idealmente, esses testes são duplo-cegos, o que significa que nem o paciente nem o médico sabem quem está recebendo tratamento e quem está recebendo um placebo. Isso obviamente é impossível em tratamentos tais como procedimentos cirúrgicos (espera-se que o cirurgião saiba quais pacientes devem passar por uma cirurgia de ponte de safena). Mesmo em procedimentos cirúrgicos, porém, ainda é possível fazer com que os pacientes não saibam se fazem parte do grupo de tratamento ou de controle. Um dos meus estudos favoritos envolvia uma avaliação de certo tipo de cirurgia do joelho para aliviar a dor. O grupo de tratamento passava pela cirurgia. O grupo de controle passava por uma cirurgia "simulada" na qual o cirurgião fazia três pequenas incisões no joelho e "fingia operar".* O que acabou acontecendo é que a cirurgia real não foi mais efetiva que a cirurgia simulada em aliviar a dor no joelho.[1]

Testes randomizados podem ser usados para avaliar alguns fenômenos interessantes. Por exemplo, preces oferecidas por estranhos melhoram os resultados pós-cirúrgicos? Pessoas sensatas têm uma ampla e variada gama de opiniões sobre religião, mas um estudo publicado no *American Heart Journal* conduziu um estudo controlado que examinava se pacientes em recuperação após uma cirurgia de ponte de safena tinham menos complicações pós-operatórias se um grupo grande de estranhos rezasse por sua recuperação segura e rápida.[2] O estudo envolveu 1,8 mil pacientes

* Os participantes sabiam que estavam participando de um teste clínico e que podiam passar por uma cirurgia simulada.

e membros de três congregações religiosas pelo país. Os pacientes, todos eles tendo passado por cirurgia de ponte de safena, foram divididos em três grupos: um não recebeu orações; um recebeu orações e foi informado disso; e um terceiro recebeu orações, mas os participantes foram informados de que poderiam ou não recebê-las (dessa maneira controlando um efeito placebo de oração). Ao mesmo tempo, os membros das congregações religiosas foram instruídos a oferecer orações para pacientes específicos identificados pelo primeiro nome e a inicial do sobrenome (por exemplo, Charlie W.). Os membros das congregações tinham liberdade na maneira de conduzir suas orações, contanto que estas incluíssem a frase "por uma cirurgia bem-sucedida, com uma recuperação rápida e saudável e sem complicações".

Será a prece a solução efetiva em termos de custos para os desafios de saúde nos Estados Unidos? Provavelmente não. Os pesquisadores não acharam qualquer diferença na taxa de complicações dentro de trinta dias após a cirurgia para os que receberam as preces em comparação com os que não receberam. Críticos do estudo apontaram uma variável omitida potencial: preces vindas de outras fontes. Conforme resumiu o *New York Times*: "Especialistas disseram que o estudo não conseguiu superar talvez o maior obstáculo para o estudo de preces: o volume desconhecido de orações que cada pessoa recebeu de seus amigos, família e congregações ao redor do mundo que rezam diariamente pelos enfermos e moribundos."

Experimentos com seres humanos podem levar você para a cadeia, ou talvez seja intimado a comparecer perante algum tribunal criminal internacional. Você deve estar ciente disso. No entanto, ainda há lugar em ciências sociais para experimentos randomizados e controlados envolvendo "sujeitos humanos". Um experimento famoso e influente é o Projeto Star do Tennessee, que testou o efeito de classes com poucos alunos no aprendizado escolar. A relação entre o tamanho da classe e o aprendizado é extremamente importante. Países no mundo inteiro estão lutando para melhorar os resultados educacionais. Se classes menores promovem uma aprendizagem mais efetiva, ceteris paribus, então a sociedade deveria investir na contratação de mais professores para reduzir o tamanho das classes. Ao mesmo tempo, contratar professores é caro; se alunos em classes menores estiverem se saindo melhor por motivos *não relacionados com o tamanho da classe*, então é possível que acabemos desperdiçando um volume enorme de dinheiro.

A relação entre tamanho da classe e desempenho dos alunos é surpreendentemente difícil de estudar. Escolas com classes pequenas em geral têm maiores recursos, o que significa que tanto alunos como professores têm a propensão de serem diferentes de alunos e professores em escolas com classes maiores. E, dentro de cada escola, classes menores tendem a ser menores por alguma razão. Um diretor pode designar alunos difíceis para uma classe menor, e nesse caso poderíamos encontrar uma associação negativa espúria entre classes menores e desempenho dos alunos. Outra possibilidade é que professores veteranos podem optar por lecionar em classes pequenas, e nesse caso o benefício de classes menores pode advir dos professores que optam por ensiná-los, e não da menor proporção aluno-professor.

Começando em 1985, o Projeto Star do Tennessee fez um experimento controlado para testar os efeitos de classes menores.[3] (Na época, o governador do Tennessee era Lamar Alexander; posteriormente, ele veio a se tornar secretário da Educação no governo do presidente George H.W. Bush.) No jardim de infância, crianças de 79 escolas diferentes foram aleatoriamente designadas ou para uma classe pequena (13-17 alunos), uma classe regular (22-25 alunos) ou para uma classe regular com um professor regular e um assistente. Os professores também foram designados aleatoriamente para as diferentes salas de aula. Os alunos permaneceram na classe do tipo ao qual foram designados randomicamente até o terceiro ano. As diversas realidades da vida dos alunos foram aos poucos desgastando a randomização. Alguns alunos entraram no sistema no meio do experimento; outros saíram. Alguns alunos foram transferidos de uma classe para outra por razões disciplinares; alguns pais pressionaram e conseguiram que seus filhos fossem transferidos para classes menores. E assim por diante.

Ainda assim, o Projeto Star continua sendo o único teste randomizado dos efeitos de classes menores. Os resultados revelaram-se estatística e socialmente significativos. De modo geral, alunos de classes pequenas tinham um desempenho 0,15 desvio padrão acima em testes padronizados que alunos em classes de tamanho regular; alunos negros em classes pequenas apresentavam resultados que chegavam ao dobro desse valor. Agora a notícia ruim. O experimento do Projeto Star custou aproximadamente US$12 milhões. O estudo do efeito das preces sobre complicações pós-cirúrgicas custou US$2,4 milhões. Os melhores estudos são como os melhores em tudo o mais que se possa pensar: custam uma fortuna.

Experimento natural. Nem todo mundo tem milhões de dólares para criar um grande teste randomizado. Uma alternativa mais econômica é explorar um experimento natural, o que ocorre quando circunstâncias aleatórias de algum modo criam algo que se aproxima de um experimento randomizado controlado. Esse foi o caso do nosso exemplo da polícia em Washington, D.C., no começo do capítulo. Às vezes a vida cria um grupo de tratamento e de controle por acaso; quando isso ocorre, os pesquisadores ficam ansiosos para avançar nos resultados. Considere a ligação surpreendente, mas complicada entre educação e longevidade. Pessoas que recebem mais educação tendem a viver mais, mesmo depois de manter sob controle aspectos como renda e acesso a serviços de saúde. Como observou o *New York Times:* "O fator social que pesquisadores concordam estar consistentemente ligado a vidas mais longas em todo país onde foi feito o estudo é a educação. Ela é mais importante que raça; e oblitera quaisquer efeitos da renda."[4] Mas, até o momento, isso é apenas uma correlação. Será que a educação, ceteris paribus, pode causar melhor saúde? Se você pensar na educação em si como "tratamento", será que receber mais educação faz você viver mais?

Essa poderia parecer uma questão quase impossível de se estudar, pois pessoas que optam por adquirir mais educação são diferentes de pessoas que não optam por estudar mais. A diferença entre graduados no ensino médio e graduados no ensino superior não consiste apenas em quatro anos de escolaridade. Poderia facilmente haver características não observáveis compartilhadas por pessoas que buscam mais educação que expliquem sua maior expectativa de vida. Se for esse o caso, oferecer mais educação àqueles que escolheriam ter menos na realidade não melhoraria sua saúde. A melhora na saúde não seria uma função do incremento de educação; seria uma função do tipo de pessoa que busca essa educação incremental.

Não podemos conduzir um experimento randomizado para resolver esse enigma, porque envolveria obrigar alguns participantes a deixar a escola mais cedo do que gostariam. (Tente explicar para alguém que não lhe é permitido ir à faculdade – nunca – porque está no grupo de controle.) O único teste possível do efeito causal da educação sobre a longevidade seria algum tipo de experimento que obrigasse um grande segmento da população a permanecer na escola mais tempo do que seus membros gostariam em outras circunstâncias. Isso pelo menos seria moralmente aceitável, uma vez que esperamos um efeito positivo do tratamento. Mesmo assim, não podemos forçar crianças a permanecer na escola; não é o jeito americano de ser.

Ah, mas é sim. Todo estado tem algum tipo de lei de escolaridade mínima, e, em alguns momentos diferentes da história, *essas leis mudaram*. Esse tipo de mudança exógena na consecução escolar – significando que não é causada pelos indivíduos que estão sendo estudados – é exatamente o tipo de coisa que faz os pesquisadores desfalecerem de tanta empolgação. Adriana Lleras-Muney, uma estudante de pós-graduação em Columbia, viu o potencial da pesquisa no fato de diferentes estados terem mudado suas leis de escolaridade mínima em pontos diferentes no tempo. Ela retrocedeu na história e estudou a relação entre o momento em que os estados mudaram suas leis de escolaridade mínima e as posteriores mudanças na expectativa de vida nesses estados (percorrendo montes e mais montes de dados de recenseamento). Ela ainda tinha um desafio metodológico; se os habitantes de um estado vivem mais tempo depois que esse estado muda sua lei de escolaridade mínima, não podemos atribuir a longevidade à escolaridade adicional. De modo geral, a expectativa de vida vem aumentando com o tempo. As pessoas viviam mais tempo em 1900 que em 1850, independentemente do que os estados tivessem feito.

No entanto, Lleras-Muney tinha um controle natural: estados que *não* mudaram suas leis de escolaridade mínima. Seu trabalho aproxima-se de um gigantesco experimento de laboratório no qual os moradores de Illinois são forçados a ficar na escola por sete anos enquanto seus vizinhos em Indiana podem deixar a escola depois de seis. A diferença é que esse experimento controlado foi possibilitado por um acidente histórico – daí o termo "experimento natural".

O que aconteceu? A expectativa de vida dos adultos que chegavam aos 35 anos foi estendida em 1,5 ano simplesmente por frequentar um ano a mais de escola.[5] Os resultados de Lleras-Muney foram replicados em outros países onde variações nas leis de escolaridade obrigatória criaram experimentos naturais similares. Cabe aqui algum ceticismo. Ainda não entendemos o mecanismo pelo qual a escolaridade adicional conduz a uma vida mais longa.

Controle não equivalente. Às vezes a melhor opção disponível para estudar o efeito de um tratamento é criar grupos de tratamento e controle não randomizados. Nossa esperança/expectativa é que os dois grupos sejam amplamente similares, mesmo que as circunstâncias não tenham nos permitido o luxo estatístico de randomizar. A boa notícia é que temos um grupo de tratamento e um de controle. A má notícia é que qualquer designação não randômica cria pelo menos o potencial para um viés. Pode haver diferenças não observadas entre os grupos de tratamento e controle relacionadas com a maneira pela qual os participantes são designados a um grupo ou outro. Daí o nome "controle não equivalente".

Um grupo de controle não equivalente ainda assim pode ser uma ferramenta muito útil. Vamos refletir sobre a pergunta colocada no título deste capítulo: existe de fato alguma vantagem significativa em frequentar uma faculdade, ou universidade, altamente seletiva? Obviamente os graduados em Harvard, Princeton e Dartmouth se dão muito bem. Em média, ganham mais dinheiro e têm mais oportunidades que alunos que frequentam instituições menos seletivas. (Um estudo de 2008 feito pela PayScale.com descobriu que o pagamento mediano para graduados de Dartmouth com dez a vinte anos de experiência profissional era de US$134 mil, o mais alto de qualquer instituição de graduação; em segundo vinha Princeton, com uma mediana de US$131 mil.)[6] Espero que a esta altura você já consiga perceber que esses números impressionantes não nos dizem absolutamente nada sobre o valor de uma educação em Dartmouth ou Princeton. Estudantes que frequentam Dartmouth e Princeton são talentosos quando se candidatam; *é por isso que são aceitos*. Provavelmente se dariam bem na vida independentemente da faculdade que frequentassem.

O que não sabemos é o efeito do tratamento de frequentar um lugar como Harvard ou Yale. Será que os graduados dessas instituições de elite se dão bem na vida porque já eram hipertalentosos quando entraram no campus? Ou será que essas faculdades e universidades agregam valor pegando indivíduos talentosos e tornando-os ainda mais produtivos? Ou ambas as coisas?

Não podemos conduzir um experimento randomizado para responder a essa pergunta. Poucos alunos do ensino médio concordariam em serem designados de modo aleatório para uma faculdade; tampouco Harvard e Dartmouth ficariam entusiasmadas em pegar alunos designados aleatoriamente a elas. Parece que ficamos sem qualquer mecanismo para testar o valor do efeito do tratamento. A sagacidade vem em nosso socorro! Os economistas Stacy Dale e Alan Krueger descobriram um meio de responder a essa pergunta explorando* o fato de que muitos estudantes se candidatam a múltiplas faculdades.[7] Alguns desses estudantes são aceitos numa escola bastante seletiva e optam por frequentar essa escola; outros são aceitos numa escola bastante seletiva, mas optam por frequentar uma faculdade ou universidade menos seletiva. Bingo! Agora temos um grupo de tratamento (os estudantes que frequentam faculdades e universidades altamente seletivas) e um grupo de controle não equivalente (os estudantes

---

* Os pesquisadores adoram usar a palavra "explorar". Ela tem um significado específico em termos de tirar proveito de alguma oportunidade relativa a dados. Por exemplo, quando os pesquisadores descobrem algum experimento natural que cria grupos de tratamento e controle, descrevem como planejam "explorar a variação nos dados".

que *eram talentosos o bastante para serem aceitos por tal escola*, mas optaram por frequentar uma instituição menos seletiva).*

Dale e Krueger estudaram dados longitudinais sobre os ganhos financeiros de ambos os grupos. Essa não é uma comparação perfeita de maçãs e maçãs, e os ganhos financeiros claramente não são o único resultado que importa na vida, mas os achados devem amenizar as ansiedades de extenuados alunos do ensino médio e de seus pais. Alunos que frequentam escolas mais seletivas ganhavam aproximadamente o mesmo que alunos de capacidade aparentemente similar que frequentavam escolas menos seletivas. A única exceção foram alunos de famílias de baixa renda, que ganhavam mais quando frequentavam uma faculdade ou universidade seletiva. A abordagem de Dale e Krueger é uma forma elegante de distinguir o efeito do tratamento (passar quatro anos numa instituição de elite) do efeito de seleção (os alunos mais talentosos são admitidos nessas instituições). Num resumo da pesquisa para o *New York Times*, Alan Krueger respondeu indiretamente à pergunta formulada no título deste capítulo: "Reconheça que a sua própria motivação, ambição e talentos determinarão seu sucesso mais do que o nome da escola no seu diploma."[8]

---

* Aqui há um viés em potencial. Ambos os grupos de estudantes são talentosos o bastante para entrarem numa escola altamente seletiva. Entretanto, um grupo de estudantes optou por ir a essa escola, e o outro não. O grupo de estudantes que optou por frequentar uma escola menos seletiva pode ser menos motivado, menos esforçado, ou diferente sob alguns outros aspectos que não podemos observar. Se Dale e Krueger tivessem descoberto que estudantes que frequentam uma escola altamente seletiva tiveram ganhos financeiros mais elevados ao longo da vida do que estudantes que foram aceitos nessa escola, mas foram a uma menos seletiva, ainda assim não poderíamos ter certeza se a diferença se devia à escola seletiva ou ao tipo de aluno que optou por frequentá-la quando lhe foi dada essa escolha. Contudo, esse viés em potencial acaba se revelando sem importância no estudo de Dale e Krueger, por causa da sua direção. Dale e Krueger descobriram que estudantes frequentando escolas bastante seletivas não ganhavam significativamente mais na vida do que os que foram aceitos, mas resolveram estudar em outro lugar, *apesar do fato de os alunos que declinaram frequentarem uma escola altamente seletiva poderem ter tido atributos que os levaram a ganhar menos na vida independentemente de sua educação.* No máximo, o viés aqui leva os achados a *superestimar* os benefícios pecuniários de frequentar uma escola altamente seletiva – que, de toda maneira, se revela insubstancial.

Diferença nas diferenças. Uma das melhores maneiras de observar causa e efeito é fazer algo e ver o que acontece. Afinal, é assim que as crianças pequenas (e às vezes os adultos) aprendem acerca do mundo. Meus filhos aprenderam muito rápido que se jogassem pedaços de comida pela cozinha (causa), o cachorro correria avidamente atrás deles (efeito). Presumivelmente, o mesmo poder de observação pode ajudar a informar o resto da vida. Se ao cortarmos impostos a economia melhora, então o corte de impostos deve ter sido o responsável.

Pode ser. A enorme armadilha potencial nessa abordagem é que a vida tende a ser mais complexa do que jogar nacos de galinha pelo chão da cozinha. Sim, pode ser que tenhamos feito um corte de impostos em determinado momento, mas houve outras "intervenções" que se desenrolaram aproximadamente no mesmo período: mais mulheres estavam indo para a faculdade, a internet e outras inovações tecnológicas aumentaram a produtividade dos trabalhadores americanos, a moeda chinesa estava subavaliada, os Chicago Cubs demitiram seu técnico geral, e assim por diante. O que quer que tenha ocorrido após o corte de impostos não pode ser atribuído unicamente ao corte de impostos. O desafio em qualquer análise do tipo "antes e depois" é que o fato de uma coisa seguir outra não significa que haja uma relação causal entre ambas.

Uma abordagem de "diferença nas diferenças" pode nos ajudar a identificar os efeitos de alguma intervenção fazendo duas coisas. Primeira, examinamos os dados de "antes" e "depois" para qualquer que seja o grupo ou jurisdição que tenha recebido o tratamento, tais como o número de desemprego em um município que tenha implantado um programa de capacitação profissional. Segunda, comparamos esses dados com os números de desemprego no mesmo período para um município semelhante que não implantou tal programa.

A premissa importante é que os dois grupos usados para a análise sejam largamente comparáveis, exceto pelo tratamento; consequentemente, qualquer diferença significativa nos resultados entre os dois grupos pode ser atribuída ao programa ou política que está sendo avaliada. Por exemplo, suponhamos que um município em Illinois implante um programa de capacitação profissional para combater o alto desemprego. Ao longo dos dois anos seguintes, a taxa de desemprego continua a subir. Isso faz com que o programa seja um fracasso? Quem sabe?

Efeito do treinamento profissional sobre o desemprego no município A

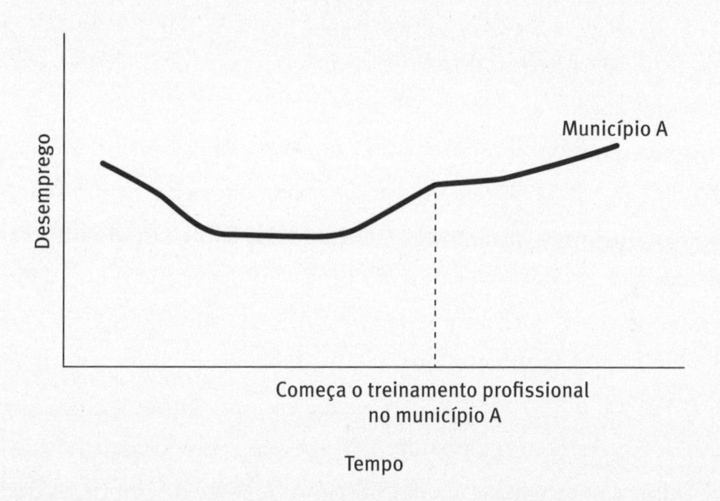

Outras forças econômicas amplas podem estar operando, inclusive a possibilidade de uma prolongada recessão econômica. Uma abordagem de diferença nas diferenças trataria de comparar a variação na taxa de desemprego ao longo do tempo no município que estamos avaliando com a taxa de desemprego para um município vizinho sem programa de capacitação profissional; os dois municípios devem ser semelhantes em todos os outros aspectos importantes: tipos de indústria, demografia, e assim por diante. Como varia a taxa de desemprego ao longo do tempo no município com novo treinamento profissional *em relação ao município que não implantou tal programa*? Podemos razoavelmente inferir o efeito de tratamento do programa comparando as variações nos dois municípios ao longo do período de estudo – a "diferença nas diferenças". O outro município nesse estudo está efetivamente atuando como grupo de controle, o que nos permite tirar proveito dos dados coletados antes e depois da intervenção. Se o grupo de controle é bom, estará exposto às mesmas forças mais amplas que o nosso grupo de tratamento. A abordagem de diferença nas diferenças pode ser particularmente esclarecedora quando o tratamento inicialmente parece ineficaz (o desemprego está mais alto após a implantação do programa do que antes), todavia o grupo de controle nos mostra que a tendência teria sido ainda pior na ausência da intervenção.

Efeito do treinamento profissional sobre o desemprego no município A em comparação com o município B

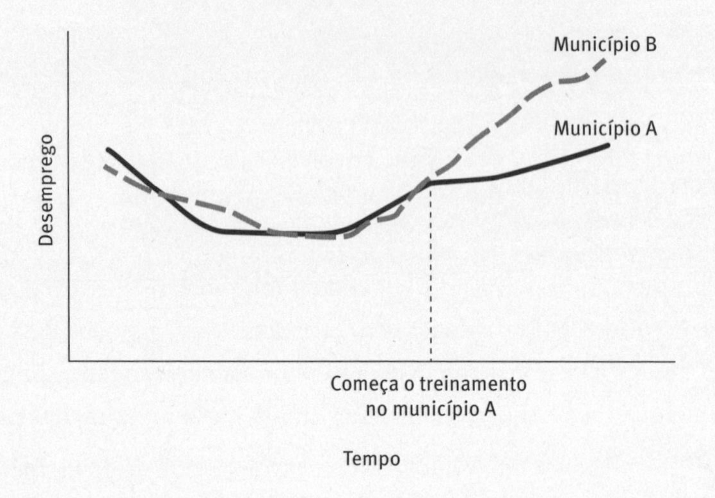

Análise de descontinuidade. Um modo de criar grupos de tratamento e controle é comparar os resultados de algum grupo pouco qualificado para uma intervenção ou tratamento com os resultados de um grupo que perdeu por pouco a elegibilidade e acabou não recebendo o tratamento. Esses indivíduos que acabam um pouquinho acima e um pouquinho abaixo de alguma linha de corte arbitrária, tal como uma pontuação mínima num exame ou uma renda familiar mínima, serão quase idênticos em muitos aspectos importantes; o fato de um grupo receber o tratamento e o outro não receber é essencialmente arbitrário. Portanto, podemos comparar os resultados de forma a prover informações significativas sobre a efetividade da intervenção relevante.

Suponha que um distrito escolar exija cursos de férias para alunos com dificuldades. O distrito gostaria de saber se o programa de férias tem algum valor acadêmico de longo prazo. Como sempre, uma simples comparação entre alunos que assistem ao curso de férias e alunos que não assistem seria pior do que inútil. Os alunos que frequentam o curso de férias estão lá *porque têm dificuldades*. Mesmo que o programa do curso de férias seja bastante efetivo, os alunos participantes provavelmente ainda terão desempenho pior no longo prazo do que aqueles que não foram designados a frequentar o curso de férias. O que desejamos saber é qual será o desempenho dos alunos com dificuldades após o curso de férias *em comparação com o desempenho que teriam se não tivessem frequentado o curso*. Sim, poderíamos fazer algum tipo de experimento controlado no qual alunos com dificuldades são aleatoriamente selecionados para participar de um curso de férias ou não, mas isso envolveria negar ao grupo de controle acesso a um programa que acreditamos ser útil.

Em vez disso, os grupos de tratamento e controle são criados comparando-se esses alunos que ficaram um pouquinho abaixo do limiar do curso de férias com aqueles que escaparam por pouco. Pense nisso: os alunos que não passam num exame de meio do ano são consideravelmente diferentes dos alunos que passam nesse exame. Mas alunos que atingiram uma pontuação de 59% (uma nota que não passa) *não são* significativamente diferentes dos alunos que atingiram 60% (nota para passar). Se aqueles que fracassam nesse exame forem incluídos em algum tratamento, por exemplo, tutoria obrigatória para o exame final, então teríamos grupos razoáveis de tratamento e controle: bastaria comparar as notas finais daqueles que por pouco não passaram no exame de meio do ano (e receberam tutoria) com as notas daqueles que passaram por pouco naquele exame (e não receberam tutoria).

Essa abordagem foi usada para determinar a efetividade de encarceramento de delinquentes juvenis como medida desencorajante para cometer crimes no futuro. Obviamente, esse tipo de análise não pode simplesmente comparar índices de reincidência daqueles que estão encarcerados com índices de reincidência de delinquentes juvenis que receberam sentenças mais leves. *Os delinquentes juvenis que são mandados para a prisão caracteristicamente cometem crimes mais sérios do que os delinquentes juvenis que recebem sentenças mais leves; é por isso que são mandados para a prisão.* Tampouco podemos criar grupos de tratamento e controle distribuindo sentenças de prisão aleatoriamente (a não ser que você queira arriscar pegar 25 anos de cadeia da próxima vez que cometer uma infração no sinal vermelho). Randi Hjalmarsson, uma pesquisadora na Universidade de Londres, explorou as diretrizes rígidas de penas para delinquentes juvenis no estado de Washington para ter percepção do efeito causal de uma sentença de prisão sobre o comportamento criminoso futuro. Especificamente, comparou a taxa de reincidência para delinquentes juvenis que "por pouco" são condenados à prisão com a reincidência dos que "por pouco" saem livres (o que geralmente envolve uma multa ou condicional).[9]

O sistema de justiça criminal de Washington cria uma tabela para cada delinquente condenado que é usada para administrar a sentença. O eixo x mede as infrações anteriores adjudicadas ao delinquente. Por exemplo, cada delito grave conta um ponto; cada contravenção menor conta um quarto de ponto. O total de pontos é arredondado para baixo a um número inteiro (cuja importância perceberemos daqui a um momento). Ao mesmo tempo, o eixo y mede a seriedade da infração corrente numa escala que vai de E (a menos séria) até A+ (a mais séria). A sentença de um delinquente juvenil é literalmente calculada encontrando-se o quadro apropriado na tabela: um ofensor com dois pontos referentes a ofensas anteriores que cometa um delito grave Classe B será condenado de quinze a 36 meses numa prisão juvenil. Um ofensor com um ponto apenas referente a ofensas anteriores que cometa o mesmo crime não será mandado para a cadeia. Foi essa descontinuidade que motivou a estratégia de pesquisa. Hjalmarsson comparou os resultados para condenados que caíam exatamente acima e abaixo do limiar para uma sentença de prisão. Conforme ela explica no artigo: "Se há dois indivíduos com uma infração corrente Classe C+ e pontos de adjudicação [anteriores] de 2¾ e 3, então apenas este último indivíduo será condenado à prisão."

Para os propósitos da pesquisa, esses dois indivíduos são essencialmente iguais – até um deles ir para a cadeia. E, a partir desse momento, seu comportamento parece divergir acentuadamente. Os delinquentes juvenis que vão para a cadeia são bem menos propensos a serem condenados por outro crime (depois que são soltos).

Nós damos importância ao que funciona. Isso é verdade em medicina, em economia, nos negócios, na justiça criminal – em tudo. No entanto, a causalidade é uma noz difícil de ser quebrada, mesmo em casos onde causa e efeito parecem extremamente óbvios. Para entender o verdadeiro impacto de um tratamento, precisamos conhecer o "contrafatual", que é o que teria acontecido na ausência do tratamento ou intervenção. Muitas vezes o contrafatual é difícil ou impossível de observar. Considere um exemplo não estatístico: a invasão dos Estados Unidos ao Iraque tornou o país mais seguro?

Só existe uma resposta intelectualmente honesta: jamais saberemos. A razão por que jamais saberemos é que não sabemos – nem podemos saber – o que teria acontecido se os Estados Unidos não tivessem invadido o Iraque. É verdade, os Estados Unidos não encontraram armas de destruição em massa. Mas é possível que no dia seguinte aos Estados Unidos *não invadirem o Iraque* Saddam Hussein pudesse ter entrado no chuveiro e dito a si mesmo: "Eu realmente poderia usar uma bomba de hidrogênio. Será que os norte-coreanos me venderiam uma?" Depois disso, quem sabe?

É claro que também é possível que Saddam Hussein tivesse entrado no mesmo chuveiro no dia seguinte *a não invasão do Iraque pelos Estados Unidos* e dito a si mesmo: "Eu realmente poderia usar –" e nesse instante escorregasse num sabonete, batesse a cabeça num enfeite de mármore e morresse. Nesse caso, o mundo teria se livrado de Saddam Hussein sem os enormes custos associados à invasão americana. Quem sabe o que teria acontecido?

O propósito de qualquer programa de avaliação é fornecer algum tipo de contrafatual em relação ao qual se possa mensurar o efeito de um tratamento ou intervenção. No caso de um experimento randomizado controlado, o grupo de controle é o contrafatual. Em casos onde o experimento controlado é impraticável ou imoral, precisamos achar algum outro jeito de nos aproximar de um contrafatual. Nossa compreensão do mundo depende de encontrar um modo inteligente de fazer isso.

Conclusão

Cinco perguntas que a estatística pode ajudar a responder

Não muito tempo atrás, era muito mais difícil coletar informações e muito mais dispendioso analisá-las. Imagine estudar informações de 1 milhão de transações de cartão de crédito na época – apenas algumas décadas atrás – em que havia meramente recibos de papel e não existiam computadores pessoais para analisar os dados acumulados. Durante a Grande Depressão, não havia estatísticas oficiais com as quais avaliar a profundidade dos problemas econômicos. O governo não coletava informação oficial nem sobre o produto interno bruto (PIB) nem sobre desemprego, o que significa que os políticos tentavam fazer o equivalente econômico de navegar por um nevoeiro sem bússola. Herbert Hoover declarou que a Grande Depressão estava terminada em 1930, com base nos dados inacurados e obsoletos que eram disponíveis. Ele disse ao país no seu discurso do Estado da União que 2,5 milhões de americanos estavam sem trabalho. Na verdade, havia 5 milhões de americanos sem emprego, e o desemprego estava subindo à razão de 100 mil por semana. Conforme observou recentemente James Surowiecki na *New Yorker*, "Washington estava fazendo política no escuro".[1]

Nós agora vivemos uma inundação de dados. Na maior parte do tempo, isso é uma coisa boa. As ferramentas estatísticas introduzidas neste livro podem ser usadas para abordar alguns dos nossos desafios sociais mais significativos. Nesse espírito, julguei apropriado terminar o livro com perguntas, não respostas. Enquanto tentamos digerir e analisar quantidades espantosas de informação, eis cinco perguntas importantes (e, assumidamente, aleatórias), cujas respostas socialmente significativas envolverão muitas das ferramentas apresentadas no livro.

Qual é o futuro do futebol americano?

Em 2009, Malcolm Gladwell formulou uma pergunta num artigo da *New Yorker* que primeiro me pareceu desnecessariamente sensacionalista e provocativa: qual é a diferença entre briga de cães e futebol americano?[2] A ligação entre as duas atividades provinha do fato de que o *quarterback* Michael Vick, que cumprira sentença de prisão por envolvimento em rinhas de brigas de cães, fora reintegrado na Liga Nacional de Futebol (NFL) exatamente quando estava começando a surgir informações de que traumas na cabeça relacionados com o futebol americano podiam estar associados a depressão, perda de memória, demência e outros problemas neurológicos no futuro. A premissa central de Gladwell era que tanto o futebol americano profissional quanto as brigas de cães são inerentemente devastadores para os participantes. Ao terminar o artigo, eu estava convencido de que ele havia levantado um ponto intrigante.

Eis o que sabemos. Há evidência acumulada de que concussões e outras contusões cerebrais associadas a jogar futebol americano podem causar danos neurológicos sérios e permanentes. (Fenômenos similares têm sido observados em boxeadores e jogadores de hóquei.) Muitos ex-jogadores proeminentes da NFL revelaram publicamente suas batalhas pós-encerramento da carreira contra a depressão, a perda de memória e a demência. Talvez o caso mais comovente tenha sido o de Dave Duerson, um ex-jogador profissional de futebol americano e vencedor do Super Bowl pelos Chicago Bears, que cometeu suicídio dando um tiro no peito; ele deixou instruções explícitas para sua família para que seu cérebro fosse estudado após sua morte.

Numa pesquisa por telefone com mil ex-jogadores da NFL selecionados aleatoriamente, e que tenham jogado pelo menos três anos na liga, 6,1% dos ex-jogadores com mais de cinquenta anos relataram que haviam recebido diagnóstico de "demência, doença de Alzheimer ou outras enfermidades relacionadas com a memória". Isso é cinco vezes a média nacional para esse grupo etário. Para jogadores mais jovens, a proporção desse diagnóstico foi de dezenove vezes a média nacional. Centenas de ex-jogadores da NFL processaram a liga e os fabricantes de capacetes por alegadamente ocultar informações sobre os perigos dos traumas na cabeça.[3]

Um dos pesquisadores dos impactos de traumas cerebrais é Ann McKee, que dirige o laboratório de neuropatologia no Hospital de Veteranos em Bedford, Massachusetts. (Coincidentemente, McKee também realiza trabalho em neuropatologia para o Estudo Cardíaco de Framingham.) A dra. McKee documentou a formação de proteínas anormais chamadas tau nos cérebros de atletas que sofreram traumas cerebrais, tais como boxeadores e jogadores de futebol americano. Isso leva a uma condição conhecida como encefalopatia traumática crônica, ou ETC, que é um distúrbio neurológico progressivo que tem muitas manifestações iguais ao Alzheimer.

Ao mesmo tempo, outros pesquisadores vêm documentando a conexão entre futebol americano e traumas cerebrais. Kevin Guskiewicz, que dirige o Programa de Pesquisa sobre Concussão nos Esportes na Universidade da Carolina do Norte, instalou sensores na parte interna dos capacetes dos jogadores de futebol americano da Carolina do Norte para registrar a força e a natureza dos golpes na cabeça. Segundo seus dados, os jogadores recebem rotineiramente golpes na cabeça com uma força equivalente a bater no para-brisa de um carro num acidente a quase quarenta quilômetros por hora.

Aqui está o que não sabemos. Será a evidência de contusão cerebral revelada até aqui representativa dos riscos neurológicos de longo prazo que todos os jogadores profissionais de futebol americano enfrentam? Ou talvez seja apenas um "aglomerado" de resultados adversos que constitui uma aberração estatística? Mesmo se ficar constatado que jogadores de futebol americano enfrentam sim riscos significativamente mais elevados de distúrbio neurológico mais tarde na vida, ainda assim teríamos que sondar a causalidade. Poderia ser que o tipo de homens que jogam futebol americano (assim como boxeadores e jogadores de hóquei) seja propenso a esse tipo de problema? É possível que alguns outros fatores, entre eles, o uso de esteroides, estejam contribuindo para problemas neurológicos mais tarde na vida?

Se a evidência acumulada sugerir um vínculo causal claro entre jogar futebol americano e danos cerebrais de longo prazo, uma questão primordial terá de ser confrontada por jogadores (e os pais de jogadores mais jovens), técnicos, advogados, dirigentes da NFL e talvez mesmo as agências reguladoras governamentais: existe algum modo de jogar futebol americano que reduza a maioria ou elimine todo o risco de trauma encefálico? Se não, então o quê? Esse é o ponto por trás da comparação de Malcolm Gladwell entre futebol americano e briga de cães. Ele explica que a briga de cães é abominada pelo público porque o dono dos cães submete propositadamente seu cão a uma competição que culmina em sofrimento e destruição. "E por quê?", pergunta ele. "Para entretenimento de uma audiência e pela chance de ganhar algum dinheiro. No século XIX, a briga de cães era amplamente aceita pelo público americano. Mas esse tipo de negócio não é mais considerado moralmente aceitável num esporte."

Quase todo tipo de análise estatística descrito neste livro está atualmente sendo usado para descobrir se o futebol americano profissional como o conhecemos tem ou não futuro.

O que (se é que existe algo) está causando o dramático aumento na incidência de autismo?

Em 2012, os Centros de Controle de Doenças relataram que uma em 88 crianças americanas havia sido diagnosticada com transtorno do espectro autista (com base em dados de 2008).[4] A taxa de diagnóstico aumentara, vindo de uma em 110 crianças em 2006 e uma em 150 crianças em 2002 – ou seja, quase duplicando em menos de uma década. Transtornos do espectro autista (TEA) são um grupo de incapacidades de desenvolvimento caracterizadas pelo desenvolvimento atípico em termos de socialização, comunicação e comportamento. O "espectro" indica que o autismo abarca uma larga gama de condições comportamentais definidas.[5] Meninos têm probabilidade cinco vezes maior que meninas de serem diagnosticados com TEA (o que significa que a incidência em meninos é ainda mais alta que uma em 88).

A primeira questão estatística intrigante é se estamos vivenciando uma epidemia de autismo, uma "epidemia de diagnósticos" ou alguma combinação das duas.[6] Em décadas anteriores, crianças com desordem de espectro autista tinham sintomas que podem não ter sido diagnosticados, ou suas dificuldades de desenvolvimento eram descritas mais genericamente como um "problema de aprendizagem". Médicos, pais e professores estão agora muito mais atentos aos sintomas de TEA, o que naturalmente leva a mais diagnósticos, independentemente do aumento ou não da incidência de autismo.

Em todo caso, a incidência bastante chocante de TEA representa um desafio sério para famílias, escolas e o resto da sociedade. O custo médio ao longo da vida para administrar uma desordem de espectro autista num único indivíduo é de US$3,5 milhões.[7] Apesar de ser claramente uma epidemia, sabemos surpreendentemente pouco sobre o que causa essa condição. Thomas Insel, diretor do Instituto Nacional de Saúde Mental, disse: "Serão os celulares? Ultrassom? Refrigerantes dietéticos? Todo pai ou mãe têm uma teoria. Até o momento, simplesmente não sabemos."[8]

O que é diferente ou especial nas vidas e históricos de crianças com TEA? Quais são as diferenças psicológicas mais significativas entre crianças com e sem TEA? Há diferença na incidência de TEA entre os países? Se houver, por quê? O tradicional trabalho de detetive estatístico está buscando pistas.

Um estudo recente de pesquisadores na Universidade da Califórnia em Davis identificou dez locais no estado com o dobro dos índices de autismo das áreas ao redor. Cada um dos conglomerados de autismo é um bairro com concentração de pais brancos, altamente educados.[9] Trata-se de uma pista ou é coincidência? Ou esses dados poderiam refletir que famílias relativamente privilegiadas têm maior probabilidade de um diagnóstico de desordem de espectro autista? Os mesmos pesquisadores também estão conduzindo um estudo no qual colherão amostras de poeira nas casas de 1,3 mil famílias com um filho autista para realizar testes em busca de substâncias químicas ou outros contaminadores ambientais que possam desempenhar um papel causal.

Ao mesmo tempo, outros pesquisadores identificaram o que parece ser um componente genético do autismo estudando TEA entre gêmeos idênticos e fraternos.[10] A probabilidade de dois filhos na mesma família terem TEA é mais alta entre gêmeos idênticos (que compartilham a mesma constituição genética) do que entre gêmeos fraternos (cuja semelhança genética é a mesma dos irmãos comuns). Essa descoberta não exclui fatores ambientais significativos, ou talvez a interação entre fatores ambientais e genéticos. Afinal, a doença cardíaca tem um significativo componente genético, mas é claro que fumar, dieta, exercício e muitos outros fatores comportamentais e ambientais também têm importância.

Uma das contribuições mais importantes que a análise estatística proporcionou até hoje foi desbancar causas falsas, muitas das quais surgiram de uma confusão entre correlação e causalidade. Uma desordem de espectro autista muitas vezes aparece repentinamente entre o primeiro e o segundo aniversário da criança. Isso provocou uma difundida crença de que vacinações na infância, particularmente a vacina tríplice para sarampo, caxumba e rubéola, estivessem causando o aumento da incidência de autismo. Dan Burton, membro do Congresso de Indiana, disse ao *New York Times*: "Meu neto tomou nove doses em um dia, sete das quais continham timerosal, que, como vocês sabem, é 50% mercúrio, e tornou-se autista pouco tempo depois."[11]

Cientistas têm refutado consistentemente a falsa associação entre timerosal e TEA. Os índices de autismo não declinaram quando o timerosal foi removido da vacina tríplice e tampouco os índices de autismo são mais baixos em países que nunca usaram a vacina. Não obstante, a falsa conexão persiste, o que tem levado alguns pais a se recusarem a vacinar seus filhos. Ironicamente, isso não oferece proteção alguma contra o autismo e ao mesmo tempo expõe as crianças ao risco de contrair outras doenças sérias (contribuindo para a disseminação dessas doenças na população).

O autismo representa um dos maiores desafios médicos e sociais do nosso tempo. Compreendemos tão pouco sobre o distúrbio em relação ao seu enorme (e possivelmente crescente) impacto sobre o nosso bem-estar coletivo. Pesquisadores estão usando cada ferramenta presente neste livro (e muitas outras) para mudar essa situação.

Como podemos identificar e recompensar bons professores e boas escolas?

Nós precisamos de boas escolas. E precisamos de bons professores para ter boas escolas. Logo, a dedução lógica é que devemos recompensar os bons professores e as boas escolas, assim como demitir maus professores e fechar escolas ruins.

Como exatamente podemos fazer isso?

Escores de testes nos dão uma medida objetiva do desempenho dos alunos. Contudo, sabemos que alguns deles se saem muito melhor que outros em testes padronizados por motivos que nada têm a ver com o que se passa dentro da escola ou da sala de aula. A solução aparentemente simples é avaliar as escolas e professores com base no *progresso* de seus alunos durante certo período de tempo. O que os alunos sabiam quando começaram numa certa classe com um professor específico? O que sabiam um ano depois? A diferença é o "valor agregado" naquela classe.

Podemos até mesmo usar a estatística para obter um senso mais refinado desse valor agregado levando em conta as características demográficas dos alunos numa dada classe, tais como raça, renda e desempenho em outros testes (o que pode ser uma medida da aptidão). Se uma professora consegue ganhos significativos com alunos que tipicamente tiveram dificuldades no passado, então ela pode ser considerada bastante efetiva.

Voilà! Podemos agora avaliar a qualidade do professor ou professora com precisão estatística. E as boas escolas, é claro, são exatamente aquelas cheias de professores efetivos.

Como funcionam na prática essas avaliações estatísticas tão convenientes? Em 2012, a cidade de Nova York criou coragem e publicou uma avaliação de todos os 18 mil professores de escolas públicas com base numa "avaliação de valor agregado" que mensurava o progresso nos escores de testes de seus alunos ao mesmo tempo em que levava em conta várias características dos estudantes.[12] O *Los Angeles Times* publicou um conjunto semelhante de dados para os professores de Los Angeles em 2010.

Tanto em Nova York como em Los Angeles, a reação foi sonora e misturada. Arne Duncan, secretário de Educação dos Estados Unidos, geralmente tem dado apoio a esse tipo de avaliações com base em valor agregado. Elas fornecem informações onde antes não havia nenhuma. Depois da publicação dos dados de Los Angeles, o secretário Duncan disse ao *New York Times*: "O silêncio não é uma opção." A administração Obama tem oferecido incentivos financeiros aos estados para desenvolver indicadores de valor agregado para remunerar e promover professores. Os proponentes dessas medidas de avaliação apontam corretamente que elas têm um enorme potencial para aperfeiçoar sistemas nos quais todos os professores são pagos segundo uma tabela salarial uniforme que dá peso 0 a qualquer medida de desempenho em sala de aula.

Por outro lado, muitos especialistas têm advertido que esses tipos de dados para avaliação de professores possuem largas margens de erro e podem ocasionar resultados enganosos. O sindicato que representa os professores da cidade de Nova York gastou mais de US$100 mil numa campanha publicitária nos jornais elaborada em torno do lema: "Isso não é jeito de avaliar um professor."[13] Os oponentes argumentam que essas avaliações por valor agregado criam uma falsa precisão que será foco de abuso por parte de pais e autoridades públicas que não compreendem as limitações desse tipo de avaliação.

Esse parece ser um caso em que todo mundo tem razão – até certo ponto. Doug Staiger, um economista do Dartmouth College que trabalha extensivamente com dados de valor agregado, adverte que esses dados são inerentemente "ruidosos". Os resultados para um dado professor muitas vezes se baseiam num único teste feito num único dia por um único grupo de alunos. Todo tipo de fator pode provocar flutuações aleatórias – qualquer coisa desde um grupo de alunos particularmente difíceis até um aparelho de ar condicionado quebrado fazendo um barulho ensurdecedor na sala de aula no dia do teste. A correlação do desempenho de ano a ano para um único professor que utiliza tais indicadores é de apenas 0,35. (Interessante notar que a correlação do desempenho ano a ano para jogadores de beisebol da Major League também fica em torno de 0,35, conforme medido pela média de rebatidas e média de corridas merecidas concedidas para lançadores.)[14]

Os dados sobre a efetividade do professor são úteis, diz Staiger, mas são apenas uma ferramenta no processo de avaliar o seu desempenho. Os dados ficam "menos ruidosos" quando as autoridades possuem mais anos de dados para um professor específico com diferentes turmas de alunos (da mesma forma que podemos dizer mais a respeito de um atleta quando temos dados referentes a mais jogos e mais temporadas). No caso das avaliações de professores da cidade de Nova York, diretores do sistema foram orientados sobre o uso apropriado dos dados de valor agregado e suas inerentes limitações. O público não recebeu essa informação. Como resultado, as avaliações de professores são frequentemente vistas como um guia definitivo para os professores "bons" e "maus". Nós gostamos de rankings – basta pensar no ranking de faculdades do *U.S. News & World Report* – mesmo quando os dados não respaldam tal precisão.

Staiger oferece uma advertência final de outro tipo: é melhor termos certeza de que os resultados que estamos medindo, tais como resultados de um determinado teste padronizado, realmente reflitam aquilo a que damos importância no longo prazo. Alguns dados singulares da Academia da Força Aérea sugerem, sem nenhuma surpresa, que os escores de testes que hoje reluzem podem não ser ouro no futuro. A Academia da Força Aérea, como outras academias militares, designa aleatoriamente seus cadetes a diferentes seções de cursos essenciais padronizados, como introdução ao cálculo. Essa randomização elimina qualquer efeito potencial da seleção quando se compara a efetividade dos professores; ao longo do tempo, podemos pressupor que todos os professores recebem alunos com aptidões similares (diferentemente da maioria das universidades, onde estudantes com diferentes habilidades podem escolher frequentar ou não diferentes cursos). A Academia da Força Aérea também usa os mesmos programas de estudos e exames em toda seção de um curso específico. Scott Carrell e James West, professores da Universidade da Califórnia em Davis e da Academia da Força Aérea, exploraram esse elegante arranjo para responder a uma das mais importantes perguntas em educação superior: quais professores são os mais efetivos?[15]

A resposta: *os professores com menos experiência e menos diplomas de universidades badaladas.* Esses professores têm alunos que caracteristicamente se saem melhor em exames padronizados para os cursos introdutórios. Eles também são os que recebem avaliações melhores dos alunos de seus cursos. Fica claro que esses instrutores jovens, motivados, são mais comprometidos com seu ensino do que os velhos e rabugentos professores com PhD de lugares como Harvard. Os professores mais experientes devem estar usando as mesmas anotações amareladas que usaram em 1978; provavelmente pensam que PowerPoint é um energético para se beber – só que também não sabem o que é um energético. Obviamente os dados nos dizem que deveríamos demitir esses senhores excêntricos, ou pelo menos fazer com que se aposentem com elegância.

Mas espere aí. Não vamos demitir ninguém, por enquanto. O estudo da Academia da Força Aérea tinha ainda outro achado relevante – sobre o desempenho de alunos *ao longo de um horizonte mais longo.* Carrell e West descobriram que em matemática e ciências os alunos que tinham instrutores mais experientes (e mais altamente credenciados) nos cursos introdutórios *se davam melhor em seus cursos sequenciais obrigatórios* do que alunos que tiveram professores menos experientes nos cursos introdutórios. Uma interpretação lógica é que instrutores menos experientes têm mais propensão a "ensinar para o teste" no curso introdutório. Isso produz escores de exames impressionantes e alunos felizes quando se trata de preencher a avaliação do instrutor.

Ao mesmo tempo, o professor velho e rabugento (que quase demitimos um parágrafo acima) focaliza menos o exame e mais os conceitos importantes, que é o que mais importa nos cursos sequenciais e na vida após a Academia da Força Aérea.

É claro que precisamos avaliar professores e instrutores. Só temos que nos assegurar de fazê-lo da maneira correta. O desafio de uma política de longo prazo, enraizada na estatística, é desenvolver um sistema que premie o real valor que o professor agrega em sala de aula.

Quais são as melhores ferramentas para combater a pobreza global?

Sabemos surpreendentemente pouco sobre como tornar os países pobres menos pobres. É verdade que compreendemos as coisas que distinguem países ricos de países pobres, tais como níveis de educação e qualidade de governo. E também é verdade que temos assistido a países como a Índia e a China transformarem-se economicamente no decorrer das últimas décadas. Mas mesmo com esse conhecimento, não são óbvios os passos que temos que dar para tornar menos pobres países como o Mali ou Burkina Faso. Por onde devemos começar?

A economista francesa Esther Duflo está transformando nosso conhecimento da pobreza global reciclando uma velha ferramenta para novos propósitos: o experimento randomizado controlado. Duflo, que leciona no MIT, literalmente conduz experimentos sobre diferentes intervenções para melhorar a vida dos pobres em países em desenvolvimento. Por exemplo, um dos problemas de longa data nas escolas da Índia é o absenteísmo entre professores, particularmente em pequenas escolas rurais com um único professor. Duflo e sua coautora Rema Hanna testaram uma solução inteligente, de orientação tecnológica, com uma amostra aleatória de sessenta escolas com um único professor no estado indiano do Rajastão.[16] Aos professores dessas sessenta escolas experimentais foi oferecido um prêmio por boa frequência. Eis a parte criativa: os professores receberam câmeras com indicadores de data e hora à prova de adulteração. Eles provavam sua presença a cada dia tirando seu retrato com os alunos.[17]

O absenteísmo caiu pela metade entre os professores das escolas experimentais em comparação com os professores de um grupo de controle de sessenta escolas aleatoriamente selecionadas. Os escores dos alunos nos testes subiram, e mais alunos se graduaram para o nível educacional seguinte. (E aposto que as fotos também são adoráveis!)

Um dos experimentos de Duflo no Quênia envolveu dar a um grupo de agricultores aleatoriamente selecionados um pequeno subsídio para comprar fertilizante logo *depois* da colheita. Evidências anteriores sugeriam que o fertilizante aumenta consideravelmente a produtividade da safra. Os agricultores tinham consciência desse benefício, mas quando chegava a hora de semear uma nova safra, frequentemente não tinham dinheiro suficiente restando da safra anterior para comprar o fertilizante. Isso perpetua aquilo que é conhecido como "armadilha da pobreza", uma vez que agricultores de subsistência são pobres demais para se tornarem menos pobres. Duflo e seus coautores descobriram que um minúsculo subsídio – entrega gratuita de fertilizantes – oferecido aos agricultores quando ainda tinham dinheiro após a colheita aumentou o uso de fertilizantes em dez a vinte pontos percentuais em comparação com o uso do grupo de controle.[18]

Esther Duflo até se meteu na guerra de gêneros. Quem é mais responsável quando se trata de cuidar das finanças da família, homens ou mulheres? Nos países ricos, esse é o tipo de assunto sobre o qual os casais podem ficar batendo boca em sessões de aconselhamento conjugal. Nos países pobres, pode literalmente determinar se os filhos recebem o suficiente para comer. Evidências anedóticas remontando à aurora da civilização sugerem que as mulheres atribuem alta prioridade à saúde e ao bem-estar de seus filhos, enquanto os homens são mais inclinados a beber seus salários no boteco local (ou qualquer que fosse o equivalente na época do homem das cavernas). Na pior das hipóteses, essas evidências meramente reforçam estereótipos milenares. Na melhor, é algo difícil de se provar, porque as finanças da família em certa medida se fundem. Como podemos separar a forma como maridos e esposas optam por gastar seus recursos comuns?

Duflo não se esquivou dessa questão delicada.[19] Ao contrário, descobriu um experimento natural fascinante. Na Costa do Marfim, mulheres e homens numa família típica compartilham a responsabilidade por alguns plantios. Por motivos culturais seculares, homens e mulheres também cultivam diferentes plantios para venda exclusivos de cada um. (Homens cultivam cacau, café e algumas outras coisas; mulheres cultivam bananas-da-terra, cocos e alguns outros produtos.) A beleza desse arranjo do ponto de vista do pesquisador é que os plantios dos homens e das mulheres respondem aos padrões de chuva de maneiras diferentes. Em anos que o cacau e o café dão boas safras, os homens têm uma renda disponível maior para gastar. Em anos que as bananas e cocos dão boas safras, as mulheres têm mais dinheiro extra.

Agora basta meramente cutucar com uma pergunta delicada: as crianças dessas famílias estão mais bem de vida nos anos bons das safras masculinas ou nos anos em que as mulheres têm uma colheita particularmente abundante?

A resposta: quando as mulheres se dão bem, gastam parte do dinheiro extra em mais comida para a família. Os homens não. Sinto muito, rapazes.

Em 2010, Duflo foi agraciada com a Medalha John Bates Clark. Esse prêmio é concedido pela Associação Americana de Economia ao melhor economista com menos de quarenta anos.* Entre os bitolados em economia, esse prêmio é considerado mais prestigioso que o Prêmio Nobel de Economia porque era historicamente concedido apenas a cada dois anos. (A partir do prêmio de Duflo em 2010, a medalha passou a ser concedida anualmente.) Em todo caso, a Medalha Clark equivale ao prêmio de melhor jogador para pessoas de óculos grossos (metaforicamente falando).

Duflo está fazendo avaliação de programas. Seu trabalho, e o trabalho de outros que agora empregam seus métodos, está literalmente mudando a vida dos pobres. Do ponto de vista estatístico, o trabalho de Duflo tem nos incentivado a pensar de forma mais abrangente sobre como experimentos randomizados controlados – durante muito tempo considerados território das ciências de laboratório – podem ser usados mais amplamente para destrinchar relações causais em muitas outras áreas da vida.

Quem vai saber o que sobre você?

No verão passado, contratamos uma nova *baby-sitter*. Quando ela chegou aqui em casa, comecei a explicar nossa história da família: "Eu sou professor universitário, minha esposa é professora..."

* Eu era inelegível para o prêmio de 2010, pois já tinha mais de quarenta anos. Além disso, não fiz nada para merecer o prêmio.

"Ah, eu sei", a moça disse com um aceno de mão. "Dei uma espiada em vocês no Google."

Fiquei simultaneamente aliviado por não ter de terminar a lenga-lenga e ligeiramente preocupado por quanto da minha vida podia ser reunido por uma breve busca na internet. Nossa capacidade de reunir e analisar enormes quantidades de dados – o casamento da informação digital com poder computacional barato e a internet – é única na história da humanidade. Vamos precisar de algumas regras novas para esta nova era.

Vamos pôr o poder dos dados em perspectiva simplesmente com um exemplo das lojas de varejo Target. Como a maioria das empresas, a Target se empenha em aumentar seus lucros compreendendo seus clientes. Para fazer isso, a companhia contrata estatísticos para fazer o tipo de "análise preditiva" descrita anteriormente no livro; eles usam dados de vendas combinados com outras informações sobre consumidores para descobrir quem compra o que e por quê. Nada disso é inerentemente ruim, pois significa que a Target provavelmente tem exatamente o que você quer.

Mas vamos nos aprofundar por um momento em um exemplo do tipo de coisas que os estatísticos trabalhando no porão sem janelas da sede central da corporação podem descobrir. A Target descobriu que a gravidez é uma época particularmente importante em termos de desenvolver padrões de compras. Mulheres grávidas desenvolvem "relações de varejo" que podem durar décadas. Como resultado, a Target deseja identificar mulheres grávidas, particularmente aquelas que estão no segundo trimestre, e fazer com que entrem nas suas lojas com mais frequência. Um articulista da *New York Times Magazine* acompanhou a equipe de análise preditiva na Target enquanto buscava encontrar e atrair compradoras grávidas.[20]

A primeira parte é fácil. A Target tem uma lista de chá de bebê na qual mulheres grávidas anotam presentes para o bebê antes do seu nascimento. Essas mulheres já são clientes da Target e efetivamente contaram à loja que estão grávidas. Mas eis o macete estatístico: *a Target descobriu que outras mulheres que demonstram os mesmos padrões de compras provavelmente também estão grávidas*. Por exemplo, mulheres grávidas muitas vezes trocam para loções inodoras; começam a comprar suplementos vitamínicos; começam a comprar sacos ultragrandes de bolas de algodão. Os gurus da análise preditiva da Target identificaram 25 produtos que juntos possibilitaram um "escore de predição de gravidez". Todo o objetivo dessa análise era enviar a mulheres grávidas cupons relativos à gravidez na esperança de fisgá-las como clientes Target no longo prazo.

Até que ponto esse modelo era bom? A *New York Times Magazine* relatou uma história sobre um homem de Minneapolis que entrou numa loja da Target e exigiu falar com o gerente. O homem estava enfurecido pelo fato de sua filha adolescente estar sendo bombardeada com cupons da Target relacionados com gravidez. "Ela ainda está no colégio e vocês estão mandando cupons para berços e roupas de bebê? Vocês estão tentando incentivá-la a ficar grávida?", perguntou o homem.

O gerente da loja desculpou-se profusamente. Chegou a ligar para o pai alguns dias depois para pedir desculpas outra vez. Só que dessa vez o homem estava mais calmo; e foi a vez dele de se desculpar. "Acontece que na minha casa houve algumas atividades das quais eu não estava completamente ciente", disse o pai. "Ela vai dar à luz em agosto."

Os estatísticos da Target descobriram que sua filha estava grávida antes dele.

É isso que conta para eles... mas também não é da conta deles. Pode dar a sensação de uma conduta um pouco além de invasiva. Por esse motivo, algumas empresas agora mascaram o quanto sabem sobre você. Por exemplo, se você é uma mulher grávida no segundo trimestre, pode receber alguns cupons por correio para berços e fraldas – junto com um desconto para um cortador de grama e um cupom para meias de boliche grátis na compra de qualquer par de sapatos de boliche. Para você, parece simplesmente fortuito que os cupons relacionados com gravidez tenham vindo pelo correio junto com as outras bobagens. Na verdade, a empresa sabe que você não joga boliche nem corta sua grama; ela está meramente cobrindo seu rastro de modo que aquilo que ela sabe a seu respeito não pareça tão assustador.

O Facebook, uma empresa com virtualmente nenhum ativo físico, tornou-se uma das companhias mais valiosas do mundo. Para investidores (em contraste com usuários), o Facebook tem apenas um enorme ativo: dados. Investidores não adoram o Facebook porque ele lhes permite reconectar-se com suas namoradas do baile de formatura. Eles adoram o Facebook porque cada clique do mouse produz dados sobre onde o usuário mora, onde compra, o que compra, quem ele conhece e como passa o seu tempo. Para o usuário, que *espera* reconectar-se com sua namorada do baile de formatura, a coleta de seus dados pelas empresas pode ultrapassar as fronteiras da privacidade.

Chris Cox, vice-presidente de produto do Facebook, disse ao *New York Times*: "O desafio da era da informação é o que fazer com ela."[21]

Certamente.

E na arena pública, o casamento dos dados com a tecnologia fica ainda mais traiçoeiro. Cidades pelo mundo afora instalaram milhares de câmeras de segurança em locais públicos, algumas das quais em breve contarão com tecnologia de reconhecimento facial. Autoridades policiais podem seguir qualquer carro para onde quer que ele vá (e manter extensivos registros de onde esteve) acoplando um dispositivo de GPS ao veículo e então rastreando-o por satélite. Será esse um meio barato e eficiente de monitorar atividades criminosas em potencial? Ou será que é o governo usando a tecnologia para violar nossa liberdade pessoal? Em 2012, a Suprema Corte dos Estados Unidos decidiu por unanimidade que se tratava da segunda alternativa, determinando que os órgãos de cumprimento da lei não podem mais prender dispositivos de rastreamento em carros particulares sem um mandado.*

Ao mesmo tempo, governos ao redor do mundo mantêm imensos bancos de dados de DNA, que são uma poderosa ferramenta para a solução de crimes. O DNA de quem deve fazer parte do banco de dados? De todos os criminosos condenados? De toda pessoa que é presa (sendo ou não posteriormente condenada)? Ou uma amostra de cada um de nós?

Estamos só começando a lidar com as questões que jazem na intersecção da tecnologia com os dados pessoais – que não tinham nenhuma rele-

---

* *Estados Unidos versus Jones.*

vância quando a informação governamental era armazenada em arquivos metálicos em porões cheios de poeira, e não em bancos de dados digitais que são potencialmente pesquisáveis por qualquer um em qualquer lugar. A estatística é mais importante do que nunca porque temos oportunidades mais significativas de fazer uso desses dados. Contudo, as fórmulas não nos dirão quais usos dos dados são apropriados e quais não são. A matemática não pode suplantar o discernimento.

NESSA LINHA DE PENSAMENTO, vamos encerrar o livro com um pouco de associação de palavras: fogo, facas, automóveis, creme de remoção de pelos. Cada uma dessas coisas serve a um propósito importante. Cada uma delas torna a nossa vida melhor. E cada uma pode causar sérios problemas quando usada de forma abusiva.

Agora você pode acrescentar a estatística a essa lista. Vá em frente e use os dados bem e com sabedoria!

Apêndice
Software de estatística

Desconfio de que você não fará sua análise estatística com lápis, papel e uma calculadora. Eis um rápido passeio pelos pacotes de programas mais comumente usados para os tipos de tarefa descritos no livro.

Microsoft Excel

O Microsoft Excel é provavelmente o programa mais usado para computar estatísticas simples, tais como média e desvio padrão. O Excel também pode fazer análise de regressão básica. A maioria dos computadores vem com o Microsoft Office, então o Excel está provavelmente na sua mesa neste momento. O Excel é de fácil manuseio em comparação com pacotes de programas estatísticos mais sofisticados. Os cálculos estatísticos básicos podem ser feitos por meio da barra de fórmulas.

O Excel não consegue realizar algumas das tarefas mais avançadas de que os programas mais especializados são capazes. No entanto, há extensões do Excel que você pode comprar (e algumas que você pode baixar gratuitamente) para expandir os recursos estatísticos do programa. Uma enorme vantagem do Excel é oferecer meios simples de exibir dados bidimensionais com gráficos visualmente atraentes. Esses gráficos podem ser facilmente inseridos no Microsoft PowerPoint e no Microsoft Word.

Stata*

Stata é um pacote estatístico usado mundialmente por profissionais de pesquisa, cuja interface dá a sensação de seriedade acadêmica. O Stata tem uma ampla gama de recursos para fazer tarefas básicas, tais como criar tabelas e calcular estatísticas descritivas. É claro que não é por isso que os professores universitários e outros pesquisadores sérios escolhem o Stata. O programa é projetado para lidar com testes estatísticos sofisticados e modelagem de dados que vão muito além dos tipos de coisas descritas neste livro.

O Stata é uma dádiva para aqueles que possuem compreensão sólida de estatística (uma compreensão básica de programação também ajuda) e aqueles que não necessitam de formatação cheia de enfeites – apenas respostas para suas indagações estatísticas. O Stata não é a melhor escolha se o seu objetivo é criar gráficos rápidos a partir dos dados. Os usuários especialistas do Stata dizem que ele pode criar belos gráficos, mas que o Excel é mais fácil de usar para esse propósito.

O Stata oferece diversos pacotes diferentes de programas autossuficientes. Você pode licenciar o produto por um ano (depois de um ano, o programa deixa de funcionar no seu computador) ou licenciá-lo para sempre. Uma das opções mais baratas é o Stata/IC, planejado para "estudantes e pesquisadores com conjuntos de dados de tamanho moderado". Há um desconto para usuários do setor de educação. Mesmo assim, uma licença anual para um único usuário do Stata/IC custa US$295 e uma licença perpétua custa US$595. Se você planeja lançar um satélite para Marte e necessita fazer um apanhado numérico realmente sério, pode procurar pacotes de Stata mais avançados, que podem chegar a custar milhares de dólares.

* Ver http://www.stata.com/.

SAS*

O SAS tem grande apelo não só para pesquisadores profissionais, mas também para analistas na área empresarial e engenheiros devido à sua ampla gama de recursos analíticos. A empresa vende dois pacotes estatísticos distintos. O primeiro chama-se SAS Analytic Pro, que é capaz de ler dados virtualmente em qualquer formato e executar análises avançadas de dados. O programa também possui boas ferramentas de visualização de dados, tais como recursos avançados de mapeamento. Não é barato. Mesmo para quem trabalha na área de educação e setores governamentais, uma única licença comercial ou individual para o pacote custa US$8,5 mil mais uma taxa de licença anual.

O segundo pacote estatístico é o SAS Visual Data Discovery, que tem uma interface fácil de usar que não requer conhecimento de codificação ou programação, ao mesmo tempo que fornece recursos de análise avançada de dados. Como o nome sugere, esse pacote destina-se a permitir ao usuário explorar facilmente dados com visualização interativa. Você pode também exportar as animações de dados para apresentações, páginas da internet e outros documentos. Esse pacote tampouco é barato. Uma única licença comercial ou individual para o pacote custa US$9.810 mais uma taxa de licença anual.

A SAS vende algumas ferramentas especializadas de administração, tais como um produto que utiliza a estatística para detectar fraudes e crimes financeiros.

R

Isto pode soar como um personagem de um filme do James Bond. Na verdade, R é um pacote estatístico popular gratuito ou "código aberto". Pode ser baixado e instalado facilmente no seu computador em questão de

* Ver http://www.sas.com/technologies/analytics/statistics/.

minutos. Há também uma ativa "comunidade R" que compartilha códigos e pode oferecer ajuda e orientação quando necessário.

R não só é a opção mais barata, mas também um dos pacotes mais maleáveis entre todos os aqui descritos. Dependendo da sua perspectiva, essa flexibilidade pode ser frustrante ou uma das grandes vantagens do R. Se você é iniciante no uso de softwares de estatística, esse programa não oferece quase nenhuma estrutura. A interface não vai ajudar você muito no manuseio. Por outro lado, programadores (e mesmo pessoas que têm apenas uma familiaridade básica com princípios de codificação) podem considerar a falta de estrutura como liberadora. Os usuários têm liberdade de dizer ao programa para fazer exatamente o que querem que ele faça, inclusive fazê-lo trabalhar com programas externos.

IBM SPSS*

O IBM SPSS tem algo para todo mundo, desde estatísticos da pesada até analistas empresariais menos calçados estatisticamente. O programa é bom para principiantes porque oferece uma interface acionada pelo menu (e não por comandos). Também oferece uma gama de ferramentas ou "módulos" projetados para executar funções específicas, tais como IBM SPSS Forecasting, IBM SPSS Advanced Statistics, IBM SPSS Visualization Designer e IBM SPSS Regression. Os módulos podem ser adquiridos individualmente ou combinados em pacotes.

O pacote mais básico disponível é o IBM SPSS Statistics Standard Edition, que permite calcular estatísticas simples e realizar análise de dados básica, tal como identificar tendências e construir modelos preditivos. Uma única licença comercial de prazo fixo custa US$2.250. O pacote premium, que inclui a maioria dos módulos, custa US$6.750. Há descontos para aqueles que trabalham na área da educação.

* Ver http://www-01.ibm.com/software/analytics/spss/products/statistics/.

Notas

1. Qual é o objetivo? (p.15-31)

1. Central Intelligence Agency, *The World Factbook*, http://www.cia.gov./library/publications/the-world-factbook/.
2. Steve Lohr, "For today's graduate, just one word: statistics", *New York Times*, 6 ago 2009. 3. Ibid.
4. Baseball-Reference.com, http://www.baseball-reference.com/players/m/mantlmi01.shtml.
5. Trip Gabriel, "Cheats find an adversary in technology", *New York Times*, 28 dez 2010.
6. Eyder Peralta, "Atlanta man wins lottery for second time in three years", *NPR News* (blog), 29 nov 2011.
7. Alan B. Krueger, *What Makes a Terrorist: Economics and the Roots of Terrorism*, Princeton, Princeton University Press, 2008.

2. Estatística descritiva (p.32-55)

1. U.S. Census Bureau, Current Population Survey, Annual Social and Economic Supplements, http://www.census.gov/hhes/www/income/data/historical/people/.
2. Malcolm Gladwell, "The order of things", *The New Yorker*, 14 fev 2011.
3. CIA, *World Factbook*, and United Nations Development Program, *2011 Human Development Report*, http://hdr.undp.org/en/statistics/.
4. Baseball-Reference.com.

3. Descrição enganosa (p.56-81)

1. Robert Griffith, *The Politics of Fear: Joseph R. McCarthy and the Senate*, 2ª ed., Amherst: University of Massachusetts Press, 1987, p.49.
2. "Catching up", *The Economist*, 23 ago 2003.
3. Carl Bialik, "When the median doesn't mean what it seems", *Wall Street Journal*, 21-22 mai 2011.
4. Stephen Jay Gould, "The median isn't the message", com nota introdutória e pós-escrito de Steve Dunn, http://cancerguide.org/median_not_msg.html.

5. Ver http://www.movieweb.com/box-office/alltime.
6. Box Office Mojo (boxofficemojo.com), 29 jun 2011.
7. Steve Patterson, "527% tax hike may shock some, but it's only about $5", *Chicago Sun-Times*, 5 dez 2005.
8. Rebecca Leung, "'The Texas miracle': *60 minutes II* investigates claims that Houston schools falsified dropout rates", CBSNews.com, 25 ago 2004.
9. Marc Santora, "Cardiologists say rankings sway surgical decisions", *New York Times*, 11 jan 2005.
10. Entrevista com a National Public Radio, 20 ago 2006, http://www.npr.org/templates/story/story.php?storyId=5678463.
11. Ver http://www.usnews.com/education/articles/2010/08/17/frequently-asked-questions-college-ranking#4.
12. Gladwell, "The order of things".
13. Entrevista com a National Public Radio, 22 fev 2007, http://www.npr.org/templates/story/story.php?storyId=7383744

4. Correlação (p.82-92)

1. College Board, FAQs, http://www.collegeboard.com/prod_downloads/about/news_info/cbsenior/yr2010/correlations-of-predictors-with-first-year-college-grade-point-average.pdf.
2. College Board, 2011 College-Bound Seniors Total Group Profile Report, http://professionals.collegeboard.com/profdownload/cbs2011_total_group_report.pdf.
3. Ver http://www.netflixprize.com/rules.

5. Probabilidade básica (p.93-116)

1. David A. Aaker, *Managing Brand Equity: Capitalizing on the Value of a Brand Name*, Nova York, Free Press, 1991 (ed. bras., *Marcas: Brand Equity – gerenciando o valor da marca*, São Paulo, Negócio Editora, 1995).
2. Victor J. Tremblay e Carol Horton Tremblay, *The U.S. Brewing Industry: Data and Economic Analysis*, Cambridge, MIT Press, 2005.
3. Australian Transport Safety Bureau Discussion Paper, "Cross modal safety comparisons", 1 jan 2005.
4. Marcia Dunn, "1 in 21 trillion chance satellite will hit you", *Chicago Sun-Times*, 21 set 2011.
5. Steven D. Levitt e Stephen J. Dubner, *Freakonomics: A Rogue Economist Explores the Hidden Side of Everything*, Nova York: William Morrow Paperbacks, 2009 (ed. bras.: *Freakonomics: o lado oculto e inesperado de tudo que nos afeta*, Rio de Janeiro, Campus, 2010).

6. Garrick Blalock, Vrinda Kadiyali e Daniel Simon, "Driving fatalities after 9/11: a hidden cost of terrorism" (manuscrito inédito, 5 dez 2005).
7. A informação genética geral vem de Informação do Projeto Genoma Humano, Ciência Forense de DNA, http://www.ornl.gov/sci/techresources/Human_Genome/elsi/forensics.shtml.
8. Jason Felch e Maura Dolan, "FBI resists scrutiny of 'matches'", *Los Angeles Times*, 20 jul 2008.
9. David Leonhardt, "In football, 6 + 2 often equals 6", *New York Times*, 16 jan 2000.
10. Roger Lowenstein, "The war on insider trading: market beaters beware", *New York Times Magazine*, 22 set 2011.
11. Erica Goode, "Sending the police before there's a crime", *New York Times*, 15 ago 2011.
12. Os dados sobre riscos de seguro provêm todos do seguinte: "Teen drivers", Insurance Information Institute, mar 2012; "Texting laws and collision claim frequencies", Insurance Institute for Highway Safety, set 2010; "Hot wheels", National Insurance Crime Bureau, 2 ago 2011.
13. Charles Duhigg, "What does your credit card company know about you?", *New York Times Magazine*, 12 mai 2009.

5 ½. O Problema de Monty Hall (p.117-21)

1. John Tierney, "And behind door nº 1, a fatal flaw", *New York Times*, 8 abr 2008.
2. Leonard Mlodinow, *The Drunkard's Walk: How Randomness Rules Our Lives*, Nova York: Vintage Books, 2009 (ed. bras.: *O andar do bêbado: como o acaso determina nossas vidas*, Rio de Janeiro, Zahar, 2009).

6. Problemas com probabilidade (p.122-38)

1. Joe Nocera, "Risk mismanagement", *New York Times Magazine*, 2 jan 2009.
2. Robert E. Hall, "The long slump", *American Economic Review* 101, n.2, abr 2011, p.431-69.
3. Alan Greenspan, Depoimento perante o Comitê do Congresso sobre Fiscalização Governamental e Reforma, 23 out 2008.
4. Hank Paulson, Discurso no Dartmouth College, Hanover, NH, 11 ago 2011.
5. "The probability of injustice", *The Economist*, 22 jan 2004.
6. Thomas Gilovich, Robert Vallone e Amos Tversky, "The hot hand in basketball: on the misperception of random sequences", *Cognitive Psychology* 15, n.3, 1985, p.295-314.
7. Ulrike Malmendier e Geoffrey Tate, "Superstar CEOs", *Quarterly Journal of Economics* 124, n.4, nov 2009, p.1593-638.
8. "The price of equality", *The Economist*, 15 nov 2003.

7. A importância dos dados (p.139-57)

1. Benedict Carey, "Learning from the spurned and tipsy fruit fly", *New York Times*, 15 mar 2012.
2. Cynthia Crossen, "Fiasco in 1936 survey brought 'science' to election polling", *Wall Street Journal*, 2 out 2006.
3. Tara Parker-Pope, "Chances of sexual recovery vary widely after prostate cancer", *New York Times*, 21 set 2011.
4. Benedict Carey, "Researchers find bias in drug trial reporting", *New York Times*, 17 jan 2008.
5. Siddhartha Mukherjee, "Do cellphones cause brain cancer?", *New York Times*, 17 abr 2011.
6. Gary Taubes, "Do we really know what makes us healthy?", *New York Times*, 16 set 2007.

8. O teorema do limite central (p.158-74)

1. U.S. Census Bureau.

9. Inferência (p.175-98)

1. John Friedman, *Out of the Blue: A History of Lightning: Science, Superstition, and Amazing Stories of Survival*, Nova York, Delacorte Press, 2008.
2. "Low marks all round", *The Economist*, 14 jul 2011.
3. Trip Gabriel e Matt Richtel, "Inflating the software report card", *New York Times*, 9 out 2011.
4. Jennifer Corbett Dooren, "Link in autism, brain size", *Wall Street Journal*, 3 mai 2011.
5. Heather Cody Hazlett et al., "Early brain overgrowth in autism associated with an increase in cortical surface area before age 2 years", *Archives of General Psychiatry* 68, n.5, mai 2011, p.467-76.
6. Benedict Carey, "Top journal plans to publish a paper on ESP, and psychologists sense outrage", *New York Times*, 6 jan 2011.

10. Pesquisas (p.203-18)

1. Jeff Zeleny e Megan Thee-Brenan, "New poll finds a deep distrust of government", *New York Times*, 26 out 2011.
2. Lydia Saad, "Americans hold firm to support for death penalty", Gallup.com, 17 nov 2008.

3. Entrevista por telefone com Frank Newport, 30 nov 2011.
4. Stanley Presser, "Sex, samples, and response errors", *Contemporary Sociology* 24, n.4, jul 1995, p.296-8.
5. Os resultados foram publicados em dois formatos diferentes, um mais acadêmico que o outro. Edward O. Laumann, *The Social Organization of Sexuality: Sexual Practices in the United States*, Chicago, University of Chicago Press, 1994; Robert T. Michael, John H. Gagnon, Edward O. Laumann e Gina Kolata, *Sex in America: A Definitive Survey*, Nova York, Grand Central Publishing, 1995.
6. Kaye Wellings, resenha literária no *British Medical Journal*, n.6.978, 25 fev 1995, p.540.
7. John DeLamater, "The Norc sex survey", *Science* 270, n.5.235, 20 out 1995, p.501.
8. Presser, "Sex, samples, and response errors".

11. Análise de regressão (p.221-50)

1. Marianne Bertrand, Claudia Goldin e Lawrence F. Katz, "Dynamics of the gender gap for young professionals in the corporate and financial sectors", NBER Working Paper 14.681, jan 2009.
2. M.G. Marmot, Geoffrey Rose, M. Shipley e P.J.S. Hamilton, "Employment grade and coronary heart disease in British civil servants", *Journal of Epidemiology and Community Health* 32, n.4, 1978, p.244-9.
3. Hans Bosma, Michael G. Marmot, Harry Hemingway, Amanda C. Nicholson, Eric Brunner e Stephen A. Stansfeld, "Low job control and risk of coronary heart disease in Whitehall II (prospective cohort) study", *British Medical Journal* 314, n.7.080, 22 fev 1997, p.558-65.
4. Peter L. Schnall, Paul A. Landesbergis e Dean Baker, "Job strain and cardiovascular disease", *Annual Review of Public Health* 15, 1994, p.381-411.
5. M.G. Marmot, H. Bosma, H. Hemingway, E. Brunner e S. Stansfeld, "Contribution of job control and other risk factors to social variations in coronary heart disease incidence", *Lancet* 350, 26 jul 1997, p.235-39.

12. Erros comuns de regressão (p.251-65)

1. Gary Taubes, "Do we really know what makes us healthy?", *New York Times*, 16 set 2007.
2. "Vive la difference", *The Economist*, 20 out 2001.
3. Taubes, "Do we really know?".
4. College Board, 2011 College-Bound Seniors Total Group Profile Report, http://professionals.collegeboard.com/profdownload/cbs2011_total_group_report.pdf.
5. Hans Bosma et al., "Low job control and risk of coronary heart disease in Whitehall II (prospective cohort) study", *British Medical Journal* 314, n.7.080, 22 fev 1997, p.564.

6. Taubes, "Do we really know?".
7. Gautam Naik, "Scientists' elusive goal: reproducing study results", *Wall Street Journal*, 2 dez 2011.
8. John P.A. Ioannidis, "Contradicted and initially stronger effects in highly cited clinical research", *Journal of American Medical Association* 294, n.2, 13 jul 2005, p.218-28.
9. "Scientific accuracy and statistics", *The Economist*, 1 set 2005.

13. Avaliação de programas (p.266-83)

1. Gina Kolata, "Arthritis surgery in ailing knees is cited as sham", *New York Times*, 11 jul 2002.
2. Benedict Carey, "Long-awaited medical study questions the power of prayer", *New York Times*, 31 mar 2006.
3. Diane Whitmore Schanzenbach, "What have researchers learned from project STAR?", Harris School Working Paper, ago 2006.
4. Gina Kolata, "A surprising secret to a long life: stay in school", *New York Times*, 3 jan 2007.
5. Adriana Lleras-Muney, "The relationship between education and adult mortality in the United States", *Review of Economic Studies* 72, n.1, 2005, p.189-221.
6. Kurt Badenhausen, "Top colleges for getting rich", Forbes.com, 30 jul 2008.
7. Stacy Berg Dale e Alan Krueger, "Estimating the payoff to attending a more selective college: an application of selection on observables and unobservables", *Quarterly Journal of Economics* 117, n.4, nov 2002, p.1491-527.
8. Alan B. Krueger, "Children smart enough to get into elite schools may not need to bother", *New York Times*, 27 abr 2000.
9. Randi Hjalmarsson, "Juvenile jails: a path to straight and narrow or to hardened criminality?", *Journal of Law and Economics* 52, n.4, nov 2009, p.779-809.

Conclusão (p.284-300)

1. James Surowiecki, "A billion prices now", *The New Yorker*, 30 mai 2011.
2. Malcolm Gladwell, "Offensive play", *The New Yorker*, 19 out 2009.
3. Ken Belson, "N.F.L. roundup; concussion suits joined", *New York Times*, 1 fev 2012.
4. Shirley S. Wang, "Autism diagnoses up sharply in U.S.", *Wall Street Journal*, 30 mar 2012.
5. Catherine Rice, "Prevalence of autism spectrum disorders", Autism and Development Disabilities Monitoring Network, Center for Disease and Prevention, 2006, http://www.cdc.gov/mmwr/preview/mmwrhtml/ss5810a1.htm.
6. Alan Zarembo, "Autism boom: an epidemic of disease or of discovery?", latimes.com, 11 dez 2011.

7. Michael Ganz, "The lifetime distribution of the incremental societal costs of autism", *Archives of Pediatrics & Adolescent Medicine* 161, n.4, abr 2007, p.343-49.
8. Gardiner Harris e Anahad O'Connor, "On autism's cause, it's parents vs. research", *New York Times*, 25 jun 2005.
9. Julie Steenhuysen, "Study turns up 10 autism clusters in California", *Yahoo! News*, 5 jan 2012.
10. Joachim Hallmayer et al., "Genetic heritability and shared environmental factors among twin pairs with autism", *Archives of General Psychiatry* 68, n.11, nov 2011, p.1095-102.
11. Gardiner Harris e Anahad O'Connor, "On autism's cause, it's parents vs. research", *New York Times*, 25 jun 2005.
12. Fernanda Santos e Robert Gebeloff, "Teacher quality widely diffused, ratings indicate", *New York Times*, 24 fev 2012.
13. Winnie Hu, "With teacher ratings set to be released, union opens campaign to discredit them", *New York Times*, 23 fev 2012.
14. T, Schall e G. Smith, "Do baseball players regress to the mean?", *American Statistician* 54, 2000, p.231-35.
15. Scott E. Carrell e James E. West, "Does professor quality matter? Evidence from random assignment of students to professors", National Bureau of Economic Research Working Paper 14081, jun 2008.
16. Esther Duflo e Rema Hanna, "Monitoring works: getting teachers to come to school", National Bureau of Economic Research Working Paper 11880, dez 2005.
17. Christopher Udry, "Esther Duflo: 2010 John Bates Clark medalist", *Journal of Economic Perspectives* 25, n.3, verão 2011, p.197-216.
18. Esther Duflo, Michael Kremer e Jonathan Robinson, "Nudging farmers to use fertilizer: theory and experimental evidence from Kenya", National Bureau of Economic Research Working Paper 15131, jul 2009.
19. Esther Duflo e Christopher Udry, "Intrahousehold resource allocation in Côte d'Ivoire: social norms, separate accounts and consumption choices", Working Paper, 21 dez 2004.
20. Charles Duhigg, "How companies learn your secrets", *New York Times Magazine*, 16 fev 2012.
21. Somini Sengupta e Evelyn M. Rusli, "Personal data's value? Facebook set to find out", *New York Times*, 1 fev 2012.

Agradecimentos

Este livro foi concebido como uma homenagem a um antigo clássico da W.W. Norton, *Como mentir com a estatística*, de Darrell Huff, escrito na década de 1950 e que vendeu mais de 1 milhão de exemplares. Aquele livro, assim como este, foi escrito para desmistificar a estatística e persuadir os leitores de que aquilo que não entendem acerca dos números por trás das manchetes *pode sim* lhes fazer mal. Espero ter feito justiça ao clássico do sr. Huff. Em todo caso, eu adoraria vender 1 milhão de exemplares daqui a cinquenta anos!

Sou sempre grato à W.W. Norton, em particular a Drake McFeely, por me possibilitar escrever livros que abordam tópicos significativos de maneira compreensível aos leitores leigos. Drake tem sido um grande amigo e incentivador há mais de uma década.

Jeff Shreve é o cara na W.W. Norton que fez este livro acontecer. Quando se conhece o Jeff, pode-se pensar que ele é bonzinho demais para fazer cumprir os múltiplos prazos finais envolvidos na produção de um livro como este. Isso não é verdade. Sim, ele é realmente bonzinho, mas, de algum modo, seus delicados cutucões fazem com que o serviço seja feito. (Por exemplo, estes agradecimentos precisam ser entregues amanhã de manhã.) Aprecio ter tido um capataz gentil como ele para agitar as coisas.

Minha maior dívida de gratidão é com os muitos homens e mulheres que conduzem as importantes pesquisas e análises descritas no livro. Não sou estatístico nem pesquisador. Sou meramente um tradutor do interessante e significativo trabalho de outras pessoas. Espero ter transmitido ao longo do livro como uma boa pesquisa e uma análise sólida são importantes para nos tornar mais saudáveis, ricos, seguros e bem-informados.

Em particular, gostaria de reconhecer o abrangente trabalho de Alan Krueger, economista de Princeton que fez inteligentes e significativas contribuições em tópicos que vão desde as raízes do terrorismo até os retornos econômicos da educação superior. (Seus achados em ambas as áreas são agradavelmente contraintuitivos.) Mais importante ainda (para mim), Alan foi um dos meus professores de estatística na graduação. Sempre me impressionei com sua habilidade de equilibrar com sucesso pesquisa, ensino e serviço público.

Jim Sallee, Jeff Grogger, Patty Anderson e Arthur Minetz, todos eles leram os esboços do original e fizeram numerosas e proveitosas sugestões. Obrigado por me salvar de mim mesmo! Frank Newport, da Gallup, e Mike Kagay, do *New York Times*, foram gentis o bastante para passar algum tempo me conduzindo pelas nuances metodológicas das pesquisas de opinião. Apesar de todos os seus esforços, os erros que permanecem devem ser atribuídos a mim.

Katie Wade foi uma assistente de pesquisa infatigável. (Eu sempre quis usar a palavra "infatigável" e, finalmente, este é o contexto perfeito.) Katie é a fonte de muitas das anedotas e exemplos que iluminam os conceitos ao longo do livro. Sem Katie, não haveria exemplos divertidos.

Eu quis escrever livros desde que estava no ensino básico. A pessoa que me possibilita fazer isso, e ganhar a vida com isso, é a minha agente, Tina Bennett. Tina corporifica o que há de melhor no ramo editorial. Ela se delicia em trazer à luz um trabalho significativo, ao mesmo tempo em que instiga incansavelmente o interesse de seus clientes.

E, por fim, minha família merece crédito por me tolerar enquanto eu produzia este livro. (Os prazos para entrega dos capítulos foram afixados na porta da geladeira.) Há evidências de que eu ficava 31% mais rabugento e 23% mais exausto quando me aproximava de (ou pedia) prazos importantes do livro. Minha esposa, Leah, é a primeira, melhor e mais importante editora de tudo o que escrevo. Obrigado por isso, e por ser uma parceira tão arguta, incentivadora e divertida em todos os outros empreendimentos.

O livro é dedicado à minha filha mais velha, Katrina. É difícil acreditar que a criança que estava no berço quando escrevi *Economia: o que é, para que serve, como funciona* possa agora ler capítulos e oferecer comentários significativos. Katrina, você é o sonho de qualquer pai, como são Sophie e C.J., que em breve também estarão lendo capítulos e originais.

Índice remissivo

Números de página em *itálico* referem-se a figuras

1ª EDIÇÃO [2016] 12 reimpressões

ESTA OBRA FOI COMPOSTA POR MARI TABOADA EM DANTE PRO
E IMPRESSA EM OFSETE PELA GRÁFICA BARTIRA SOBRE PAPEL PÓLEN
DA SUZANO S.A. PARA A EDITORA SCHWARCZ EM JUNHO DE 2024